Zirker
Religionskritik

Leitfaden Theologie 5

Hans Zirker

Religionskritik

Patmos Verlag
Düsseldorf

CIP-Kurztitelaufnahme der Deutschen Bibliothek

Zirker, Hans:
Religionskritik / Hans Zirker. – 1. Aufl. –
Düsseldorf: Patmos Verlag, 1982.
(Leitfaden Theologie; 5)
ISBN 3-491-77259-1

NE: GT

 1. Auflage 1982
Umschlaggestaltung: Ralf Rudolph
Gesamtherstellung: Clausen & Bosse, Leck
ISBN 3-491-77259-1

Inhalt

Einführung 11

1 Absichten 11
2 Begriffserläuterung 13

Erster Hauptteil:
Verständnisvoraussetzungen 17

1 Abgehobene Vergangenheit 18

1.1 Antike Kontraste 18
1.1.1 Das unproblematisiert mythologische Bewußtsein . . 18
1.1.2 Die alttestamentliche Selbstvergewisserung im Glauben 20
1.2 Christliche Polarisierung und Versöhnung von Glaube und Vernunft 22
1.2.1 »Weisheit der Welt« und »Weisheit Gottes« bei Paulus . 22
1.2.2 Der hermeneutische Zirkel von Glaube und Verstehen bei Augustinus 26
1.2.3 Die scholastische Beziehung von Wissen und Glauben . 27

2 Die sozialen Voraussetzungen neuzeitlicher Religionskritik 30

2.1 Der Zerfall einer geschlossenen Christenheit 31
2.2 Der Markt der weltanschaulichen Konkurrenzen . . . 33
2.3 Die grenzüberschreitende Überzeugungskraft wissenschaftlichen Denkens und Forschens 36
2.4 Kirchliche Zuständigkeitsverluste 39
2.5 Politische Freiheitsforderungen und kirchliche Unfreiheitserfahrungen 41

3 Typen theologischer Reaktion auf Religionskritik . . . 45

3.1 Die globale apologetische Gewinnstrategie 45
3.2 Totale Anerkennung und totale Ausflucht in der Entgegensetzung von »Religion« und »Glaube« 47
3.3 Zugeständnisse im geschichtlich Bedingten – Abwehr aller Anfechtungen im »Wesentlichen« 50
3.4 Die Anerkennung von Aporien 52

Zweiter Hauptteil:
Typen der Religionskritik – geschichtlich exemplarische Artikulationen 55

1 Die Ablösung der Religion durch Wissenschaft – Auguste Comte (1798–1857) 56

1.1 Die Berufung auf die Vernunft – die Abwehr der Einbildungskraft 57
1.2 Die Suche nach Gesetzmäßigkeit – das Desinteresse an Ursachen 59
1.3 Die universale Geltung des positivistischen Bewußtseins 61
1.4 Die Selbstbescheidung auf das Relative 62
1.5 Das Ziel: Kontrolle und Lenkung 63
1.6 Die Dynamik der Geschichte 64
1.7 Von der positiven Wissenschaft zur neuen Weltreligion 66
1.8 Bedenken 67

2 Die Rückführung des Göttlichen auf Prädikate des Menschen – Ludwig Feuerbach (1804–1872) 69

2.1 Der Glaube als gesellschaftliche Besonderheit 70
2.2 Die Welt der Religion als Ergebnis menschlicher Projektion 73
2.3 Die Rivalität von Gott und Mensch 78
2.4 Religionskritik als Rettung der Religion 80
2.5 Die hermeneutische Grundregel: Reduktion aller Theologie auf Anthropologie 83

2.6 Religionskritik als Wiederherstellung der rechten Grammatik 87
2.7 Die Zuwendung zu Menschheit und Natur 89
2.8 Bedenken 91

3 Die Deutung der Religion als Selbstentfremdung aufgrund der ökonomisch bedingten sozialen Verhältnisse – Karl Marx (1818–1883) 95

3.1 Der Rückgriff auf die abgeschlossene Religionskritik . 97
3.2 Die neue Aufgabe: Kritische Praxis 99
3.3 Materialismus als Beschränkung des Interesses 102
3.4 Die Kritik der Religion im ideologischen Überbau . . . 103
3.5 Das Ziel: Die Gesellschaft freier Menschen in einer begriffenen Welt 110
3.6 Bedenken 113

4 Die Verkündigung des Todes Gottes als Verkündigung der Freiheit und der neuen Moralität – Friedrich Nietzsche (1844–1900) 120

4.1 Die Geschichte als Experiment und Prüfung von Hypothesen 122
4.2 Die Erschütterungen der alten Ordnung 126
4.3 Die Welt als Konstrukt des Menschen 128
4.4 Aufhebung und Neusetzung der Werte 133
4.5 Die Rede von Gott als Verstoß gegen Vernunft und guten Geschmack 138
4.6 Bedenken 142

5 Die Ableitung der Religion aus dem Wechselspiel psychischer Bedürfnisse – Sigmund Freud (1856–1939) 146

5.1 Die Selbsteinschätzung der psychoanalytischen Rekonstruktionen 147
5.2 Die Entscheidung für den Determinismus 152
5.3 Die Architektonik von Bewußtem und Unbewußtem . 156

5.4 Die Dramatik der psychischen Rollen Ich – Es – Über-Ich 159
5.5 Die besondere Erklärungsbedürftigkeit der Religion . 163
5.6 Die Religion als Kultur des infantilen Bewußtseins . . 168
5.7 Bedenken 172

6 Religion unter dem Vorwurf semantischer Sinnlosigkeit – Positionen der analytischen Philosophie 177

6.1 Auf der Suche nach einer zuverlässigen Sprache 178
6.2 Die Kritik an der Wurzel der Religion 183
6.3 Die merkwürdigen Eigenschaften des Wortes »Gott« . 187
6.4 Die Geschichte vom unsichtbaren Gärtner 191
6.5 Ausflüchte 195
6.6 Bedenken 199

Religionskritik als innerer Widerpart theologischer Reflexion 203

Personenregister 209
Sachregister 211

Einführung

1 Absichten

Ein »Leitfaden«, der in seiner Begrenzung eine nützliche Studienhilfe sein will, tut gut daran, von vornherein zu sagen, was er sich vornimmt, damit man nicht in ihm sucht, was er nicht bietet; damit man aber auch prüfen kann, ob er dort Übersicht verschafft, wo er es verspricht.
Absichten bringen immer zugleich auch *Beschränkungen* mit sich; wer eines will, läßt anderes beiseite. Demgemäß kann der Leser dieses Buchs mit folgendem rechnen:
1. Die Religionskritik wird hier nicht in einem weitreichenden und differenzierten geistesgeschichtlichen Überblick erfaßt; die Zahl der genannten Autoren und Werke ist begrenzt; das Personen- und Sachregister ersetzt nicht das spezifische Lexikon[1]. Vorgestellt werden sollen vielmehr *typische Grundmuster der Religionskritik*, die freilich in bestimmten geschichtlichen Situationen und von herausragenden Personen formuliert wurden. Damit wird zwar eine historische Abfolge unumgänglich, doch stellt sie nicht die entscheidende Leitlinie dar.
Die Grenze, die die vorliegende Auswahl mit sich bringt, ist durch vielfache Verweise auf unmittelbar naheliegende und weiterführende Lektüre- und Studienmöglichkeiten durchlässig gehalten. Dabei sind die Literaturangaben so gezielt und knapp ausgewählt, daß sie (abgesehen von den wenigen Stellen, wo sie sich auf entlegene Zitate beziehen) zum wesentlichen Bestand dieses Leitfadens gehören.

1 *Karl-Heinz Weger* (Hrsg.), Religionskritik von der Aufklärung bis zur Gegenwart. Autoren-Lexikon von Adorno bis Wittgenstein (Herderbücherei 716), Freiburg/Basel/Wien 1979. Dieses Buch stellt in 93 Artikeln die Hauptvertreter der modernen Religionskritik vor (biographische Daten, Zielsetzung und Grundlinien der Position, Wertung der religionskritischen Argumente). Ein Sachregister ermöglicht thematische Querverbindungen.

2. Die folgenden Kapitel greifen nicht alles auf, was »Religionskritik« heißen kann (vgl. hierzu Abschnitt 2 dieser Einführung). Der besondere Gegenstand ist vielmehr die spezifisch *neuzeitliche Bestreitung der Glaubwürdigkeit von Religion*, vor allem in der Gestalt des christlichen Glaubens. Aber bei der so angelegten Blickrichtung ist es dennoch erforderlich, in einigen Grundzügen das mitzuberücksichtigen, was geschichtlich vorausgeht oder in der kritischen Funktion benachbart ist.

3. Dieser Leitfaden beschränkt sich nicht darauf, bestimmte ideengeschichtliche Stationen und weltanschauliche Positionen zu beschreiben, vielmehr sollen auch ausführlich die *sozialen Voraussetzungen von Religionskritik* mitbeachtet werden. Daß neue Gedanken aufkommen, neue Überzeugungen sich ausbilden, alte an Geltung einbüßen, steht immer auch im Zusammenhang weiterreichender gesellschaftlicher Entwicklungen.

4. Es ist hier nicht beabsichtigt, die verschiedenen religionskritischen Positionen so anzugehen, daß am Ende immer deren Bestreitung steht. (Zu verschiedenen Typen möglicher Reaktion auf Religionskritik vgl. Kapitel 3 des ersten Hauptteils). In diesem Sinne darf der Leser demnach kein apologetisches Buch erwarten. Andererseits kann unter didaktischem Interesse eine bloße Beschreibung von Positionen nicht genügen. Vielmehr ist es auch erforderlich, die *Bedingungen einer Verständigung über Religion und Religionskritik* mit wahrzunehmen. Dazu soll auch die Anlage dieses Buches in gegliederter Übersicht und thematischer Schwerpunktbildung beitragen. Sein strukturierter Aufbau ist demnach nicht nur eine äußerliche Zubereitung der Sache zu Studienzwekken, sondern soll den didaktischen Interessen entgegenkommen, die die Religionskritik nach ihren aufklärerischen Absichten selbst schon hat.[2]

2 Wo für die religionskritischen Schriften billige Ausgaben, etwa Taschenbücher, zur Verfügung stehen, werden diese bevorzugt und nicht wissenschaftliche Editionen.

2 Begriffserläuterung

Unter »Religionskritik« könnte man im weitesten Sinne alle die Äußerungen zusammenfassen, die gegen Religion schlechthin oder eine bestimmte Glaubensgemeinschaft mit ihrer Weltsicht und ihren Lebensvollzügen Einwände erheben und Beanstandungen vorbringen. Dabei bliebe es zunächst noch unerheblich, von welchem Standort aus und unter welchen Absichten diese Kritik formuliert wird.

Erst in zweiter Hinsicht könnte man dann unterscheiden zwischen einer *externen* und einer *immanenten* Religionskritik.[3] Die *immanente* bleibt auf der Grundlage der Gemeinschaft stehen, gegen die sie sich zugleich richtet. So sahen sich etwa die Propheten Israels auch bei ihren schärfsten Gerichtsworten gegen ihr Volk doch diesem unabdingbar verbunden. Die Kritik kann sich unter dieser Voraussetzung nur gegen bestimmte geschichtliche Realisationen wenden und muß immer zugleich grundsätzlich positive Möglichkeiten einräumen. Mahnung, Anklage und Verwerfung beruhen gerade auf der Bejahung eines wesentlichen Bestandes und der eigentlichen, nämlich ursprünglich zum Maßstab gesetzten Prinzipien. Eine derart immanente Kritik erfolgt letztlich aus Solidarität. Nur Teilaspekten steht sie ablehnend gegenüber, etwa bestimmten Institutionen, Handlungen, weltbildhaften Elementen usw. Ganz anders geht die *externe* Kritik die Religion an: Sie bestreitet ihr als ganzer die Glaubwürdigkeit und Nützlichkeit, selbst wenn sie einige Momente positiv würdigt und für bewahrenswert erachtet. Grundlage ist hier die Konfrontation mit der Religion, nicht die Verbundenheit mit ihr.

Im folgenden wird Religionskritik immer im Sinne der externen Bestreitung ihrer Legitimität verstanden. Dennoch ist zu sehen, daß beide Formen in *wechselseitigen Beziehungen* stehen. So liegt es zum Beispiel nahe, daß eine nüchterne Aufmerksamkeit auf die (externe) Religionskritik auch bei demjenigen, der sich einer Glaubensgemeinschaft verbunden weiß, eine differenziertere Ur-

3 Vgl. die entsprechende Aufteilung in zwei Bände bei der Textsammlung von *Wolfgang Bender/Johannes Deninger*, Religionskritik I und II, München 1973 und 1979.

teilsfähigkeit und ein deutlicheres Distanzierungsvermögen ausbilden kann. Demnach ist zu erwarten, daß die Religionskritik wenigstens teilweise vom religiösen Bewußtsein als Selbstkritik aufgenommen wird.

Umgekehrt ist auch die Religionskritik ihrerseits genötigt, wenn sie nicht einfach ein gewaltiges Stück menschlicher Kultur und geschichtlicher Vergangenheit zur Absurdität erklären will, in ihrer Verarbeitung der Religion diese doch noch in gewissem Sinn zu bewahren, auch wenn sie selbst ihre kritische Sichtung und Transformation der Religion als totale Verabschiedung ausgeben wollte.

Eine andere Unterscheidung ist die der *ausdrücklichen*, das heißt *sich theoretisch-argumentativ auslegenden* Religionskritik von einer *weniger oder kaum reflektierten*, die sich mehr im *unerläuterten Verhalten und Handeln* als in verbalen Äußerungen fassen läßt. In diesem Sinn ist selbst das Desinteresse an Religion noch ein Ausdruck von Kritik.

Auch hier ist die Wechselbeziehung zu sehen: die unausdrückliche Religionskritik kann ebenso Folge wie Voraussetzung der ausdrücklichen sein:

Folge, insofern sie – ohne theoretisch-reflexe Zustimmung und über mannigfache Vermittlungen hinweg – die Impulse zum transzendenzlosen, irreligiösen Bewußtsein und Verhalten aufgreift;

Voraussetzung, insofern sie einen Nährboden der Publikation und der öffentlichen Wirksamkeit abgibt, also der theoretischen Religionskritik ihre gesellschaftlichen Überzeugungsbedingungen schafft und bestärkt. Es kann sein, daß eine faktische, alltäglich gelebte Transzendenzlosigkeit über eine gewisse Zeit hinweg die theoretischen Konsequenzen noch abwehrt; dennoch fördert sie vorgängig schon deren Plausibilität.

Nicht übersehen werden soll schließlich, daß es neben der vorwiegend *philosophisch artikulierten Religionskritik* die *poetisch-literarische Bestreitung des religiösen Glaubens* gibt.[4] Auf sie wird im folgenden nur gelegentlich und beiläufig aufmerksam gemacht. Aber

4 Zu der poetischen Dimension der Religionskritik vgl. vor allem *Karl S. Guthke*, Die Mythologie der entgötterten Welt. Ein literarisches Thema von der Aufklärung bis zur Gegenwart, Göttingen 1971.

sie trägt wesentlich dazu bei, daß in der neuzeitlichen Kultur die Religion nicht mehr über eine selbstverständliche Geltung verfügt.

Demnach kann man systematische Religionskritik vor allem in *dreierlei Beziehungen zum öffentlichen Bewußtsein* sehen:

- als *Reaktion* auf bestimmte religiöse Einstellungen, Denkformen, Handlungsweisen und Sozialbeziehungen;
- als *Artikulation* naheliegender oder gar verbreiteter Überzeugungen, Denkvoraussetzungen, Zustimmungsneigungen und Erkenntnisinteressen;
- als *Anregung* zur Bewußtseinsveränderung, vor allem in sekundärer Popularisierung.

Unter diesen Gesichtspunkten ist die Beschäftigung mit der Religionskritik von großer Bedeutung für Religionsdidaktik und Fundamentaltheologie.

Erster Hauptteil: Verständnisvoraussetzungen

1 Abgehobene Vergangenheit

Wer etwas verstehen will, darf seinen Blick nie nur auf die eine Sache richten, um die es ihm eigentlich geht; er muß auch anderes mitsehen, von dem sie sich abhebt und zu dem sie sich, trotz aller Kontraste, doch auch wieder in Beziehung setzen läßt. Auf kulturelle Phänomene bezogen heißt dies: Wenn der Mensch handelt, wenn er sich in einer bestimmten Weise seine Welt aneignet, dann ist die Möglichkeit, die er wählt, eine unter vielen anderen, die er entweder bewußt verwirft oder minder bedacht beiseite läßt. Wenn man sich bemüht, ihn zu verstehen, muß man dieses Spektrum mitsehen. Die Religionskritik nötigt darüber hinaus ausdrücklich dazu, das, was sie selbst verabschieden will, zugleich doch auch noch vor Augen zu haben.

1.1 Antike Kontraste

Wenn auch die neuzeitliche Religionskritik sich vor allem dasjenige religiöse Bewußtsein und Handeln destruktiv vornimmt, das ihr noch gegenwärtig ist, so sieht sie es doch für unzeitgemäß an und verweist es damit in die abgetane Vergangenheit. In diese entlegene und für erledigt gehaltene Richtung geht zunächst unser Blick.

1.1.1 Das unproblematisiert mythologische Bewußtsein

Das Stichwort »*Mythos*« ist in Abhandlungen über religiöses Bewußtsein und religiöse Ausdrucksformen ebenso gängig wie unscharf. Teilweise dient es dazu, bestimmte kulturelle Zeugnisse als *unreife Produkte der Menschheitsgeschichte* zu denunzieren, teilweise aber auch dazu, sehnsüchtig eine *ursprüngliche und unmittelbare Welterfahrung*, die uns nur noch unter manchen Störungen

zugänglich ist, als die erfüllte Beziehung von Mensch und Natur zu preisen. Wieweit es ein derartiges mythisches Erleben, wie es sich unter unseren nachträglichen Perspektiven und Wertungen darstellen kann, wirklich gegeben hat, ist hier unerheblich. Entscheidender ist, daß eine solche Position der neuzeitlichen Vernunft zum Kontrast entgegengesetzt wird: die ungebrochene und unirritierte Orientierung an Gott und Göttern, an schicksalhaften Mächten, an Ordnungen, die allem, was dem Menschen begegnen kann, ihren Platz zuweisen. Die Welt ist dabei so überraschungsfrei begriffen, daß auch noch das Befremdliche und Bestürzende als Element des umgreifenden Kosmos benannt werden kann. In solchem Wissen um den Grund der Dinge kann man sich heimisch fühlen, im gewissen Sinn selbst angesichts des Entsetzlichen.
Die Sicherheit solcher Welterfahrung ist dadurch gewährleistet, daß alternative Annahmen und Bedeutungen, die die Unbefangenheit stören könnten, außerhalb des Horizontes bleiben, in dem man lebt. »Der antike Mensch fand in der Welt Grund genug, um seine Götter *real* zu empfinden. Ebenso war es sein Leben, das die Neigung hatte, in die Gebilde seiner Mythologie einzugehen und sie zu verwirklichen. ›Glaube‹ gab weder im einen noch im andern Falle den Ausschlag. Als die Frage nach ›Glauben oder Nichtglauben‹ überhaupt aufkam – sie wird vom platonischen Phaidros an Sokrates gerichtet: ›Glaubst du, daß dieses Mythologem ... wahr ist?‹ – bedeutete dies eine neue geistige Lage. Man beginnt sich unter Hippokentauren und Chimaeren, Gorgo und Pegasos, die Sokrates in seiner Antwort als ihn nicht mehr angehende urweltliche Gestalten und Ungestalten aufzählt, un-heimlich zu fühlen.«[1] Hier geraten erzählte Sachverhalte, die zuvor zum unangefochtenen Bestand der Welt gehörten, unter die Nachfrage, ob man sie überhaupt ernsthaft annehmen könne. Damit steht man schon außerhalb der befragten Region; oder man kann sich wenigstens methodisch außerhalb stellen. Die Frage schafft Spielraum und verhindert die unmittelbare Betroffenheit. In der noch ursprünglich mythisch erfahrenen Umgebung gab es keine Konkurrenz von

1 *Karl Kerényi*, Was ist Mythologie?, in: Ders. (Hrsg.), Die Eröffnung des Zugangs zum Mythos. Ein Lesebuch, Darmstadt [2]1976 ([1]1967), 212–233, hier 220.

Glaube und Wissen, keine Rivalität von behauptungseifriger Tradition und argwöhnischer Rückfrage. Die Zugänge zur Wirklichkeit waren geordnet durch das als schlechthin zuverlässig genommene Wort. Was man hier erzählte, verstand man nicht »bildlich«; es war schon die Sache, mit der man es unweigerlich zu tun hatte. Diese Stabilität der Welterfahrung setzte sich auch über das Wissen hinaus im Handeln fort: Man konnte sich mit den mythischen Mächten arrangieren; magische Praktiken ermöglichten weitreichenden Einfluß; Orakel machten Ereignisse, die noch ausstanden, in gewissem Umfang verfügbar. Das Wissen um Gott und die Welt wurde als nützlich begriffen. Dies trug wiederum zu seiner Unangefochtenheit bei.

1.1.2 Die alttestamentliche Selbstvergewisserung im Glauben

War bei der vorangehenden Skizzierung der mythischen Welterfahrung noch offengeblieben, wo und wieweit sie in der gezeichneten Weise wirklich gelebt wurde, so schauen wir im folgenden auf eine geschichtlich deutlich ausgegrenzte und vielgestaltig bezeugte Situation. Bei allen leicht nachweisbaren Unterschieden hat das gläubige Selbstverständnis in Israel mit dem mythischen das gemeinsam, daß ihm eine Differenz von Glaube und Vernunft undenkbar ist. Glauben heißt hier: in der gemeinsamen und fundamentalen Orientierung des Volkes stehen und aus ihr leben. Unglaube in unserem Sinne hätte – wenn er überhaupt vollziehbar gewesen wäre – zur Asozialität geführt. Wohl kann Psalm 14 sich auf Menschen beziehen, die sagen: »Es ist kein Gott« (Vers 1); aber dies sind keine Atheisten, die theoretisch die Existenz Gottes leugneten, sondern »Toren«, die annehmen, daß ihre verwerflichen Taten nicht geahndet würden. Sie leben demnach nach der Maxime: Es ist kein Gott, der eingreift. In diesem Sinne wirft auch Jeremia den ihm gegenüberstehenden »falschen« Propheten vor, sie seien Gottesleugner, denn sie hätten gesagt: »Er ist ein Nichts! Kein Unheil kommt über uns, weder Schwert noch Hunger werden wir spüren.« (Jer 5,12) Um die Einstellung derer, die so reden, noch besser zu treffen, könnte man ihre Aussage über Gott in die abschätzige Formulierung bringen: »Mit dem ist nichts.« Unter dieser Annahme fühlen sie sich mit ihrem eigenen Handeln sicher und brauchen keine üblen Folgen zu fürchten. In dieser Grundhaltung der Gottlosigkeit sieht demnach die Bibel *Unvernunft* und *Amoralität* miteinander vereint. (Von hier leitet sich die für die Neuzeit bedenkliche Gewohnheit ab, in der Abwehr der Religionskritik den Vorwurf des Atheismus mit dem der moralischen Minderwertigkeit und Verwerflichkeit zu verbinden.)

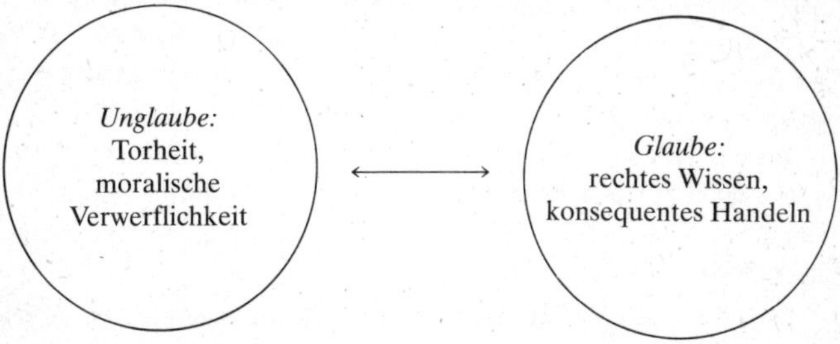

Das Begreifen dieser Welt ist im alttestamentlichen Verständnis immer schon durch Gott ins Werk gesetzt. Der Israelit kann sich seiner Wirklichkeit nicht außerhalb dieses Offenbarungsbezugs vergewissern. »Unglaube« heißt »Nichtrealisieren« dessen, was jedermann im Volk weiß (oder wenigstens wissen müßte). Anfechtungen des Glaubens führen hier gerade zu Auseinandersetzungen mit Gott. So sagt der Prophet Jeremia, von der Frage bewegt, wie es um seine Wirklichkeit stehe: »Du bleibst im Recht, Herr, wenn ich mit dir streite, dennoch muß ich mit dir rechten. Warum haben die Frevler Erfolg, weshalb können alle Abtrünnigen sorglos sein?« (12,1) Und an anderer Stelle bittet er in äußerster Betroffenheit: »Werde nicht zum Schrecken für mich, du meine Zuflucht am Tag des Unheils.« (17,17)

Die Erkenntnis Gottes und dessen, was es mit dieser Welt und unserem Leben auf sich hat, ist hier – trotz allen Dunkels – eine geschichtlich vermittelte Realität. Wer von der Offenbarung absehen wollte, hätte damit auch das entscheidende Wissen verloren und müßte letztlich in Orientierungslosigkeit leben. Die Berührung mit dem Hellenismus brachte es mit sich, daß sich jüdische Theologie

noch stärker als zuvor außer auf die Offenbarungen Gottes in den *Geschichtsereignissen Israels* auch auf die *Ordnungen der Natur* als Erkenntnisquelle bezog; aber auch darin sah sie einen Zugang des Glaubens und nicht einer von ihm abgehobenen Vernunft. Dies zeigt in 2 Makk 7,28 die Rede einer Mutter zu ihrem Sohn angesichts der drohenden Hinrichtung um des Glaubens willen: »Ich bitte dich, mein Kind, schau dir den Himmel und die Erde an; sieh alles, was es da gibt, und erkenne: Gott hat das aus dem Nichts erschaffen, und so entstehen auch die Menschen. Hab keine Angst vor diesem Henker ...!« Hier werden *der überlieferte Glaube Israels, die Erkenntnis des Kosmos* und *das Handeln des einzelnen* in extremer Gefährdung stabil zusammengehalten.
Ein anderes Beispiel finden wir in Weish 13,1–9: »Töricht waren *von Natur alle* Menschen, denen die Gotteserkenntnis fehlte. Sie hatten die Welt in ihrer Vollkommenheit *vor Augen*, ohne den wahrhaft Seienden erkennen zu können. Beim Anblick der Werke erkannten sie den Meister nicht ... sie sind unentschuldbar: Wenn sie durch ihren *Verstand* fähig waren, die Welt zu erforschen, warum fanden sie dann nicht eher den Herrn der Welt?« Sich nicht zu Gott als Schöpfer zu bekennen ist hier törichte Verweigerung der Konsequenzen, die sich aus dem natürlichen Erkenntnisvermögen der Menschen eigentlich ergeben müßten.

1.2 Christliche Polarisierung und Versöhnung von Glaube und Vernunft

1.2.1 »Weisheit der Welt« und »Weisheit Gottes« bei Paulus

Im Neuen Testament wird die allen Menschen gemeinsame Fähigkeit, Gott zu erkennen, vor allem von Paulus betont, wenn er im Rückgriff auf dic Theologie des Weisheitsbuchs im Römerbrief schreibt: »Denn was man von Gott erkennen kann, ist ihnen (nämlich allen Menschen) offenbar; Gott hat es ihnen *offenbart*. Seit Erschaffung der Welt wird seine unsichtbare Wirklichkeit an den Werken der Schöpfung mit der *Vernunft* wahrgenommen, seine ewige Macht und Gottheit. Daher sind sie unentschuldbar.« (1,19f) Vernunft und Offenbarung werden in diesem Gedanken-

gang ausdrücklich miteinander identifiziert. Wo die Erkenntnis der Menschen nicht zur Wahrnehmung Gottes als des Schöpfers dieser Welt führt, ist »ihr unverständiges Herz ... verfinstert« (1,21).
Aber Paulus sieht diese Übereinkunft von geschichtlichem Glauben und universaler Vernunft nur als eine grundsätzliche *Möglichkeit* und *Verpflichtung*, noch *nicht als einen realisierten Zustand* der Menschheit. Wohl ist die Bindung der Offenbarung Gottes an die geschichtlichen Erfahrungen in begrenzter Gemeinschaft und an deren Überlieferungen grundsätzlich überschritten; doch die *Differenz von gläubig beanspruchter universaler Vernunft* einerseits und dem *faktischen Zustand des Bewußtseins der Menschen* andererseits bringt tiefgreifende Spannungen mit sich. Die Einsicht, die eigentlich hätte machtvoll um sich greifen sollen, hat sich nicht durchgesetzt; sie bleibt in ihrer Geltung sozial beschränkt.
Ein Weiteres kommt im Neuen Testament belastend hinzu: Im Zentrum der christlichen Verkündigung steht nicht die allen Menschen und jederzeit mögliche, gleichermaßen vernünftige wie gläubige Wahrnehmung des Kosmos. In ihrer Mitte steht vielmehr das Wort von dem Leben, dem Sterben und der Auferstehung Jesu Christi. Das Geschick dieser Verkündigung, ihre Annahme, aber auch ihre Ablehnung, führen verstärkt zu einer zwiespältigen Verhältnisbestimmung von Glaube und Vernunft. Dies gibt Paulus im 1. Korintherbrief zu erkennen: »Die Juden fordern Zeichen, die Griechen suchen Weisheit. Wir dagegen verkündigen Christus als den Gekreuzigten: für Juden ein empörendes Ärgernis, für Heiden eine Torheit, für die Berufenen aber, Juden wie Griechen, Christus, Gottes Kraft und Gottes Weisheit.« (1,22f) Die *rechte Erkenntnis* wird hier von der *besonderen Erwählung* durch Gott abhängig; die Menschen gewinnen die wahre Einsicht nicht aufgrund eines ihnen allen gemeinsamen Vermögens. Wohl gibt es »Weise im irdischen Sinn« (Vers 26), aber »das Törichte in der Welt hat Gott erwählt, um die Weisen zuschande zu machen« (Vers 27). »Die Weisheit der Welt« wird »als Torheit entlarvt« (Vers 20), und »das Törichte an Gott ist weiser als die Menschen« (Vers 25). Die Sprache des Briefes spielt hier rhetorisch mit den Gegensätzen. In einer Skizze läßt sich dies folgendermaßen erfassen:

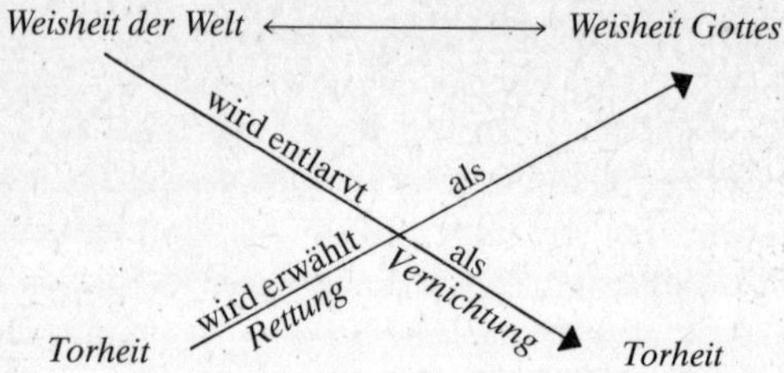

In diesem spannungsvollen Verhältnis ist eine intellektuelle Glaubensproblematik grundgelegt, wie es sie im Glauben des Volkes Israel nicht gab, nun aber in der Konfrontation von christlicher Verkündigung und zwiespältig reagierender Weltöffentlichkeit aufbricht. Wohl ist dies noch nicht die neuzeitliche Situation; aber dennoch erfährt sich hier der Christ bereits in einer Umwelt, die nicht geschlossen mit ihm das gemeinsame Bekenntnis teilt. Die Wahrheit erscheint als angefochten. Das zwingt zur Aufarbeitung der irritierenden Situation. Bei Paulus geschieht dies in der zitierten Briefstelle durch die *paradoxe Umkehrung von Weisheit und Torheit*; wenn die Weisheit sich der Verkündigung Gottes nicht öffnet, disqualifiziert sie sich selbst und zwingt den Glauben, die Partei der Torheit zu ergreifen; die Weisheit der Welt erscheint damit als eine Form der *Selbstbehauptung* gegenüber dem Anspruch Gottes – in Vers 26 bezeichnenderweise *neben der Macht und dem gesellschaftlichen Rang*.
Für das Verständnis der Situation und Rede des Apostels entscheidend ist es, zu sehen, daß sich die »Weisheit der Welt« nicht als religiös neutrale »Vernunft« ausgibt, nicht als bloße menschliche Fähigkeit, geordnet und zuverlässig zu denken, sondern im Grunde ebenso wie die christliche Verkündigung als *Heilswissen*, als *Auslegung der Gesamtwirklichkeit auf unser Begreifen und unsere Bedürfnisse hin*. Man muß sehen, »daß auch das vorchristliche Philosophieren als Theologie auftrat, als Erkenntnis von den göttlichen und menschlichen Dingen, und zwar als ungeteilte Erkenntnis des ungeteilten Ganzen des menschlichen und göttlichen Bereiches. Die griechische Philosophie ist Theologie von ihrem Anfang an bei Thales, Anaximander und Heraklit gewesen und ist es ge-

blieben bis zum neuplatonischen und hochtheologischen Ende bei Plotin und Proklos«[2]; Entsprechendes gilt dann auch für das popularisierte Bewußtsein, das Paulus im Blick hat.

Demnach ergeben sich für ihn wie für die christliche Verkündigung insgesamt, sobald sie über das Judentum hinausgeht, *Legitimationsprobleme der eigenen »Weisheit« gegen die »Weisheit« der anderen*. Die fremde ist gültig durch das Ansehen, das ihr von der »Welt« entgegengebracht wird – für Paulus geht ihr aber jede andere Legitimation ab. Die Weisheit der apostolischen Verkündigung dagegen kann zunächst auf diese öffentliche Anerkennung nicht bauen, hat demnach die Gestalt von »Torheit«, soll aber von Gott her legitimiert sein: durch den »Erweis von Geist und Kraft«, durch die Fähigkeit, ohne »Überredung durch gewandte und kluge Worte« zu überzeugen (1 Kor 2,4). Aber auch hier erfolgt demnach die Legitimation auf dem Weg einer bestimmten Anerkennung; die »*Kraft*« der Wahrheit liegt in der *Übermächtigung der etablierten, öffentlich angesehenen Weisheit und ihrer gescheiten Selbstbehauptung*.

Diese geistige Konkurrenzsituation hat trotz aller Unterschiede zu derjenigen der Neuzeit mit dieser dennoch gemeinsam, daß wir auch schon in ihr die *Rivalität* finden *zwischen einer öffentlich plausiblen Deutung der Welt* einerseits und dem *besonderen Erkenntnisanspruch der christlichen Verkündigung* andererseits. Den Anlaß dazu gibt für Paulus die geschichtliche Selbsterschließung Gottes: »Vielmehr verkündigen wir das Geheimnis der verborgenen Weisheit Gottes, die Gott vor allen Zeiten vorausbestimmt hat zu unserer Verherrlichung. Keiner der Machthaber dieser Welt hat sie erkannt; denn hätten sie die Weisheit Gottes erkannt, so hätten sie den Herrn der Herrlichkeit nicht gekreuzigt. Nein, wir verkündigen, wie es in der Schrift heißt, was kein Auge gesehen und kein Ohr gehört hat, was keinem Menschen in den Sinn gekommen ist: das Große, das Gott denen bereitet hat, die ihn lieben.« (1 Kor 2,9) In dieser Sicht ist jede autonome Vernunft (der »Machthaber dieser Welt«!) entmachtet, weil hier Erkenntnis überhaupt erst im Hinhören auf die personale und geschichtliche Mitteilung ermög-

2 *Gottlieb Söhngen*, Artikel »Philosophie und Theologie«, in: Handbuch theologischer Grundbegriffe (dtv) III, 328–340, hier 331.

licht wird. Damit wird die erfahrene Pluralität von Erkenntnisansprüchen zugleich deutend aufgearbeitet wie in ihrer Geltung letztlich bestritten.

1.2.2 Der hermeneutische Zirkel von Glaube und Verstehen bei Augustinus

Eine andere, geschichtlich sehr wirksame Verhältnisbestimmung von Glaube und Einsicht finden wir in der Formulierung, die Augustinus geprägt hat: »Bemühe dich um Einsicht, damit du glaubst; glaube, damit du Einsicht gewinnst.«[3] In der Unterscheidung werden die beiden Größen so aufeinander bezogen, daß zwischen ihnen kein Zwiespalt und keine Rivalität aufkommen kann, sondern sie sich im Gegenteil wechselseitig aufbauen.

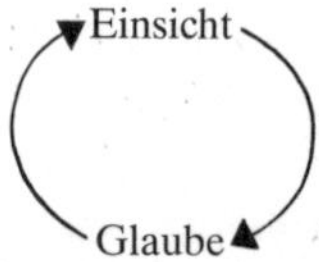

Der Glaube bedarf der Vernunft; sie erhellt ihn und läßt ihn verantwortbar erscheinen. Andererseits wird die dem Glauben entsprechende Vernunft durch diesen erst freigesetzt. In heutiger Theoriesprache kann man dieses Wechselverhältnis als einen »*hermeneutischen Zirkel*« bezeichnen:

Erkennen und Verstehen haben immer schon eine *Herkunft*, sind immer schon begründet in einem Verständnis, das dem einzelnen in *geschichtlicher und sozialer Vermittlung* zugekommen ist, *nicht einfach seinem individuellen Erkenntnisvermögen* entstammt. Aber dieses Wissen, das im Vertrauen auf die Überlieferung gewonnen wird, darf sich nicht selbst schon genug sein, sondern muß sich immer wieder *durch neue Einsicht vor sich selbst ausweisen.* Glaube und Vernunft stehen demnach bei solcher Sicht im *Wechselgespräch*: sie verhalten sich zueinander »*dialektisch*« (griechisch »hē diálektos«: »die Unterredung, der Disput«).

3 Sermo 43,9 (Patrologia Latina 38,253): »Ergo intellige ut credas, crede ut intelligas.«

Dieser hermeneutische Zirkel bringt für Augustinus (nach der platonischen Stufung der Erkenntnis) zugleich eine Bewegung nach oben mit sich, denn wir streben durch das menschliche »Wissen« zur göttlichen »Weisheit«. Die Kreisbewegung wird zur Spirale. Freilich steht für Augustinus der geschichtlich grundgelegte Glaube am Anfang; er ist Voraussetzung, wenigstens in dem pädagogischen Sinn, daß er dem gestörten und verdunkelten Erkenntnisvermögen des Menschen wieder seine erhellende Kraft verleiht. »Es erscheint als ein Gebot der Vernunft, daß der Glaube der Vernunft vorausgeht.«[4] So kommen für Augustinus Gnadenhaftigkeit und einsichtige Verantwortbarkeit des Glaubens zusammen. Am Anfang der mittelalterlichen Scholastik faßt *Anselm von Canterbury* die augustinische Verhältnisbestimmung in die Formel: Fides quaerens intellectum – der Glaube, der die Einsicht sucht.

1.2.3 Die scholastische Beziehung von Wissen und Glauben

Die Rezeption der aristotelischen Philosophie im Hochmittelalter schuf eine neue Lage: »Dieses Weltbild war ›laizistisch‹, ohne Rücksicht auf Offenbarung in Christus erwachsen. Das ließ sich nicht mehr im Programm des ›Credo, ut intelligam‹ unterbringen, es gab hier offenbar ein ›intelligere‹ aus einer anderen Quelle als aus dem Glauben an die christliche Offenbarung.«[5] Glaube und Wissen geraten jetzt in eine neue spannungsvolle Beziehung: Glaube erscheint als eine besondere Weise der Erkenntnis, bei der die zustimmend aufgenommene Wirklichkeit nicht unmittelbar eingesehen werden kann, sondern im Hören auf das Zeugnis eines anderen erfaßt wird. Dieser andere ist für den Glauben letztlich Gott. Ein sachlicher Zwiespalt zwischen Glauben und Wissen ist durch diesen Garanten zwar grundsätzlich ausgeschlossen; doch es bleibt dem Menschen die tiefgreifende Differenz spürbar: Der Wissende bejaht aus eigenem Vermögen und eigener Zuständig-

4 Epistula 120 I, 3 (Patrologia Latina 33,453): »ut fides praecedat rationem, rationabiliter visum est«.

5 *Josef Trütsch/Josef Pfammatter*, Der Glaube, in: Mysterium Salutis I, 791–903, hier 820.

keit; der Glaubende aber verlagert die intellektuelle Verantwortung nach außen; seine Zustimmung wird letztlich (trotz aller Glaubwürdigkeitsgründe der Vernunft) zur Sache seines *Willens*: «darum gelangt unser denkender Verstand auch von sich aus hier zu keiner (inneren) Ruhe; er denkt und forscht und grübelt weiter über das, dem er im Glauben noch so fest zustimmt.«[6]
Nach dem aristotelischen Ideal der Erkenntnis, der endgültigen Ankunft am Ziel denkender Gewißheit, ist damit Glaube eine mindere Form der Erkenntnis, wenn ihr auch andererseits absolut überlegen durch die Autorität dessen, auf den sich der Glaube vertrauend einläßt, und durch das, was im Glauben vernommen wird: »Der Glaube ist die Verfassung des Geistes, durch die in uns das ewige Leben beginnt und die unseren Verstand dem zustimmen läßt, was sich uns nicht zeigt.«[7]
In dieser spannungsvollen Einheit von Glaube und Vernunft ist auch schon ihre spätere Auflösung grundgelegt. Die *Zustimmung des Glaubens* ruht hier auf einem *Willensakt* auf, der selbst nicht wieder durch Vernunft begründet werden kann, sondern in dem Ergriffensein des menschlichen Strebens durch das Zugesagte beruht, also in einem *Werterlebnis*: dem Aufleuchten der Wahrheit. Der Zusammenhang von vorgegebenen Glaubensaussagen, innerer Werterfahrung und gläubiger Zustimmung ist aber nur so lange ungestört gewährleistet, als er in eine einheitliche gesellschaftliche Umgebung eingelassen ist. »Die Struktur des mittelalterlichen Glaubens ist sozial: Der einzelne machte sich in Glaube und Taufe zu eigen, was die glaubende Gemeinschaft der Kirche unangezweifelt darstellte. Aus der Geborgenheit dieses sozialen Organismus heraus ist auch die Vernünftigkeit und Glaubwürdigkeit des mittelalterlichen Glaubens zu verstehen: Offenbarung und Glaube sind in sich vernünftig; der einzelne Glaubende mag unfähig sein, diese Vernünftigkeit nachzuvollziehen, aber seine Gliedschaft am mystischen Leib Christi verbürgt die objektiven Qualitäten seines Glaubens.«[8]

6 *Gottlieb Söhngen*, Philosophische Einübung in die Theologie, München 1955, 83.
7 *Thomas von Aquin*, De veritate q. 14 a.2: »Fides est habitus mentis quo inchoatur vita aeterna in nobis, faciens intellectum assentire non apparentibus«.
8 *Max Seckler*, Artikel »Glaube«, in: Handbuch theologischer Grundbegriffe (dtv) II, 159–179, hier 167f.

Beim Zusammenbrechen dieser sozialen Grundlage der Wahrheitsvergewisserung konnten demnach die inneren Spannungen im Verhältnis von Glaube und Vernunft zentrifugal wirken und die wechselseitige Zuordnung zerreißen.

2 *Die sozialen Voraussetzungen neuzeitlicher Religionskritik*

Einwände gegen die Religion entstehen nicht in einem geschichtslosen, gesellschaftsfreien Raum spekulativen Denkens; sie sind vielmehr notwendigerweise reaktiv; ihnen gehen Erfahrungen voraus. Bezeichnenderweise begegnet uns die neuzeitliche *Religionskritik* vor allem in der Gestalt der *Christentumskritik*, auch dort, wo sie sich selbst als weit umfassender und grundsätzlicher versteht.
Aus diesem Grunde wird hier die Religionskritik nicht nur für sich als Theoriegebilde, als argumentative Konstruktion wahrgenommen, sondern in den geschichtlichen und gesellschaftlichen Zusammenhang eingeordnet, aus dem ihr Anspruch und ihre Kraft, Gehör zu finden, erwächst. Dabei darf freilich dieser Rückbezug auf die sozialen Bedingungen, die der Religionskritik förderlich sind, nicht als deren Entkräftigung angesehen werden. Alle Überzeugungen und Lernprozesse sind von bestimmten Vorgegebenheiten abhängig; die des christlichen Glaubens gleichermaßen. Jede Einsicht erfolgt unter den ihr gegebenen Verhältnissen und wird durch sie in gewissem Sinn relativiert, aber nicht entwertet.
Die neuzeitliche Situation stellt für die Religionskritik zunächst nur den *Entdeckungszusammenhang* dar, das heißt den Ort, an dem sie jemandem aufging; sie steckt nicht ihren *Begründungs- und Geltungszusammenhang* ab. Freilich besteht zwischen beidem insofern eine Beziehung, als die argumentative Selbstbehauptung auch vom öffentlichen Bewußtsein, seinen Bedürfnissen, Interessen und Zustimmungsneigungen, abhängig ist. Wir sind vor allem dann bereit, etwas für *wahr* zu halten, wenn es *die Anerkennung derer hat, auf deren Urteil wir Wert legen; die wir bei der jeweiligen Sache für zuständig halten*. Und selbst dort, wo wir auf unsere eigene Einsicht bauen, sind wir doch darauf angewiesen, daß uns andere in diesem Vertrauen stützen.[1]

1 Zur Begründung und Veranschaulichung dieser wissenssoziologischen Einsicht vgl.

Die Wahrnehmung von Wahrheitsansprüchen und deren Bestreitung schließt damit auch den Blick auf die soziale Umgebung ein. Dies gilt für die Religionskritik als eine Reaktion auf bestimmte Haltungen, Denkformen, Praktiken und gesellschaftliche Beziehungen in erhöhtem Maß. Auch wenn ihre theoretisch anspruchsvollen Gedankengänge als solche nicht unmittelbar in die breite Öffentlichkeit hinein publizierbar sind, so liegen dort für sie doch entscheidende Überzeugungsbedingungen.

2.1 Der Zerfall einer geschlossenen Christenheit

Trotz aller möglichen Vorbehalte kann man *das mittelalterliche Abendland* weithin als eine »geschlossene Gesellschaft« bezeichnen. Der christliche Glaube war unangefochten die fundamentale geistige Orientierung, die auch noch tiefgreifende Spannungen auffangen und widerstreitende Tendenzen zusammenhalten konnte. Es gab zwar durch den Investiturstreit die Rivalität von Kaiser und Papst, die das ganze gesellschaftliche Gefüge mächtig erschütterte; aber der Konflikt wurde erfahren und ausgetragen auf dem Boden umgreifender religiöser Überzeugungen. Keine der beiden Instanzen bestritt der anderen grundsätzlich ihre Berechtigung von Gott her. Der Streit wurde vielmehr nur um die Realisation der Ordnung geführt, der man sich gemeinsam verpflichtet sah. Dasselbe gilt auch etwa für die mittelalterlichen Laienbewegungen, die vielfach antikirchliche Züge trugen, für den Widerstreit theologischer Richtungen, die Auseinandersetzungen gegensätzlicher Reformbemühungen usw. Es gab erregende Kontraste und dennoch nicht den Zweifel an der gemeinsamen Welt. Die Positionen, die sich in diese nicht mehr integrieren ließen, waren zwar nicht völlig außerhalb des Blickfeldes, aber doch in Distanz gehalten. Man erfuhr an den äußeren Grenzen die Konfrontation mit dem Islam,

vor allem *Peter L. Berger/Thomas Luckmann*, Die gesellschaftliche Konstruktion der Wirklichkeit, Frankfurt a. M. [5]1977 (als Taschenbuch: Fischer Taschenbuch 6623, Frankfurt a. M. 1980; original: The Social Construction of Reality, New York 1966).

aber sie war derart kriegerisch angelegt, daß sie nicht zu einer ernsthaften religiösen Beunruhigung und Herausforderung führen konnte. Es gab im Inneren die Minorität der Juden; aber sie war durch die räumlichen und geistigen Ghettobildungen zwangsweise domestiziert worden. Es gab verschiedene häretische Bewegungen, vor allem die der Katharer; aber gegen sie ging man gewaltsam mit Feuer und Schwert vor. Im Unterschied zum Ungläubigen konnte der Abtrünnige mit keiner Nachsicht und Schonung rechnen; denn er stellte die eigentliche Bedrohung des sozialen Gefüges dar. Die Gesellschaft verstand sich als Corpus Christianum: Glaubensgemeinschaft, Kultureinheit und politisches Reich in einem. Eine Kritik konnte hier nur systemimmanent aufkommen und Bestand haben.

Diese gesellschaftliche Einheit zerbrach durch die *Reformation* (der selbstverständlich vielfach der Boden bereitet war). Mit der rechtlichen Anerkennung und weitgehenden Gleichstellung der lutherischen und der römisch-katholischen Konfession besiegelte der Augsburger Reichstag 1555 die Auflösung der einen abendländischen Christenheit. Zugleich versuchte man dabei aber noch in regional kleineren Gebilden das Prinzip der religiös geschlossenen Gesellschaft soweit wie möglich beizubehalten. Der Grundsatz »Cuius regio, eius religio« kennzeichnet den Machtanspruch der Landesherren, ihrem Gebiet das religiöse Bekenntnis vorzuschreiben. Aber diese Monopolisierung von Orientierungswissen war auf Dauer nicht durchzusetzen. Von vornherein mußten konfessionspolitische Kompromisse eingegangen werden. Mit dem Westfälischen Frieden von 1648 erhielt ein drittes Bekenntnis, der Calvinismus, reichsrechtliche Anerkennung. Die frühere Verbundenheit im einen Glauben war damit abgelöst von der Erfahrung mehrerer Religionsparteien, die einander wechselseitig die Legitimität bestritten. Die religiöse Landschaft war zerstückelt, ohne daß der universale Geltungsanspruch der einzelnen Konfessionen deshalb zurückgenommen worden wäre. Für bürgerliche Toleranz auf der Grundlage individueller Gewissensfreiheit war zunächst noch kein Platz.

Aber die Erfahrung der gespaltenen Christenheit und die Wahrnehmung einer Vielzahl anderer Überzeugungen bereiteten den

Boden für die Idee eines friedlichen Zusammenlebens in konfessionell gemischter Gesellschaft vor. Doch dies geschah dem dogmatischen Selbstverständnis der Kirchen entgegen. Die Folge war, daß sich die *Toleranzidee der Aufklärungszeit*[2] meistens mit einer gewissen *Gleichgültigkeit gegenüber der religiösen Wahrheitsfrage* verband.[3] Damit hatte die institutionalisierte, in Bekenntnissen artikulierte Religion endgültig ihre gesellschaftlich integrierende Kraft verloren.

2.2 Der Markt der weltanschaulichen Konkurrenzen

Solange jemand in einer weltanschaulich einheitlichen Umgebung lebt, mit der er übereinstimmt, erfährt er sich in seinen Annahmen über die Welt und sein Leben immer wieder bestätigt. Sobald sich aber diese homogene Verständigungsgemeinschaft auflöst, geraten die Gruppen und die einzelnen unter einen gesteigerten Zwang der Selbstrechtfertigung. Dies bringt um so größere Belastungen mit sich, als man die anderen, von denen man sich geschieden weiß, nicht einfach für intellektuell oder moralisch minderwertiger halten kann. Man erfährt den eigenen Standort durch sie in doppelter Hinsicht relativiert:

1. Die eigene Orientierung ist offensichtlich nicht auch die aller übrigen Menschen; sie kann nicht als die einzig zwingend vernünftige erscheinen.
2. Sie ist aber auch nicht jeweils originär selbst verantwortet, sondern überkommen, mehr oder minder einprägsam vermacht, ein lebensgeschichtlicher Zufall.

Eine solche zweifache Relativierung kann unterschiedlich aufgenommen werden:

2 Zu dieser Epoche und geistesgeschichtlichen Bewegung vgl. *Max Seckler*, Aufklärung und Offenbarung, in: Christlicher Glaube in moderner Gesellschaft, hrsg. von Franz Böckle u. a., Teilband 21, Freiburg/Basel/Wien 1980, 5–78.

3 Zu dem zwiespältigen und widerstrebenden Verhältnis der Kirchen zur Toleranz in der Neuzeit vgl. *Heinrich Lutz* (Hrsg.), Zur Geschichte der Toleranz und Religionsfreiheit, Darmstadt 1977.

- in *distanzierter Gleichgültigkeit*; aber diese wäre selbst wiederum eine weltanschauliche Position und geriete, würde sie reflektiert, unter denselben Rechtfertigungszwang;
- in *engagiertem Fatalismus*, der den Zufall der Lebensgeschichte als zwingende Verpflichtung annimmt, aber gegenüber jeder geistigen Verantwortung resigniert;
- in dem *Versuch, die Relativierung der eigenen Position auszuhalten und die Erfahrung der konkurrierenden Ansprüche für sich selbst aufzuarbeiten*; damit stellt man aber die eigenen und fremden Überzeugungen zur *Verhandlung*.

Das Wort »verhandeln« erinnert an den *Markt*, wo Käufer und Verkäufer (eben »Händler«) sich über die Ware und den angemessenen Preis einig zu werden versuchen, und dies kann bis zur erregten Auseinandersetzung gehen. Zunächst scheint es vielleicht pietätlos, die Situation des Glaubens mit der des Marktes zu vergleichen, und dennoch haben beide Entscheidendes gemeinsam: Die verschiedenen weltanschaulichen Gruppen, unter ihnen die Kirchen, stehen in einem öffentlichen Wettbewerb, versuchen Menschen für das zu gewinnen, was sie ihnen mitteilen wollen. Sie erheben dabei Forderungen und müssen doch auch wieder darauf achten, daß sie nicht mehr verlangen, als man zu geben bereit ist. Jede Gruppe hat ihren festen Stamm von Interessenten, aber daneben gibt es noch viele, die offen sind für verschiedene Angebote, je nach ihren besonderen Bedürfnissen. »Die Folge ist, daß Religionen, die früher herrschten, heute ›verkauft‹ werden müssen, und zwar an einen Kundenkreis, der zu ›kaufen‹ nicht genötigt ist. Die pluralistische Situation ist in erster Linie eine *Marktlage*. Die religiösen Institutionen sind ›Werbeagenturen‹, und die Religion selbst zum ›Gebrauchsgut‹ geworden. Die Logik der Marktwirtschaft beherrscht auf diese Weise weite Bereiche des religiösen Handelns.«[4]

Sich auf einem solchen Markt zu wissen kann der religiösen Verkündigung selbst als eine ihr unwürdige Lage erscheinen, sieht sie

4 *Peter L. Berger*, Zur Dialektik von Religion und Gesellschaft, Frankfurt a. M. 1973 (original: The Sacred Canopy, New York 1967), 132. Dieses Buch verdeutlicht gut, in welcher Hinsicht Religion als ein von Menschen gemachtes Produkt angesehen werden kann.

doch manche Konkurrenz neben sich, mit der sie sich eigentlich nicht auf eine Stufe steilen wollte, die sie vielleicht sogar als Aberglaube, Verblendung, Ideologie, Ersatzreligion oder wie immer von sich fernhalten möchte. Doch faktisch steht sie auch mit ihnen gemeinsam zur Auswahl und Verhandlung.

Der christliche Glaube ist damit in dieser Situation – jedenfalls von außen her gesehen – entgegen seiner eigenen Intention nivelliert. Dementsprechend ist er auch, wo er zum Objekt von Religions- und Wissenssoziologie wird, ein Phänomen unter anderen. Diese Wissenschaften betreiben – um im Bilde zu bleiben – die Marktforschung; sie untersuchen den Zusammenhang von Bewußtseinsinhalten und sozialen Strukturen, versuchen die Kräfte zu ermitteln, die die Überzeugungen regulieren. Die religiösen Aussagen werden dabei nicht mehr unter dem Gesichtspunkt ihrer *Wahrheit* in den Blick genommen, sondern nur noch unter dem ihrer »*Plausibilität*«. Dieser Begriff bezeichnet die Kraft eines Arguments, Menschen zur Zustimmung zu bewegen. Der Maßstab der Wahrheit wird hier demnach abgelöst von dem der Wirkung.

Der höchste Grad an Plausibilität ist dort gegeben, wo bestimmte Annahmen über unsere Welt schlechthin dem »gesunden Menschenverstand«, »der Vernunft« oder ähnlichem zu entsprechen scheinen. Sie »stehen einfach fest«, sind »selbstverständlich«; hier »gibt es nichts zu rütteln«. Wo aber Annahmen miteinander in Konkurrenz treten, schwächen sie sich wechselseitig in ihrer Plausibilität. Den Konsequenzen unterliegt auch die Religion: »Ungewißheit ergreift das Bewußtsein. Was es vorher als selbstverständliche Wirklichkeit erfahren hatte, kann es jetzt nur durch eigene Besinnung erreichen, durch einen Akt des ›Glaubens‹, der *per definitionem* die Zweifel überwinden muß, die im Hintergrund des Bewußtseins lauern. Bei weitgehender Auflösung der Plausibilitätsstruktur kann das Bewußtsein die alten religiösen Inhalte nur noch als ›Meinungen‹ oder ›Gefühle‹ aufrechterhalten ... Das hat einen ›Ortswechsel‹ dieser Inhalte im Bewußtsein zur Folge. Sie ›sickern‹ gleichsam von den Höhen des Bewußtseins, auf denen jene fundamentalen ›Wahrheiten‹ beheimatet sind, über die mindestens ›gesunde‹ Menschen sich einig sind, in die Niederungen subjektiver ›Ansichten‹, über die gescheite Menschen ganz verschiedener ›Mei-

nung‹ sein können und deren man sich im Grunde selbst gar nicht so sicher weiß.»[5]
Aber wie gewiß oder schwankend der Glaube auch jeweils erscheinen mag, auf jeden Fall wird er als ein Sonderbewußtsein erfahren, das nicht von allen geteilt wird; das in einer Weise zur Wahl steht, wie es für eine Reihe fundamentaler politischer und moralischer Überzeugungen, in denen sich weitgehend alle verbunden wissen, nicht denkbar ist.

2.3 Die grenzüberschreitende Überzeugungskraft wissenschaftlichen Denkens und Forschens

Im gewaltigen Kontrast zur Pluralisierung der religiös-weltanschaulichen Situation entwickelten sich in der Neuzeit weitreichende Verständigungsbemühungen, in Ausmaßen wie nie zuvor: die »exakten« Wissenschaften, vor allem die naturwissenschaftlichen Disziplinen. Zwar gibt es auch bei ihnen die Rivalität unterschiedlicher Interessen, Fragestellungen, Methoden und Ergebnisse, aber diese äußern sich nicht in der Weise subjektiver Entscheidungen, ideologischer Überzeugungen und gläubiger Bekenntnisse. Für bedeutsam erachtet wird jedenfalls allein das, was sich einer *intersubjektiven Kontrolle* aussetzt.
Durch Formalisierung, insbesondere Mathematisierung der Forschungs- und Mitteilungsinstrumentarien konnten diese Wissenschaften *universale Gültigkeit* erlangen. Ein bezeichnendes Beispiel dafür ist die für den sowjet-russischen Dialektischen Materialismus folgenreiche Entscheidung Stalins von 1950, daß es die Sprachwissenschaft unter anderem mit Strukturen zu tun habe, die nicht klassenspezifisch sind; daß dementsprechend bestimmte sprachwissenschaftliche Ergebnisse nicht der Parteilichkeit unterliegen, also auch einer gewissen Freiheit der Forschung überlassen werden können. Über die tiefgreifenden Differenzen der ideologischen Systeme hinweg ist damit eine tragfähige Grundlage weltweiter Kommunikation anerkannt.

5 Ebd. 143.

Durch ihre *technische Fruchtbarkeit* haben die neuzeitlichen exakten Wissenschaften ein öffentliches Ansehen gewonnen, wie es in der vorausgehenden Wissenschaftsgeschichte nie erreicht wurde (obwohl etwa die Logik von Aristoteles her schon universale Gültigkeit beanspruchen konnte). Das Alltagsleben ist heute, für jedermann deutlich erkennbar, von den Erträgen der wissenschaftlichen Forschung geprägt. Auch derjenige, der in keiner Weise an wissenschaftlicher Arbeit teilzunehmen vermag, weiß sich dennoch von ihr entscheidend abhängig. Ihre Zuverlässigkeit steht damit kaum in Frage; daß sie sich grundsätzlich bewährt hat, liegt auf der Hand. Damit erfährt der Mensch in Wissenschaft und Technik das Vermögen eigener Macht. Er sieht die Welt mehr als je seiner Verfügung anheimgestellt – zum Heil oder Verderben. Dadurch wird der Mensch auch zunehmend zum bewußten *Subjekt seiner Geschichte*, eröffnet sich neue Handlungsräume, neue Verantwortung fällt ihm zu, mit ethischen Problemen, die von den religiösen Traditionen allein her nicht gelöst werden können. Das *Bewußtsein der Autonomie*, auch im moralischen Bereich, wird bestärkt.
Andererseits geben die Wissenschaften aber auch zu erkennen, daß sie fortwährend zur *Selbstkorrektur* bereit sind. Auf der Grundlage der Empirie gibt es keine endgültige Bestätigung von Theorien; »Gesetze« bleiben immer hypothetisch – auf mögliche Widerlegung hin. Damit trägt die wissenschaftliche Arbeit trotz ihres universalen Geltungsanspruchs und ihrer technischen Fruchtbarkeit die Charakterzüge der *Selbstbescheidung*. Wissenschaft realisiert so auf ihre Weise die *Vorläufigkeit und Bruchstückhaftigkeit menschlichen Tuns*.
In populärer Sicht erscheint heute das *Verhältnis von Religion und Theologie einerseits zu den Naturwissenschaften andererseits* vor allem durch die zurückliegenden Auseinandersetzungen um Galilei und Darwin belastet. (Schaden hat dabei freilich nur die eine Seite genommen.) Folgenreicher jedoch als solche einzelnen kritischen Konfrontationen, die sich mit einiger Lernbereitschaft aufarbeiten lassen, ist die grundlegende und unaufhebbare Differenz zwischen Wissenschaft und Glaube in ihrer jeweiligen Art, die Welt zu begreifen. Religiöse Fragen, Betroffenheit und Bekenntnisse werden sich nie auf derart *disziplinierte Erfahrung* beschränken können

wie die wissenschaftlichen Forschungen, die sich um empirische, mathematische und logische Nachprüfbarkeit bemühen. Diese legen sich Selbstbeschränkung auf, die von unübersehbarem methodischem Vorteil sind, aber andererseits vieles nicht mehr in den Blick kommen lassen, wovon die menschliche Kultur bewegt ist. In dieser Hinsicht entzündet sich die eigentliche und bleibende Rivalität zwischen wissenschaftlichem Denken und religiösem Bewußtsein. Unter dem Kriterium der intersubjektiven Vergewisserung menschlicher Erkenntnis ist der Glaube nicht konkurrenzfähig. Das »*Buch der Natur*«[6], das auch schon die Theologie der christlichen Antike und des Mittelalters neben die Bibel als Buch der Offenbarung stellen konnte, ist in einer neuen Weise lesbar geworden, in der man unbestreitbar solide und ertragreiche Erkenntnisse gewinnt. Wohl grenzt man dabei den Erfahrungsraum gewaltig ein. Aber dafür ist das, was man lernt, in einem Maße gediegen, daß sein Wert grundsätzlich in der ganzen Welt und nicht nur in einer begrenzten Glaubensgemeinschaft bejaht wird. Dies erschwert es dem religiösen Bewußtsein, in einer vom Geist der Wissenschaften geprägten Umgebung Anerkennung zu finden.[7]
Daß schließlich die Kirche selbst nach längeren Widerständen in ihren theologischen Disziplinen – vor allem bei der historisch-kritischen Erforschung der Bibel – dem neuzeitlichen wissenschaftlichen Denken Raum gab, trug nur begrenzt zu ihrer Glaubwürdigkeit bei. Zwar wurden dadurch einerseits manche Belastungen, die ein zu naives Schriftverständnis mit sich brachte, abgebaut, doch wurde andererseits aber auch unbeabsichtigt die innerkirchliche Verunsicherung gefördert. Ist der Glaube einmal zum Gegenstand wissenschaftlicher Fragen, Hypothesen und Korrekturen geworden, so ist grundsätzlich nicht mehr absehbar, welche irritierenden Ergebnisse künftig noch zu verarbeiten sein werden.

6 Vgl. *H. M. Nobis*, Artikel »Buch der Natur«, in: Historisches Wörterbuch der Philosophie I, 958f.
7 Vgl. hierzu die ausführliche und aufschlußreiche Untersuchung von *Dieter Emeis*, Wegzeichen des Glaubens. Über die Aufgabe der Katechese angesichts einer von Science und Technik geprägten Mentalität, Freiburg/Basel/Wien 1972.

2.4 *Kirchliche Zuständigkeitsverluste*

Im Mittelalter waren Gesellschaft und Kirche in ihrem Umfang deckungsgleich. Alle Lebensbereiche waren sowohl in ihrem äußeren Ausdruck und Vollzug wie in ihrem geistigen Charakter religiös geprägt. Ein bezeichnender Beleg dafür ist heute noch das Wort »Messe«, das sowohl die gottesdienstliche Feier wie die große wirtschaftliche Zusammenkunft zu Handelsgeschäften bezeichnet. Die Namensgleichheit ist nicht zufällig, sondern verweist auf die geschichtliche Verbundenheit des einen mit dem anderen.
Gleichzeitig war der Einfluß der Kirche dadurch besonders kräftig, daß sie über die verschiedenen möglichen Autoritätsinstanzen verfügte.[8] Ihr gehörten nicht nur die amtlichen Repräsentanten der geistlichen Macht an, sie war auch unmittelbarer an wirtschaftlicher und politischer Macht beteiligt und konnte darüber hinaus mittelbar auf sie Einfluß nehmen; sie stellte die charismatischen Führer, die außerhalb der institutionalisierten Ordnungen Menschen um sich versammelten; in ihren Schulen und Universitäten wurden die Experten des damals verfügbaren Wissens ausgebildet; und schließlich lag die Tradition mit ihrem ganzen Ansehen und Gewicht in ihren Händen. Damit war der gesellschaftliche Standort der Kirche so gesichert, daß sie durch eine Verschiebung dieser Autoritäten in der Rangordnung kaum beeinträchtigt werden konnte.
Die Neuzeit brachte in dieser Hinsicht einen gewaltigen Umbruch. Sie nahm die verschiedenen gesellschaftlichen Aufgabenbereiche aus der kirchlichen Verantwortung heraus und gab ihnen weitgehend Eigenverantwortlichkeit. Wirtschaftliche Produktion und Verteilung der Waren, äußere und innere Sicherheit des Staates, Rechtswesen, Krankenversorgung, Sozialfürsorge usw., vor allem aber auch Bildung und Forschung konnten sich ohne kirchliche Initiativen und religiöse Motivationen als funktionstüchtig erweisen.

8 Zu den unterschiedlichen Autoritäten einer Gesellschaft und ihrer geschichtlich wechselnden Rolle vgl. *Paul Michael Zulehner*, Religion nach Wahl, Wien 1974, 27. Dieses Buch ist eine ergiebige pastoraltheologische Studie zu kirchendistanzierter Religiosität, wenn auch in den Wertungen stark am Ideal eines homogenen und engen Gemeindebezugs orientiert.

Vielen dieser Bereiche kann sich die Kirche heute nur noch mit allgemeiner ethischer Mitverantwortung zuwenden. Ein deutlicherer Einfluß ist ihr meistens schon durch ihre Unzuständigkeit in technologischen Fragen verwehrt. Aber selbst dort, wo sie sich in besonderer Weise noch zuständig sieht,wird ihr Anspruch zurückgedrängt. In der Öffentlichkeit deutlich erfahrbar war dies bei der Entkonfessionalisierung der Lehrerbildung und weitgehend auch der Schule. Durch derartige Einschränkungen wird die Kirche auf einen ihr eigenen Bereich geistlicher Macht reduziert.
Diese gesellschaftliche Entwicklung wird mit dem Begriff «*Säkularisierung*« bezeichnet. Sie stellt sich auf verschiedenen Ebenen in unterschiedlicher Weise dar:
»1. auf gesamtgesellschaftlicher Ebene als Verlust der gesellschaftsintegrierenden, sinnstiftenden Funktion der Religion und damit des Interpretationsmonopols letzter, gesellschaftlich gültiger Wahrheiten,
2. auf der Ebene des kirchlich verfaßten Christentums als Abschwächung oder Verlust des kirchlichen Einflusses auf die verschiedenen gesellschaftlichen Lebensbereiche,
3. auf der Ebene der Kirchengemeinde als ›Entkirchlichung‹, als Rückgang der Teilnahme am Leben der Gemeinde, insbesondere an den Kulthandlungen und
4. auf der Ebene des Individuums als Rückgang der Relevanz religiöser Motivation und religiöser Normen für die Lebensführung und zunehmende Distanzierung von der Kirche.«[9]
Dies brachte für den einzelnen auch mit sich, daß ihm – und sei es auch nur scheinbar – zahlreiche persönliche Entscheidungsräume eröffnet wurden. Der Kirche jedenfalls wurde bei dringlichen Erwägungen des Alltags zunehmend weniger eine Funktion zuerkannt. Die Punkte, an denen sich die Kirchenzugehörigkeit spürbar »auszahlt«, sind heute öffentlich kaum noch auffällig. Übergewichtig erscheint demnach die pastorale Zuwendung zu den Alten,

9 *Franz-Xaver Kaufmann*, Kirche begreifen. Analysen und Thesen zur gesellschaftlichen Verfassung des Christentums, Freiburg/Basel/Wien 1979, 58. Die verschiedenen religionssoziologischen Studien dieses Buchs sind für die Beurteilung der neuzeitlichen Entwicklung der Kirche, ihre Aufgaben, Schwierigkeiten und Chancen, sehr aufschlußreich.

Armen, Kranken und Kindern, das heißt insgesamt zu den sozial funktionsschwachen Menschen. Dies mag der Kirche letztlich sogar zum moralischen Vorteil gereichen; zunächst ist es jedoch eine Einbuße an gesellschaftlicher Bedeutung.
Besonders folgenreich ist, daß sich viele Menschen heute selbst wohl als »religiös« verstehen, nicht jedoch als »kirchlich« angesehen werden wollen. Damit sprechen sie für sich der Kirche sogar dort die Zuständigkeit ab, wo sie ihre letzte Bastion zu haben scheint: bei der Orientierung über den Grund und Sinn des Lebens, bei der Besinnung auf das, was dem Menschen heilig sein sollte.[10] Religiosität wird damit weitgehend zu einer privatisierten und verinnerlichten Einstellung, die ihren gesellschaftlichen Ort verliert, sprachlos wird und so in der Gefahr steht, zunehmend zu verdunsten.
Freilich schließt diese Entwicklung nicht aus, daß die Kirche an zahlreichen Stellen des öffentlichen Lebens gegenwärtig ist, auch gehört wird und über die Massenmedien ständig Publizität erhält. Doch dadurch tritt ihre eigenartige Sonderstellung nur noch deutlicher in das allgemeine Bewußtsein. Eine auffällige gesellschaftliche Rolle mindert noch nicht den Funktionsverlust.

2.5 Politische Freiheitsforderungen und kirchliche Unfreiheitserfahrungen

Als die *Französische Revolution* die feudalen Strukturen zerbrach, setzte sie mit ihrer Gewaltsamkeit ein besonders nachdrückliches Zeichen der Selbstbefreiung des Menschen aus den Ordnungen, die zuvor als von Gott her verbindlich ausgegeben worden waren. Die Welt war jetzt in einer ganz neuen Weise in die menschliche Verfügung gestellt. Der vorher schon philosophisch entfaltete Gedanke der *Autonomie* erwies sich auf der politischen Szene als wirksam und folgenreich. Von den drei programmatischen Leitwörtern der Französischen Revolution, »Freiheit, Gleichheit, Brü-

10 Vgl. die umfangreiche empirische Untersuchung des Soziologen *Gerhard Schmidtchen*, Was den Deutschen heilig ist. Religiöse und politische Strömungen in der Bundesrepublik Deutschland, München 1979.

derlichkeit«, dominierte in den Erfahrungen und Forderungen des neuzeitlichen Umbruchs eindeutig das erste.

Die von der *Aufklärung* bestärkte und verbreitete Idee der *religiösen Toleranz* sowie die Formulierung von *Menschenrechten*, politisch verankert in der amerikanischen Unabhängigkeitserklärung von 1776, setzten das Bewußtsein der Selbstbestimmung des Individuums frei. In den verschiedenen geistigen und politischen Strömungen, die unter dem Namen »*Liberalismus*« zusammengefaßt werden, durchdrangen diese Ideen das gesellschaftliche Leben.

Die Kirche sah sich durch Entwicklung weitgehend in die Verteidigung gedrängt, hatte sie doch selbst als weltliche Macht feudale Strukturen angenommen und stellte sich auch mit ihrem geistlichen Anspruch als eine hierarchische Institution dar, die unverbrüchlich Ordnungen zu verbürgen hat. In der polarisierenden Konfrontation mußte sie demnach zunehmend als Widersacher der geschichtlich nahegelegten Emanzipation erscheinen. Mit zahlreichen Maßnahmen der *äußeren Abschirmung und der inneren Reglementierung* erschwerte sie Ansätze anderer Entwicklungen, die sich eher lernfähig und vermittlungsbereit zeigten. So verurteilte etwa Gregor XVI. 1832 in seiner Enzyklika »Mirari vos« den »Wahnsinn, es sollte für jeden die ›Freiheit des Gewissens‹ verkündet und erkämpft werden«, »diesen seuchenartigen Irrtum«, zu dem sich auch »jene nie genug zu verurteilende und zu verabscheuende Freiheit der Presse« gesellt, »die viele mit äußerst verbrecherischem Eifer fordern und fördern«.[11] Die aufkommende historisch *kritische Bibelwissenschaft* wurde mit zahlreichen Sanktionen behindert und unterdrückt (ein Höhepunkt der Auseinandersetzungen war 1908 die Exkommunikation des französischen Wissenschaftlers Alfred Loisy, der die absolute Irrtumslosigkeit der Bibel bestritten hatte); verschiedene theologische Strömungen wurden undifferenziert mit dem Schmähwort »*Modernismus*« belegt und verurteilt[12] (1910 schrieb Pius X. den Theologen die Ablegung des

11 Die katholische Sozialdoktrin in ihrer geschichtlichen Entfaltung. Eine Sammlung päpstlicher Dokumente vom 15. Jahrhundert bis in die Gegenwart, hrsg. von *Arthur Utz/Brigitta Gräfin von Galen*, Bd. I, Aachen 1976, 149.

12 Vgl. beispielsweise die eindrucksvolle Biographie von *Peter Neuner*, Religion zwischen Kirche und Mystik. Friedrich von Hügel und der Modernismus, Frankfurt a. M. 1972.

«Antimodernisteneides« vor, der erst zur Zeit des Zweiten Vatikanischen Konzils außer Kraft gesetzt wurde). Eine weit über die Theologie hinaus wirksame Maßnahme der geistigen Abschirmung stellte der »*Index*« dar, ein Verzeichnis der verbotenen Lektüren, dessen Geschichte zwar bis in das 16. Jahrhundert zurückreicht, der aber 1900 neu gefaßt wurde und in seiner letzten amtlichen Ausgabe 1948 über 4000 Buchtitel verzeichnete. Als eine schwerwiegende Beeinträchtigung ihres familiär-persönlichen Lebens erfuhren schließlich viele Menschen die kirchenrechtliche *Mischehenregelung*.

All dies zusammengenommen, konnte der Eindruck entstehen, daß die Kirche die institutionalisierte Unfreiheit darstellt. Ausdrücklich wehrte 1864 Pius IX. im »Syllabus«, einem Verzeichnis verurteilter Lehrmeinungen, die Zuversicht ab, daß die Kirche sich vielleicht doch von den neuzeitlichen Entwicklungen vorteilhaft beeinflussen lasse. Der letzte der verurteilten Sätze besagt: »Der römische Stuhl soll sich mit dem Fortschritt, dem Liberalismus, der modernen Zivilisation versöhnen und vergleichen.« Mit der Ablehnung dieser Forderung schien sich die Kirche grundsätzlich und global gegen jede Beeinflussung durch neuzeitliche Freiheitstendenzen zu sperren.

Auch wenn diese Äußerungen und Maßnahmen der Vergangenheit angehören und sich die Kirche inzwischen in manchem Punkt mehr oder minder deutlich distanziert hat, vor allem im Zusammenhang des Zweiten Vatikanischen Konzils, so ist sie durch ihre neuzeitliche Unfreiheitsgeschichte doch bis zur Gegenwart belastet, nicht nur in den Vorwürfen ihrer Gegner. Die im Auftrag der Deutschen Bischofskonferenz 1970/71 durchgeführte soziologische Umfrage unter Katholiken[13] hat unter anderem erhoben, wie sich die Kirche aus der Sicht ihrer Mitglieder zum Wertsystem unserer heutigen Gesellschaft verhält. Dabei konnte diese Umfrage selbstverständlich nicht ermitteln, was die Kirche tatsächlich fördert oder behindert, sondern allein, wie Katholiken ihre Kirche erfahren. Besonders gefördert sahen die Befragten durch die Kirche die

13 *Gerhard Schmidtchen*, Zwischen Kirche und Gesellschaft. Forschungsbericht über die Umfragen zur Gemeinsamen Synode der Bistümer der Bundesrepublik Deutschland, Freiburg/Basel/Wien [2]1973.

Ermutigung in Schicksalsschlägen, die Ermunterung, »ein guter Mensch zu sein«, Hilfe in der Not, das Denken an die Ewigkeit, die Verpflichtung für die Gemeinschaft; bei einer ganzen Reihe solcher Werte ging der vermutete Einsatz der Kirche sogar über das hinaus, was die Befragten selbst von ihr erwarteten. In einer Reihe von anderen Werten aber erfuhr man sich durch die Kirche behindert, etwa bei dem Bestreben, sich als freier Mensch fühlen zu können, »etwas vom Leben zu haben«, überflüssige Autorität abzubauen und vor allem möglichst frei und unabhängig in den Beziehungen zum anderen Geschlecht zu sein. Darin zeigt sich, daß die Katholiken auch heute noch »eine eindrucksvolle Diskrepanz zwischen ihrem eigenen gesellschaftlichen Wertsystem und dem, wofür ihrer Ansicht nach die Kirche steht«, empfinden.[14] Die Kirche scheint vielfach das Leben nach Normen reglementieren zu wollen, die nicht an den Bedürfnissen der Menschen ausgerichtet sind oder unabhängig von der Erfahrung schon festlegen, was die Bedürfnisse der Menschen zu sein haben.

Die kirchlich institutionalisierte Religion wird demnach unter wichtigen Gesichtspunkten im Kontrast zum neuzeitlichen Selbstverständnis des Menschen erlebt. Das religiöse Bewußtsein kann sich, wenn es eine solche Diskrepanz erfährt und verarbeiten soll, leicht überfordert fühlen. Dann besteht die Gefahr, daß es sich entweder in ein geistiges Ghetto zurückzieht und die Kommunikation mit der befremdlichen Umwelt einschränkt oder sich ebendieser Umwelt anpaßt und die vermeintlichen religiösen Ansprüche beiseite schiebt. Auf jeden Fall werden so die gesellschaftlichen Voraussetzungen der Glaubwürdigkeit von Religion und Kirche kräftig geschwächt.

14 *Johannes Gründel*, Kirche und moderne Wertsysteme, in: Karl Forster (Hrsg.), Befragte Katholiken – Zur Zukunft von Glaube und Kirche. Auswertungen und Kommentare zu den Umfragen für die Gemeinsame Synode der Bistümer in der Bundesrepublik Deutschland, Freiburg/Basel/Wien 1973, 64–72, hier 67.

3 Typen theologischer Reaktion auf Religionskritik

Wer sich von einem anderen angegriffen fühlt, kann dies unterschiedlich aufnehmen. Am nächsten liegt es, dem naturwüchsigen Bedürfnis nach Selbstschutz nachzugeben und entweder zu fliehen oder sich zu verteidigen. Doch schon in kriegerischen Auseinandersetzungen gibt es mehr als nur diese beiden Reaktionen, erst recht bei geistigen Anfechtungen, die sich nicht mit gewaltsamen Mitteln beseitigen lassen. Betroffen vom Widerspruch anderer, können einzelne und Gruppen in ihrer Orientierung über sich und ihre Welt erheblich beeinträchtigt werden. Ihr psychischer und sozialer Zustand gerät aus dem bisherigen Gleichgewicht und wird in gewissem Umfang labil. Diese Erfahrung muß in neuen Verständigungsprozessen aufgearbeitet werden.
Wenn im folgenden für den innerkirchlichen und innertheologischen Umgang mit Religionskritik vier Typen gekennzeichnet werden, so ist zu beachten, daß diese kaum in so reiner Form vorkommen, sondern sich üblicherweise beträchtlich miteinander mischen. Doch zur Reflexion über die Verhaltensweisen, mit denen wir hier rechnen müssen, ist eine solche Unterscheidung angebracht.

3.1 Die globale apologetische Gewinnstrategie

Ein konkurrierendes Verhältnis kann so angelegt sein, daß immer der Gewinn des einen dem anderen als Verlust zu Buche schlägt; in dem Umfang, in dem sich der eine durchsetzt, ist der andere Verlierer. In der Sprache der Spieltheorie handelt es sich dabei um »Nullsummen-Spiele«, da man bei der Addition von Gewinn und Verlust der beiden Parteien immer wieder auf einen Nullwert kommt. Sieht man sich in ein solches Spiel gestellt, ist der andere schlechthin nur der Gefährdende, demgegenüber man sich behaupten muß.
Eine solche Definition der Außenbeziehungen liegt für Glaubens-

gemeinschaften in Situationen der Rivalität besonders nahe, da ihnen nach ihrem Selbstverständnis das grundlegendste und umfassendste Heils- und Orientierungswissen anvertraut ist. Sie neigen deshalb leicht dazu, ihre Anfechtungen als fundamentale Erschütterungen auszugeben und in entsprechend globaler Abwehr zu reagieren. (Man beachte etwa auch innerhalb des Neuen Testaments die Angriffe gegen die »falschen Propheten« in 2 Petr 2.)
Eine derartig angelegte Reaktion auf Religionskritik setzt auf die *Überzeugungskraft klarer Antithesen*. Die Polarisierung hat auf jeden Fall den emotionalen Vorteil, daß sie eindeutige Grenzen und Feindbilder erstellt.
Ein Beispiel für eine solche strategische Einstellung und Situationsumschreibung sei einem Handbuch der kirchlichen Belehrung entnommen, das in der Aufklärungszeit verfaßt wurde und weit verbreitet war:
»Ueberdas ist die Nothwendigkeit christliche Gemüther wider verführerische Irrlehren zu verwahren niemals dringender, als in unseren Zeiten gewesen. Die heutige Preßfreyheit überschwemmet den Staat mit einer ungeheuern Menge solcher Bücher und Broschüren, in denen man, was nur immer in der Religion heilig ist, auf eine witzige Art lächerlich macht; oder ihre Wahrheiten theils ernstlich und tiefsinnig bestreitet, theils arglistig entstaltet; dabey aber allzeit den nämlichen Zweck hat, zum Schaden der Sittlichkeit verdorbne Grundsätze zu verbreiten, und das Gift unter einer reitzenden Schreibart zu verhüllen. Was aber die Gefahr aufs höchste treibt, erlaubet man sich zugleich eine ebenso uneingeschränkte Freyheit, alles, was neu erscheint, zu lesen; ja diese Wiss- und Lesebegierde ist dermalen der herrschende Ton der Welt geworden.«[1] Dementsprechend sieht der Autor für sich die Aufgabe gestellt, daß er »für tiefer einsehende, und geübtere Leser schreiben sollte, um sie wider Irrlehren, die sich immer weiter verbreiten, zu verwahren«, da doch die katholische Lehre »heut zu Tage in unzähligen Schriften und Büchern, die fast in allen Händen sind, ange-

1 *Simpert Schwarzhueber*, Praktisch-katholisches Religionshandbuch für nachdenkende Christen I, Salzburg [2]1786, Vorbericht. (Die ausgewählten Stellen sind nicht schon symptomatisch für die Grundhaltung des ganzen Werks; sie stehen hier nur für sich selbst.)

fochten und bestritten wird«; deshalb scheint es «schlechthin nothwendig zu seyn, wenigstens jene Glaubenswahrheiten, die man am meisten zu untergraben versucht, ... in das möglich-helleste Licht zu setzen, und auch die allgemeinsten Einwürfe, die man mit so lautem Geschrey zu Markt trägt, zurückzuweisen ..., das Gewissen solcher Leute, die heut zu Tage leicht von verschiedenen Glaubenszweifeln dörften beängstiget werden, zu beruhigen.«[2]
Es ist bezeichnend, daß bei einer solchen Reaktion die *innere Bestärkung* mit einer *äußeren Abschirmung* Hand in Hand geht. Die geistige Auseinandersetzung ist eigentlich nur insoweit für notwendig erachtet, als gegen die Publikation der religionskritischen Äußerungen nicht anders eingeschritten werden kann. Angriff und Rückzug sind hier einander ergänzende Reaktionen ein und derselben polemischen Verhältnisbestimmung.

3.2 Totale Anerkennung und totale Ausflucht in der Entgegensetzung von »Religion« und »Glaube«

Einen ganz anderen Weg, als den gerade skizzierten, schlug die Auseinandersetzung mit der Religionskritik unter dem Einfluß der »*Dialektischen Theologie*« ein. Für Karl Barth ist Religion ein kultureller Ausdruck des gottfernen und unerlösten Menschen, der sich selbst seiner elenden Wirklichkeit zu entledigen versucht. Er ist bestrebt, aus eigenen Kräften sein Heil zu realisieren. Damit wird Religion als ausdrücklichste Form der Selbstbehauptung des Menschen und radikalster Gegensatz zum Anspruch Gottes nach der christlichen Offenbarung begriffen. Im ersten Band der »Kirchlichen Dogmatik« schreibt Barth in prinzipieller Abgrenzung: »Wir beginnen mit dem Satz: Religion ist *Unglaube*; Religion ist eine Angelegenheit, man muß geradezu sagen: *die* Angelegenheit des gottlosen Menschen .... Dieser Satz ... formuliert das Urteil der göttlichen Offenbarung über alle Religion.«[3] Sie erscheint

2 Ebd.
3 *Karl Barth*, Die kirchliche Dogmatik I, 2, Zollikon-Zürich [5]1960, 327 (innerhalb des Kapitels: Religion als Unglaube, 324–356).

als der negative Gegenpol zum biblischen Gottesverhältnis: »Die Offenbarung ist Gottes Selbstdarbietung und Selbstdarstellung. ... sie trifft uns mitten in jenem Versuch, Gott von uns aus zu erkennen. ... Das der Offenbarung entsprechende Tun müßte ja der Glaube sein: die Anerkennung der Selbstdarbietung und Selbstdarstellung Gottes.«[4]

Mit der Religionskritik stimmt diese theologische Sicht zunächst darin überein, daß »Religion« dem Menschen zum Nachteil gereicht und von ihm abgelegt werden sollte. »Sie wird nämlich nie grundsätzlich mehr und etwas anderes sein als ein Spiegelbild dessen, was der Mensch selbst, der zu dieser äußeren Befriedigung seines Bedürfnisses schreiten zu sollen meint, ist und hat.«[5] Die Religionskritik, auch in ihrer aggressiv atheistischen Form, ist demnach eine vernünftige Konsequenz dieser fundamentalen »Schwäche« aller Religion. Der Mensch »verliert nichts bei diesem Rückzug; er zieht ja bloß sein Kapital zurück aus einem Unternehmen, aus einer Unternehmung, die ihm nicht mehr rentabel erscheint«.[6] *Die Religionskritik findet dabei die theologische Anerkennung als »kritische Wendung«.*[7]

Auf dieser Grundlage erscheinen Theologie und Religionskritik also streckenweise als Verbündete. So konnte Karl Barth trotz seiner fundamentalen Einwände gegen Ludwig Feuerbach einräumen, »daß er mit seiner Religionsdeutung auf der ganzen Linie Recht hat, sofern sie sich auf die Religion als Erfahrung des bösen und sterblichen Menschen bezieht«.[8] Religionskritik soll also nur das treffen, was die Theologie selbst schon als »Religion« abqualifiziert hat.

Diese Art, mit der Religionskritik umzugehen, schließt nicht das Zugeständnis aus, daß auch das Christentum derartige »Religion« hervorbringen könne und immer in der Gefahr stehe, seinen Glauben wieder in Selbstbehauptung und Selbstgefälligkeit zu perver-

4 Ebd. 328f.
5 Ebd. 345.
6 Ebd. 347.
7 Ebd.
8 *Karl Barth*, Ludwig Feuerbach. Fragment aus der im Sommer 1926 zu Münster gehaltenen Vorlesung über die Geschichte der neueren Theologie, in: Ders., Die Theologie und die Kirche. Gesammelte Vorträge, 2. Bd., Zollikon-Zürich o. J., 212–239, hier 238f.

tieren. Doch auch bei dieser differenzierteren Verhältnisbestimmung bleibt die christliche Verkündigung letztlich allen Anfechtungen der Religionskritik völlig entzogen. Wenn sich die Religionskritik gegen »Gott« wendet, dann könne dies nur die selbstgemachten Götter vernichten, die schon im Alten Testament entmächtigt wurden, aber nicht den lebendigen, in Geschichte sich offenbarenden Jahwe, den Religionskritik überhaupt nicht in den Blick bekomme.

Auf diesem Weg läßt sich alle Beunruhigung fernhalten: «Was Religionskritik zu leisten vermag, ist immer nur Kritik an einer von Menschen geübten Religion. Menschliche Vorstellungen, menschliches Denken, menschliches Wollen und menschliches Handeln religiöser Art unterliegen einer Religionskritik. Aber Gott und ewiges Leben als andere denn menschliche Seinsweisen können mit menschlicher Kritik nicht erreicht werden, weder positiv, noch negativ.«[9]

Diese versöhnliche Inanspruchnahme der Religionskritik für die eigenen theologischen Interessen beruht auf einer fragwürdigen Grundlage, nämlich der *verbalen Abgrenzung* der eigenen Position als »*Glaube*« an die »*Offenbarung Gottes*« gegenüber der verwerflichen »*Religion*«, einer *definitorischen Unterscheidung*, die in dieser Weise außerhalb der dialektischen Theologie, vor allem bei den religionskritischen Gegenpositionen selbst, keineswegs anerkannt werden muß. Sie mutet vielmehr an wie ein Rückzug in die grundsätzliche Unanfechtbarkeit: Immer, wenn der christliche Glaube religionskritisch in Rede gestellt werden soll, antwortet er hier: »Ich bin das nicht, von dem da die Rede ist; sie meint die anderen; ich brauche mich nicht betroffen zu fühlen.« Aber eine Position, die sich derart exklusiv mit der Berufung auf das ihr zukommende Wort Gottes absichert und jeder Rückfrage nach einer rational verantwortbaren Glaubwürdigkeit ausweicht, steht in der Gefahr, bald in dieser Welt nicht mehr kommunikabel zu sein und nur noch im kleinen Kreis derer Zustimmung zu finden, die – warum auch immer – ihr Ja schon gesagt haben. Die totale Absicherung gegenüber der Religionskritik schlägt dann um in die totale Gefährdung.

9 *Walther Bienert*, Der überholte Marx. Seine Religionskritik und Weltanschauung – kritisch untersucht, Stuttgart ^{2}1974, 45.

3.3 Zugeständnisse im geschichtlich Bedingten – Abwehr aller Anfechtungen im »Wesentlichen«

Eine dritte Art und Weise, auf die Religionskritik zu antworten, verbindet in gewissem Sinne die beiden ersten extremen Reaktionen, versucht sie aber differenziert und in wechselseitiger Beschränkung einzusetzen. Sie schlägt den für jeglichen *Disput* naheliegenden Weg ein: *zu unterscheiden – Zugeständnisse einzuräumen – zu widersprechen.*

In diesem Dreischritt wird die Gegenposition nicht einfach als die eines Gegners genommen, sondern vielmehr als die eines Gesprächspartners, mit dem man sich freilich über eine streitige Sache unterhält. Man sichtet, wo man dem anderen Recht geben, gar von ihm lernen kann; man hält andere Punkte dagegen, von denen man meint, daß man widersprechen müsse; und man erwartet bei alldem, daß sich der andere zu einem entsprechenden Verfahren bereitfinde.

So naheliegend und notwendig dieses Verfahren für eine verantwortliche Selbstbehauptung ist, so ist sie doch nicht dagegen gefeit, nur zu einem taktischen Instrument der Verteidigung zu werden. Dies liegt dann nahe, wenn alle Bereitschaft, der Gegenrede zuzustimmen, von vornherein nur dort gegeben ist, wo es um »*Äußerlichkeiten*« der Religion, um »*Fehlentwicklungen*«, »*sekundäre Erscheinungen*«, »*geschichtlich bedingte Entartungen*« und ähnliches geht; dabei aber »das Wesentliche« der Religion, ihre »eigentliche« Wirklichkeit ausgespart wissen will. Auf diese Weise sind im Disput Zustimmung und Widerspruch bereits von vornherein harmlos kanalisiert. Man gesteht dann etwa gerne zu, daß die vernommene Kritik »auf gewichtige Schwächen im damaligen Christentum aufmerksam machte, die von Kirche und Theologie verschwiegen oder überhaupt nicht bemerkt wurden«[10]; daß man die gehörten Einwände »als bleibende Warntafel für das Christentum«[11] nehmen müsse; daß man aber die Kritik an »Mißständen«

10 Ebd. 292.
11 Ebd. 294.

nicht auch gegen die »Wesenskomponenten«[12] des christlichen Glaubens richten könne.
Bei einer solchen Strategie wird die angefochtene Religion nach dem *Schema von Substanz und Akzidens* begriffen: Da gibt es einmal den entscheidenden Kern der Sache, ihr feststehendes Wissen, das unverbrüchlich ist, aller Fragwürdigkeit entzogen, dauerhaft und keiner Revision bedürftig; dann gibt es demgegenüber das Äußere, die wechselnde Ausgestaltung und Einkleidung, abhängig vom Wandel der Zeit, anfällig für Auswüchse, notwendigerweise immer der Kritik auszusetzen.
Keine Gemeinschaft, der an ihrem eigenen Bestand etwas liegt, wird darauf verzichten können, zu sagen, was ihr einerseits unabdingbar wichtig und deshalb unaufgebbar ist und was sie eher als zufällige, geschichtlich bedingte und grundsätzlich auch anders denkbare Momente ihrer Gestalt und ihres Lebens begreifen kann. Fragwürdig wird eine derartige Unterscheidung erst dann, wenn man meinen wollte, man käme mit ihr zu endgültigen, allen geschichtlichen Veränderungen entzogenen Grenzziehungen. Dabei übersähe man nämlich, daß die Umschreibung dessen, was das »Wesen« ausmache, im Wechsel der Zeiten und der sozialen Gegebenheiten recht unterschiedlich ausfallen kann.
Wer sich angesichts der Religionskritik in starrer Manier dadurch absichert, daß er von vornherein zu wissen meint, was der unangreifbare und immer gültige Bestand ist, an dem alle Kritik abprallen muß, der gerät damit leicht in die Nähe der beiden vorher dargestellten Reaktionen: der undifferenziert globalen Apologie und des Rückzugs in die Unanfechtbarkeit.
Der Verdacht, daß die Bereitschaft zur differenzierten Argumentation nur aus Verteidigungstaktik gewählt sein könnte, wird dann umgangen, wenn eine weitere Art, auf die Religionskritik zu reagieren, wenigstens erwogen wird.

12 Ebd. 295.

3.4 Die Anerkennung von Aporien

Wer auf die Religionskritik lernbereit hinhören will, muß damit rechnen, daß sie ihm für sein eigenes gläubiges Selbstverständnis Schwierigkeiten aufdeckt, die er nicht einfach aus dem Wege zu räumen weiß. Nur wer sich um der eigenen Selbstbehauptung willen unbedingt auch selbstsicher geben muß, wird von vornherein das theoretisch nicht mehr Durchsichtige, das rational nicht mehr Auflösbare als Gefährdung empfinden. Wer dagegen bereit ist, sich bei der Sache, zu der er steht, auch Verlegenheit und Antwortlosigkeit einzugestehen, ist in seiner Position zunächst vertrauenswürdiger. Er kann den Fragen auch dort noch Raum geben, wo sie den Nerv seines Glaubens treffen; nicht aus selbstgefälliger Koketterie mit der Skepsis, sondern aus redlicher Einsicht in die begrenzte Tragfähigkeit seiner Argumentation.

In diesem Sinne meint »Aporie« (vom Griechischen »a-poros«: »weg-los«) die Situation, in der theoretisch das Ja wie das Nein gleichermaßen naheliegen, in der nicht mehr absehbar ist, wie man sich selbst und anderen sein eigenes Votum mit Gründen rechtfertigen kann, die die beunruhigenden Fragen zu einem guten Ende brächten.[13]

Wer schon vor der Wahrnehmung konkreter Religionskritik mit der Möglichkeit der Aporie rechnet, sieht vielleicht zwar noch nicht ab, wo er überhaupt in diese Situation geraten könnte, aber er hat doch von vornherein den Standort vermieden, bei dem er auf Gedeih und Verderb das letzte Wort haben müßte. Er hält die Erfahrungen, auf denen sein Glaube aufruht, nicht für so eindeutig, durchsichtig und verallgemeinerungsfähig, daß nicht noch berechtigter Platz für den Widerspruch bliebe.

13 Für Theologen besonders beachtenswert ist der Entwurf einer religionsphilosophischen »Aporetik« durch *Heinz Robert Schlette*, Skeptische Religionsphilosophie. Zur Kritik der Pietät, Freiburg 1972. Auch wenn nur schwer auszumachen ist, wie sich dieses Philosophieren noch mit christlicher Theologie vermitteln läßt, sind die Warnungen vor einem leichtfertig selbstgewissen Glauben von großem spirituellem und intellektuellem Wert. Beachtung verdienen in diesem Zusammenhang auch die Ausführungen von *Bernhard Welte*, Die philosophische Gotteserkenntnis und die Möglichkeit des Atheismus, in: Ders., Zeit und Geheimnis, Freiburg/Basel/Wien 1975, 109–123.

Wer grundsätzlich bereit ist, auch bei der Verantwortung seines Glaubens Aporien zuzulassen und einzugestehen, gibt damit seine Erfahrungs- und Lernbereitschaft zu erkennen und gerät weniger in den Verdacht, daß es ihm vor allem um die Behütung seines eigenen zerbrechlichen Selbstverständnisses gehe. Nur unter dieser Voraussetzung kann eine gläubige Interpretation der Welt auch bei denen noch ernsthafte Aufmerksamkeit erwarten, die ihr in wesentlichen Stücken die Zustimmung verweigern.
Umgekehrt legt es sich dann aber auch nahe, die Religionskritik auf die ihr eigenen Verlegenheiten und Aporien aufmerksam zu machen. Nicht die selbstgewisse Gegenrede, sondern *die Widerstand leistende Frage* ist an diesen Stellen die angemessene Form der Auseinandersetzung. Die Berechtigung der einen oder der anderen Position geht dann nicht daraus hervor, welche von beiden die andere widerlegt, sondern wieweit sich beide noch bereit finden, im Wechselgespräch über unsere Welt ihre jeweiligen Antworten abzuwägen.[14] Die Aporie muß dann nicht als ein Symptom des Irrtums genommen werden, sie kann vielmehr gerade ein Ausdruck der Erfahrungsnähe sein. Wo der Glaube den ihm entgegentretenden Widerspruch ernst nimmt und sich von ihm betroffen zeigt, besteht für beide Seiten Zuversicht: »Den Zweifel in die Religion einzubeziehen ist ein Moment ihrer Rettung.«[15]

14 Vgl. den Weg, den *Richard Schaeffler* der christlichen Apologetik angesichts der Religionskritik weist; beide sollen dazu kommen, daß sie ihre Aporie-Erfahrungen reflektieren und die »Doppelgefahr von Dogmatismus und Skeptizismus« (100) vermeiden: Die Religionskritik sucht ihren Partner. Thesen zu einer erneuerten Apologetik, Freiburg 1974.

15 *Max Horkheimer*, Zur Produktivität des Zweifels, in: Gerhard Rein (Hrsg.), Dialog mit dem Zweifel, Stuttgart/Berlin 1969, 148–152, hier 152.

Zweiter Hauptteil: Typen der Religionskritik – geschichtlich exemplarische Artikulationen

1 *Die Ablösung der Religion durch Wissenschaft – Auguste Comte (1798–1857)*

Wichtigste Schriften:

Cours de philosophie positive, Paris 1830–1842 (dt. Ausgabe der drei letzten Bände des sechsbändigen Werks unter dem Titel »Soziologie«, übers. von Valentine Dorn, eingel. von Heinrich Waentig, Jena 1907–1911 (^{2}1923) – im folgenden unter diesem deutschen Titel zitiert[1]

Discours sur l'esprit positif, Paris 1844 (dt. Ausgabe unter dem Titel »Rede über den Geist des Positivismus«, übers., eingel. und hrsg. von Iring Fetscher, Hamburg 1956, zitiert als »Geist des Positivismus«)

Système de politique positive ou traité de sociologie instituant la religion de l'humanité, Paris 1851–1854 (zitiert als »Système«)

Auguste Comte ist sicher – gemessen an den anderen Religionskritikern, denen die nachfolgenden Kapitel gewidmet sind – relativ wenig bekannt und geachtet. Mit seinem Namen verbindet man vor allem das sogenannte »*Dreistadiengesetz*« der Entwicklung der Menschheit sowie die beiden Begriffe »*Positivismus*« und »*Soziologie*«. Aber dies allein würde es nicht rechtfertigen, ihm hier besondere Beachtung zu schenken. Zwar geht der Wissenschaftsname »Soziologie« auf ihn zurück; aber das, was Comte damit bezeichnete, ist in mancher Hinsicht weit von der Wissenschaft entfernt, der wir heute diesen Namen geben. Dies läßt sich gerade an dem für das Denken Comtes zentralen »Dreistadiengesetz« zeigen, dem heute wegen seines dogmatischen Charakters keinerlei wissenschaftliche Geltung mehr zuerkannt wird. »Positivismus« schließlich gab es als wissenschaftstheoretischen Begriff wie als methodische Einstellung schon vor Comte, wenn auch er es war, durch den dieser Name als Programmwort einer philosophischen Richtung in die Geistesgeschichte einging – und zunehmend verächtliche Bedeutung erhielt.

1 Aus neuerer Zeit liegt eine Kurzfassung des Werks vor: *Auguste Comte*, Die Soziologie. Die Positive Philosophie im Auszug, hrsg. von Friedrich Blaschke, mit einer Einleitung von Jürgen von Kempski, Stuttgart ^{2}1974.

Dennoch kann man bei Comte, wenn man sich nicht nur bei den genannten äußerlichen Erinnerungspunkten aufhält, wesentliche Momente der späteren Religionskritik und darüber hinaus des öffentlich mächtigen Bewußtseins unserer Zeit in einprägsamer Grundgestalt ausformuliert finden.

1.1 Die Berufung auf die Vernunft – die Abwehr der Einbildungskraft

Comte sieht den Menschen von dem naturwüchsigen Bedürfnis getrieben, seine Welt möglichst schnell und möglichst umfassend aufzuhellen, damit sie ihre Unheimlichkeit verliere, überschaubar werde und zuverlässig scheine. Da der Erfüllung dieses Bedürfnisses aber vielfältig Schwierigkeiten entgegenstehen und Grenzen gesetzt sind, läßt sich der Mensch leicht von seiner Phantasie leiten, die ihm als Wirklichkeit vorspiegelt, was er wahrzunehmen wünscht. Das Ergebnis kann dabei ganz unterschiedlich religiöse oder philosophische Gestalt annehmen, die Macht seiner Überzeugung ist auf jeden Fall »der *schlafbringenden Kraft* des Opiums« (Geist des Positivismus 19) zu vergleichen.

Dieser Hang des menschlichen Geistes zur *phantasiegeleiteten Auffüllung seiner Erkenntnislücken* kann jedoch nicht auf Dauer und als einzige Kraft bestimmend sein; denn ihm steht das machtvolle *Streben nach Realitätsbezug* entgegen. Freilich muß diesem, wenn es wirksam werden soll, erst einmal durch die konsequente Ausbildung der menschlichen Anlagen zum Durchbruch verholfen werden: »Den Grundgesetzen der menschlichen Natur gemäß muß die Entwicklung der Gattung wie diejenige des Individuums nach einer ausreichenden vorherigen Übung aller unserer Fähigkeiten damit endigen, der Vernunft spontan einen immer ausgesprocheneren Vorrang vor der Einbildungskraft einzuräumen, obgleich die Entwicklung dieser zuerst mit Notwendigkeit hat lange Zeit überwiegen müssen.« (Soziologie I 502)

Seine alltäglichste Verwirklichung findet dieses Bedürfnis nüchterner Wahrnehmung der Realität im »*gesunden Menschenver-*

stand«.[2] Diese Berufung auf den common sense war schon vor Comte in der Philosophie des 18. Jahrhunderts nachdrücklich formuliert worden und erhielt durch ihn weitere systematische Bestärkung. Durch den Bezug auf den »gesunden Menschenverstand«, dem sich eigentlich niemand entziehen dürfte, wird die religiöse Situation mit ihrer Vielzahl sich widerstreitender Konfessionen als unvernünftig bloßgestellt. Es gibt offensichtlich eine geistige Grundlage, die gesellschaftlich weiter reicht und tragfähiger ist als der Glaube.

Diese »Alltagsweisheit« (Geist des Positivismus 95) ist für Comte nicht etwa die geringerwertige Vernunft der großen Menge, die der Anstrengung des wissenschaftlichen Denkens nicht fähig ist, sondern sie ist das notwendige Fundament aller Erkenntnis, auch der wissenschaftlichen. Sie weist »der gesunden Philosophie« (ebd. 97) sowohl den Ausgangspunkt wie das Ziel und leistet in ihrem Gesamtverlauf »die ständige Kontrolle«, »um so weit wie möglich die verschiedenen – aus Nachlässigkeit oder Illusion entstandenen – Abirrungen zu verhindern, die der für die philosophische Tätigkeit unentbehrliche Zustand ständiger Abstraktion mit sich bringt« (ebd. 95).

Wissenschaft und gesunder Menschenverstand stehen damit in einer arbeitsteiligen Wechselbeziehung: diesem geht es vor allem um Wirklichkeit und Nützlichkeit, jener um die allgemeingültige und systematische Formulierung. Wollte sich die Wissenschaft von der grundsätzlich jedem Menschen verfügbaren Vernunft lösen, liefe sie in die Irre, denn sachlich reicht sie nicht über deren Vermögen hinaus.

Die »innere natürliche Solidarität« (ebd. 97) dieser beiden Erkenntniswege verhindert letztlich unumgänglich den Sieg der Einbildungskraft. Diese Zuversicht ist jedoch primär grundgelegt im »wachsenden Druck der Alltagsvernunft« (ebd. 99).

Als «*Grundregel*« soll künftig gelten, »daß keine Behauptung, die nicht genau auf die einfache Aussage einer besonderen oder allgemeinen Tatsache zurückführbar ist, einen wirklichen und verständ-

2 Vgl. Geist des Positivismus 92–103: »Zunächst spontane und später systematische Entsprechung von positivem Geist und allgemeinem gesunden Menschenverstand«.

lichen Sinn enthalten kann.« (Ebd. 27)[3] Durch diese Ausrichtung an der Wirklichkeit wird die Phantasie in ihre Grenzen verwiesen.

1.2 Die Suche nach Gesetzmäßigkeit – das Desinteresse an Ursachen

Wenn der Mensch bei der Erschließung seiner Welt nach den *Ursachen* der verschiedenen Erscheinungen fragt, ist dies für Comte eine besondere Einbruchsstelle der Einbildungskraft und Ausdruck dafür, daß »er den einfachsten wissenschaftlichen Problemen noch nicht gewachsen ist« (Geist des Positivismus 7). Denn wer so die Wirklichkeit angeht, nimmt sie nicht einfach als *gegeben* hin (»positiv« – vom lateinischen »ponere«: »hinstellen, setzen«, daher auch »Positivismus«), sondern er sieht sie als ein *Produkt* und sucht nach *demjenigen*, der sie *hergestellt* hat. Aber solange wir dies tun, legen wir die Welt nach unserer eigenen Praxis aus, »indem wir alle nur möglichen Phänomene denen angleichen, die wir selbst produzieren und welche uns deshalb auch als erste, infolge der unmittelbaren Intuition, von der sie begleitet sind, ziemlich bekannt erscheinen« (ebd.).

Ganz im Gegensatz dazu führt das Interesse an *Gesetzmäßigkeiten* nicht über die offen zutage liegenden Verhältnisse hinaus, sondern versucht nur die konstanten Beziehungen aufzudecken, aus denen sie sich aufbaut. Diese Relationen können die *statische* Seite der Wirklichkeit betreffen, dann zeigen sich in ihnen die *Ähnlichkeiten* der Elemente unserer Welt; die Wirklichkeit erschließt sich in ihrer Vielfalt als strukturiert. Die Gesetzmäßigkeiten können aber auch die *dynamische* Seite der Realität betreffen; dann erfahren wir die *Wechselbeziehungen im Ablauf von Ereignissen*: *Immer wenn* dies ... *dann* jenes.

Wenn diese konstanten Relationen hier »*Gesetze*« genannt werden, so verweist dieses Wort seiner Herkunft nach zwar wiederum

3 Damit deutet sich bei Comte eine sprachanalytische Religionskritik an, die erst im »logischen Empirismus« unseres Jahrhunderts ausführlich entfaltet wurde (vgl. später Kapitel 6).

auf das Handeln der Menschen, die ihre Beziehungen durch soziale Verbindlichkeiten – eben »Gesetze« – ordnen, so daß man hier nach dem »Gesetzgeber« fragen kann; doch diese Analogie liegt Comte völlig fern. Die »Gesetze«, nach denen der Positivismus Ausschau hält, sind schlichte Gegebenheiten, bei denen man sich nicht um Herkunft oder Ursache zu kümmern braucht.

Eine solche Beschränkung des wissenschaftlichen Interesses nötigt schließlich auch dazu, auf alle *Fragen nach Sinn und Ziel* sowohl einzelner Phänomene wie gar der Welt als ganzer zu verzichten. Für *teleologisches Denken* (griechisch »télos«: »Ziel«) ist hier kein Platz, denn es würde voraussetzen, daß man mit *Absichten* rechnete und schließlich mit jemandem, der diese Absichten hegt. Aber damit fiele man gerade wieder der Verführungsmacht der Einbildungskraft anheim. Vor allem würde ein teleologisches Weltbild letztlich verhindern, daß man überhaupt konsequent mit Gesetzmäßigkeiten rechnen kann, denn wenn man die Wirklichkeit auf die Absichten eines Schöpfers gründen will, wird man sie »auf willkürliche Willensakte zurückführen« (Geist des Positivismus 37), die uns weder in unserer Praxis noch in unserer Theorie zuverlässig Anhalt geben können.

Damit will Comte dem Menschen verwehren, daß er seine Welt von vornherein »als wesentlich auf seinen Gebrauch hin geordnet« auffaßt (ebd. 15). In religionskritischer Sprache unseres Jahrhunderts heißt dies: Das wissenschaftliche Denken läßt es nicht mehr zu, daß wir uns in einen Kosmos hineingestellt sehen, der »*soziomorph*«, das heißt nach der Art unserer gesellschaftlichen Beziehungen, oder *technomorph*, das heißt nach der Art unseres herstellenden Handelns begriffen werden könnte. In beiden Fällen würden wir nur unsere menschlichen Verhältnisse mit Einbildungskraft auf unsere außermenschliche Umgebung übertragen. Dies ist aber nach Comte nicht mehr verantwortbar, wenn wir uns auch nur etwas der Selbstkritik aussetzen.[4]

4 Zur Kritik an sozio- und technomorphen Weltbildern vgl. die unter anderem auch ausdrücklich religionskritischen Untersuchungen von *Ernst Topitsch*, etwa: Vom Ursprung und Ende der Metaphysik, Wien 1958 (dtv wr 4105, München 1972).

In der Skizze ergibt sich demnach folgender Gegensatz:

Frage nach

Ursachen	*Gesetzmäßigkeiten*
Auslieferung an Einbildungskraft	Beschränkung auf wahrnehmbare Sachverhalte
Vorstellung der Welt als Produkt	Hinnahme der Welt als Gegebenheit
Annahme eines Produzenten	Ermittlung von konstanten Beziehungen
Frage nach Sinn, Zweck	Frage nach Aufbau und Funktionen
anthropomorphe Sicht	sachbezogene Sicht

1.3 Die universale Geltung des positivistischen Bewußtseins

Die Suche nach allgemeingültigen Gesetzmäßigkeiten ist für Comte nicht ein Weg der Erkenntnis unter anderen, sondern der einzig vernünftige. »Ob es sich nun um die geringsten oder die höchsten Wirkungen, um Stoß- und Schwerkraft oder um Denken und Sittlichkeit handelt, wahrhaft erkennen können wir hier nur die verschiedenen wechselseitigen Verbindungen, die ihrem Ablauf eigentümlich sind, ohne jemals das Geheimnis ihrer Erzeugung zu ergründen.« (Geist des Positivismus 29) Es kommt hier demnach kein Aspekt unserer Welt in den Blick, bei dem wir uns der Welt mit anderen Bedürfnissen, Interessen und Fragen nähern dürften. Selbst wo wir keine Gesetze erkennen, haben wir doch mit ihnen zu rechnen und uns auf ihre notwendige Geltung einzustellen, »denn ein unwiderstehlicher Analogieschluß wendet dann im voraus auf alle Phänomene jeder Art, sofern sie nur eine hinlängliche Bedeutung haben, an, was erst für einige von ihnen festgestellt worden ist« (ebd. 41).

Dadurch gerade unterscheidet sich der »*Geist des Positivismus*« von dem des »*Empirismus*« (den Comte verwirft), daß er nicht nur wie dieser in dumpfem Fleiß Fakten sammelt und Detailwissen anhäuft, sondern uns unsere ganze Welt auslegt. Die dem Menschen eigene Einbildungskraft ist also nicht verleugnet oder unterdrückt, sondern gerade in den Dienst des positivistischen Denkens gestellt: Sie verschafft der Theorie auch dort Geltung, wo sie noch nicht durch empirische Sachverhalte bestätigt ist. Nur so kann es uns gelingen, »durch Herstellung der Kontinuität und Geschlossenheit unserer Vorstellungen« den Bedürfnissen unseres Verstandes zu genügen, dessen »Forderungen nach Ordnung und Fortschritt« zu erfüllen und »inmitten des vielfältigen Wechsels die Konstanz wieder(zu)finden« (ebd. 45).

Deshalb kann es auch keine Versöhnung zwischen *Wissenschaft* und *Theologie* geben, auch wenn sie »zunächst nicht in offenem Gegensatz zueinander« stehen, »da sie sich nicht die gleichen Aufgaben stellen« (ebd. 69). Was jeweils beide als ihre »Welt« verstehen, ist völlig entgegengesetzt und nicht miteinander vereinbar. Wohl stellt Comte fest, daß man immer wieder versucht, Religion und gesunden Menschenverstand, Theologie und Wissenschaft zusammenzuhalten, aber dieses »intellektuelle Hin- und Herschwanken« ist für ihn »die Hauptkrankheit unseres Jahrhunderts«, in der man, statt den »fundamentalen Antagonismus« wahrzunehmen, »einen eingebildeten Ausgleich zwischen ihnen erträumt« (Soziologie I 505 f).

1.4 Die Selbstbescheidung auf das Relative

Trotz dieses umfassenden Geltungsanspruchs des Positivismus ist Comte eindringlich bemüht, den Anschein zu vermeiden, als gäbe er der »zur Gewohnheit gewordenen Neigung zu absoluten Erkenntnissen« nach (Geist des Positivismus 17). Dies ist gerade sein Vorwurf gegen die Religion und diejenige Philosophie, von der er sich distanzieren will: daß sie sich nicht mit dem begrenzten menschlichen Erkenntnisvermögen abfinden können und deshalb nach Letztursachen und umfassenden Erklärungen Ausschau halten müssen. Alles, was die Wissenschaft nach Comte feststellen kann, soll »stets auf unsere Organisation und auf unsere Lage *relativ* bleiben« (ebd. 29). Er räumt hier ausdrücklich ein, daß es eine »lächerliche Annahme« wäre, daß wir mit unseren wenigen Sinnen die gesamte Wirklichkeit erfassen könnten. Hinzu kommt, daß all unsere Begriffe »nicht bloß individuelle, sondern auch und in erster Linie soziale Phänomene sind« und demnach auch unsere Theorien sowohl »stets von den verschiedenen wesentlichen Bedingungen unserer individuellen Existenz abhängen müssen« als auch »nicht minder dem gesamten sozialen Fortschritt untergeordnet sind« (ebd. 31). Unsere Erkenntnis bleibt damit immer vorläufig und beschränkt. Vor allem bleibt uns bei unserem Bemühen, die Welt zu verstehen, die Hoffnung verwehrt, daß »das Geheimnis ihrer Erzeugung jemals irgendwie gelüftet werden könnte« (ebd. 47).

In dieser Selbstbescheidung gewinnt für Comte der Positivismus hinreichend spirituellen Charakter; denn er genügt dem menschlichen Bedürfnis der »*Kontemplation*« (ebd.).

1.5 Das Ziel: Kontrolle und Lenkung

Der eigentliche Nutzen des Positivismus sollte sich in dem von ihm ermöglichten Fortschritt des menschlichen Handelns erweisen. Sein Wahlspruch war: »Savoir pour prévoir, afin de pourvoir« (»Wissen um vorherzusehen, um vorzusorgen«).[5] Die Entdeckung von Gesetzmäßigkeiten erlaubt es, auf die Zukunft vorauszugreifen und damit auch noch ausstehende Ereignisse schon zu beherrschen. Diesen engen Zusammenhang von *wissenschaftlicher Forschung* und *technischer Planung* fand Comte in der Naturwissenschaft seiner Zeit realisiert. Er hat sie auf der École Polytechnique in Paris, der ersten Technischen Hochschule, kennengelernt. Von ihr begeistert, sah er es als seine Aufgabe an, auch bei der Untersuchung und Bewältigung politisch-sozialer Probleme zu ähnlicher Gewißheit und entsprechendem Erfolg zu gelangen. So verband er die Zuversicht des utopischen Sozialreformers *Saint-Simon*, dessen Sekretär der junge Comte fast sieben Jahre gewesen war, und letztlich auch der *Französischen Revolution* mit der Selbstsicherheit der aufstrebenden *Naturwissenschaften*.

Was Comte später »Soziologie« nannte, bezeichnete er zunächst

5 Zitiert von *Iring Fetscher*, Geist des Positivismus, 228 (ohne Beleg der Originalstelle).

als *»physique sociale«*. In der Erforschung der gesellschaftlichen Gegebenheiten gelangt die Wissenschaft für Comte auf ihre höchste Stufe; denn unsere Intelligenz ist letzten Endes dazu bestimmt, »unsere verschiedenen Grundbedürfnisse zu befriedigen« (Geist des Positivismus 53). Der Wunsch, der schon die Einbildungskraft beflügelte, aber bei ihr noch Wunsch bleiben mußte, nämlich die Wirklichkeit in den Griff zu bekommen, soll durch die positivistische Forschung erfüllt werden. Sie führt die unendliche Vielzahl einzelner Tatsachen auf eine möglichst kleine Zahl von Gesetzmäßigkeiten zurück, reduziert so die Welt auf die Maße des menschlichen Erkenntnisvermögens und macht sie für kontrollierte »Lenkung« (ebd. 47) verfügbar.
Aufgrund dieser Konzentration aller Erkenntnisse auf die menschlichen Bedürfnisse darf man sich nach Comte »dann im Grunde nur noch eine einzige Wissenschaft denken, die Wissenschaft vom Menschen oder genauer gesagt die Sozialwissenschaft« (ebd. 51). Diese wird nicht nur »unentbehrlich« sein, sondern auch »einen völlig befriedigenden Charakter« tragen (ebd.).

1.6 Die Dynamik der Geschichte

Nach Comte hat die Menschheit im Positivismus ihre höchste Bildungsstufe erreicht. Wohl wird es auch noch in Zukunft Fortschritt geben, aber auf der ein für allemal erworbenen geistigen Grundlage. Die zurückliegende *Geschichte der Menschheit* wird entsprechend den individuellen *lebensgeschichtlichen* Abschnitten gegliedert gesehen. Die unumgängliche notwendige Entwicklung verläuft in *drei Bildungsphasen*: dem Stadium der *Kindheit* entspricht geistesgeschichtlich *»das theologische oder fiktive Stadium«*; dem *Jugendalter «das metaphysische oder abstrakte Stadium«*; dem *Mannesalter »das positive oder reale Stadium«* (Geist des Positivismus 5, 17, 25).
Diese «stufenweise Evolution« (Soziologie I 505) in drei Schritten läßt sich letztlich auf die *polarisierende Entgegensetzung des ersten und des dritten Stadiums* zurückführen, denn das zweite ist »im Grunde nichts anderes als eine Art durch auflösende Ver-

einfachungen schrittweise entnervter Theologie«; die Menschheit nimmt hier kritisch von den übernatürlichen Mächten der religiösen Einbildungskraft Abschied, kann aber noch nicht darauf verzichten, »die innerste Natur der Wesenheiten, Ursprung und Bestimmung aller Dinge und die wesentliche Erzeugungsweise aller Phänomene zu erklären« (Geist des Positivismus 19). Die hauptsächliche Leistung dieses Zwischenstadiums beschränkt sich auf die »Zerrüttung« des theologischen Systems (ebd. 21).

So ist der eigentliche Widerpart des Positivismus das Bewußtsein des *ersten Stadiums*. Dieses ist selbst wiederum *in drei Phasen* gegliedert:

1. Am Anfang steht der »*Fetischismus*«, der sich vor allem darin äußert, »daß allen äußeren Körpern ein dem unseren wesentlich analoges Leben zugeschrieben wird« (ebd. 7) – wenn es auch ein Leben von größerer Kraft und mächtigerer Wirkung ist. Jedes Naturphänomen, alle rätselhaften Vorgänge werden auf willentliche Äußerungen von menschenähnlichen Wesen zurückgeführt.

2. Auf der zweiten Stufe, der des *Polytheismus*, wird die Vielfalt der Erscheinungen insofern schon in gewissem Sinne transzendiert und systematisiert, als die dingliche Welt von einer begrenzteren Zahl jenseitiger göttlicher Wesen abhängig gesehen wird.

3. Die dritte Stufe, die des *Monotheismus*, bringt den fragwürdigen Charakter des theologischen Stadiums zu seinem vollsten Ausdruck: Die gesamte Realität wird zurückgeführt auf die einsamen Willensentschlüsse eines einzigen Gottes. In dieser Konzeption müssen Welt und Geschichte als unzuverlässig, gesetzlos und unbeherrschbar erscheinen.

Das ganze *theologische Stadium* ist für Comte vorherrschend *militärisch* geprägt, während die *wissenschaftlich-industrielle Zeit* die Gesellschaft in einen *dauerhaften und friedfertigen Zustand* überführen soll.

Die Dynamik dieser geistigen Entwicklung der Menschheit ist unaufhaltsam, nicht mehr umkehrbar. Damit ist die Durchsetzungskraft des Positivismus mit Notwendigkeit gewährleistet, sein Scheitern ausgeschlossen.

Freilich bleiben die zurückgelassenen Phasen tendenziell immer noch gegenwärtig (schließlich hat auch jeder einzelne sie in seiner Lebensgeschichte immer noch zu durchlaufen), so daß es nach wie vor zu Konfrontationen der gegensätzlichen Geisteshaltungen kommen kann. Dabei entwickelt sich »zwischen den Lehren immer mehr eine unvermeidliche Feindseligkeit«; dem «instinktiven Widerwillen des positiven Geistes« gegen die theologischen Spekulationen entspricht deren »unwiderstehliche Geringschätzung« des Positivismus (Soziologie I 507).

1.7 Von der positiven Wissenschaft zur neuen Weltreligion

Bei aller Kritik an den vorausgehenden Stadien der Geistesgeschichte, insbesondere am theologischen, zeigt Comte doch eine erstaunliche Sympathie für die mittelalterliche Kirche. Anerkennenswert erscheint ihm nämlich ihre Fähigkeit, mit äußerer Macht und geistlicher Lenkung die Gesellschaft zu integrieren. Auch wenn die Kirche dies heute nicht mehr leisten kann, so stellt sie doch in geschichtlicher Erinnerung der Neuzeit ihre Aufgabe vor Augen.

Für Comte ist es dementsprechend eine Konsequenz seines Wissenschaftsverständnisses und nicht etwa ein Verrat an der »Soziologie«, wenn er in seinem »Système« beabsichtigt, eine neue Religion zu stiften.[6] Schließlich hatte er sich schon früher »das hohe Ziel einer universellen Vereinigung« gesetzt, wie es »der Katholizismus im Mittelalter verfrüht in Angriff genommen hatte« (Geist des Positivismus 57). Der Religion spricht Comte nämlich die Kraft zu, *Gefühl* und *Handeln* nach der Ordnung des *Verstandes* zusammenzuschließen. Zu diesem Zweck soll die Religion *in doppelter Weise institutionalisiert* werden: in der Gestalt des *Kultes* zur Befriedigung der *Bedürfnisse des Affekts*, in der Gestalt der *Herrschaft* zur *Lenkung des privaten und öffentlichen Verhaltens*. Spiri-

6 Vgl. *Raymond Aron*, Hauptströmungen soziologischen Denkens, Bd. I, Köln 1971, 71–130: Auguste Comte, hier 104–112: Von der Philosophie zur Religion.

tuelle und weltliche Macht sind demnach hier zu einer Einheit verbunden.
Dem *einzelnen* wird damit das Ideal »einer vollständigen Harmonie zwischen theoretischem und aktivem Leben« verheißen (ebd. 63) und auch der *Gesellschaft* »ein Zustand völliger Harmonie, die der kollektiven und individuellen Existenz des Menschen zu eigen ist, wenn alle ihre Teile angemessen miteinander koordiniert sind« (Système II 8).
Das Ziel, auf das sich diese Religion verehrend richtet, ist die *Menschheit*. Sie ist »das große Wesen« (Système IV 260), vor dem alle einzelnen moralisch zu bestehen haben. Im »Leben für andere« erfüllt sich der Sinn der menschlichen Existenz. Die »Menschheit« ist für Comte nicht – wie es die Wortbildung nahelegt – ein Abstraktum, sondern die höchste konkrete Wirklichkeit; denn man kann »ebensowenig eine Gesellschaft in Individuen auflösen wie eine geometrische Fläche in Linien« (Système II 181).
Diesen umfassenden geistigen Zusammenhalt sieht Comte im Zusammenwirken dreier Mächte gewährleistet: der *öffentlichen Meinung*, eines allgemeinen und einheitlichen *Unterrichts* und der *geistlichen Gewalt*. Damit soll endgültig der Ausweg aus den sozialen Krisen der Gegenwart gefunden sein.

1.8 Bedenken

Die Beunruhigung, die von Comtes Religionskritik nach wie vor ausgehen kann, hat ihren Grund vor allem in seiner Forderung, die *Vernünftigkeit des Glaubens* so auszuweisen, daß grundsätzlich alle Menschen guten Willens zustimmen können; dabei die Religiosität in der *Einheit von Verstand, Gefühl und Handeln* zu verankern, so daß sie unbestreitbar den affektiven und praktischen Bedürfnissen des Menschen entspricht; und schließlich die Bewährung der Religion danach zu prüfen, ob sie *umgreifende Gemeinschaft aufbaut* und die zerrissene Menschheit eint.
Andererseits drängen sich angesichts dieser Religionskritik auch Fragen und Einwände auf:
Zwar wehrt sich Comte gegen das Streben nach absolut sicherer

Erkenntnis, fordert die Selbstbescheidung des Menschen auf sein begrenztes Einsichtsvermögen, hält aber dann in unausgeglichener Spannung dazu den von ihm entworfenen Ablauf der Geschichte für absolut notwendig. Seine Suche nach den Gesetzmäßigkeiten der Welt ist so auf Gewißheit und Verfügungsmacht ausgerichtet, daß für den Zweifel kein Platz mehr bleibt.

Comte wirft der Religion vor, daß sie die Welt anthropomorph – nach den Maßen menschlicher Einbildungskraft – begreife, legt sie sich selbst aber dann doch auch nur nach den Gesichtspunkten zurecht, die seiner Ansicht nach den Lebensbedürfnissen und dem Erkenntnisvermögen des Menschen entsprechen. Seine Suche nach Gesetzmäßigkeiten ist ausdrücklich darauf gerichtet, möglichst einfache und wenige konstante Strukturen zu finden. Damit ist aber der Verdacht begründet, daß auch auf diese Weise eine anthropomorphe Welt zustandekommt.

Weiter ist zu fragen, ob das Interesse an notwendigen Gesetzmäßigkeiten, auch im Bereich menschlichen Handelns und sozialer Beziehungen, den Erfahrungen von Freiheit und Verantwortung, von Spontaneität und geschichtlichem Zufall entspricht.

Comtes Lehre setzt sich in ihrem Universalanspruch unausweichlich dem Vorwurf aus, daß sie selbst wieder gegen ihre eigene Absicht in Mythos umschlage und sich demnach auch als ein Produkt der Einbildungskraft erweise.

Die religiöse Ausrichtung an der Menschheit als dem höchst konkreten Ziel der Geschichte ist zwar moralisch respektabel formuliert, aber nicht mit dem kulturell gewonnenen Bewußtsein von der Bedeutung des Individuums versöhnt.

Angesichts einzelner Fehleinschätzungen sozialer Verhältnisse und Prozesse kann man Comte zugute halten, daß er damit nur am Geschick jeder Wissenschaft teilhat. Es bleibt dennoch die grundsätzlichere Frage, wieviel Erfahrungen man verdrängen müßte, wenn man dem Universalanspruch seines positivistischen Denkens folgen wollte.

2 *Die Rückführung des Göttlichen auf Prädikate des Menschen – Ludwig Feuerbach (1804–1872)*

Wichtigste Schriften:

Das Wesen des Christentums, Leipzig 1841 (im folgenden zitiert nach: Reclam 4571–77, Stuttgart 1977 – im Anschluß an die 3. Auflage, Leipzig 1849 – mit einem Nachwort von Karl Löwith)

Das Wesen der Religion, Leipzig 1846 (im folgenden zitiert nach: Ludwig Feuerbach, Werke in sechs Bänden, hrsg. von Erich Thies, Bd. IV, Frankfurt a. M. 1975, 81–153)

Zur Theogonie. Oder Beweise, daß der Götter Ursprung, Wesen und Schicksal der Menschen Wünsche und Bedürfnisse sind, Leipzig 1866

Wenn Karl Marx 1844 schreibt: »Für Deutschland ist die *Kritik der Religion* im wesentlichen beendigt«[1], dann sagt er dies vor allem mit dem Blick auf Ludwig Feuerbach, obwohl dessen epochemachendes Werk über »Das Wesen des Christentums« erst drei Jahre zuvor erschienen war. Nach dem Selbstverständnis der späteren Religionskritik hat Feuerbach den für sie entscheidenden Grund gelegt. Außer im *Marxismus* läßt sich seine Wirkungsgeschichte besonders leicht in der *psychoanalytischen Deutung der Religion* nachweisen; sein Werk hat aber auch Folgen für die *theologische Selbstkritik* bis zur Gegenwart.[2]

Angesichts solch literarisch greifbarer Auswirkungen darf man jedoch nicht übersehen, daß es auch noch die weniger auffällige, dennoch das Bewußtsein prägende Übernahme seiner Gedanken durch die Leser gibt: Schon zu seinen Lebzeiten fand Feuerbach die Aufmerksamkeit eines breiten bildungsbeflissenen Publi-

1 *Karl Marx*, Zur Kritik der Hegelschen Rechtsphilosophie. Einleitung, in: Iring Fetscher (Hrsg.), Marx – Engels. Studienausgabe in 4 Bänden, I (Fischer Taschenbuch 6059), Frankfurt a. M. 1966, 17–30, hier 17.

2 Zu verschiedenen theologischen Reaktionen vgl. *Erich Schneider*, Die Theologie und Feuerbachs Religionskritik, Göttingen 1972 (für die evangelische Theologie vor allem des 19. Jahrhunderts); *Marcel Xhaufflaire*, Feuerbach und die Theologie der Säkularisation, München/Mainz 1972 (original: Feuerbach et la théologie de la sécularisation, Paris 1970), 229–291: Die Theologie und Feuerbach.

kums, das auf seine Kritik begierig hörte. Sein Hauptwerk konnte nach der ersten Veröffentlichung 1841 bereits 1843 in einer zweiten und 1848 in einer dritten Auflage erscheinen. Allein die Erinnerung daran sollte schon verhindern, daß Feuerbach weitgehend auf die Funktion des Wegbereiters für Marx, Nietzsche und Freud reduziert wird. Man würde ihm nicht gerecht, wollte man ihn nur im Zusammenhang dieser späteren Wirkungsgeschichte wahrnehmen; sein Werk hat ein eigenes Gewicht.

2.1 Der Glaube als gesellschaftliche Besonderheit

Feuerbachs Religionskritik findet ihren Ansatzpunkt an einem damals wie heute leicht einsehbaren Tatbestand: daß nämlich der *Anspruch des Glaubens auf universale Verbindlichkeit* nicht gleichermaßen universal erwidert wird; daß er sich vielmehr innerhalb der Gesellschaft nur als *partikuläre Überzeugung* hält. Gemessen an dem Gewicht, das diesem Aspekt für die Tragfähigkeit der Religionskritik zukommt, widmet ihm Feuerbach in seinen Hauptwerken relativ wenig und nur beiläufig Aufmerksamkeit. Die Sachlage ist ihm offensichtlich so augenscheinlich, daß er sie nicht mehr eigens breit entfalten muß; er sieht sich vor allem die Aufgabe gestellt, die Konsequenzen daraus zu ziehen. Dennoch ist es für denjenigen, der Feuerbach gerecht werden will, nötig, von vornherein und immer diesen Ansatzpunkt mitzusehen; andernfalls besteht die Gefahr, daß Feuerbachs Bemühung um ein neues Verständnis von christlichem Glauben und Religion gar zu schnell als grundlose Spekulation, als bloße Sammlung von Behauptungen ohne argumentativen Wert abgetan werden kann. Vernunft und religiöser Glaube stehen für Feuerbach nicht notwendigerweise und immer in radikalem Gegensatz; sie konnten schon in der Vergangenheit zeitweilig in Harmonie miteinander versöhnt erscheinen. Erst im geschichtlichen Abstand wird offenbar, daß man es »mit der an die Basis des Glaubens gebundenen Vernunft« nicht erreichen konnte, die Menschen zu einen; es blieb »ein Überschuß von freier Vernunft«, der im Glauben keine Aufnahme fand, gegen den sich der

Glaube verschloß (Wesen des Christentums 7). Damit ist der Konflikt auf Dauer unvermeidlich.
In einem einzigen Abschnitt (ebd.) stellt Feuerbach folgende nachdrückliche Konfrontation her:

allgemeine Vernunft ⟵⟶	*besondere* Vernunft
natürliche Vernunft	christlicher Glaube
Vernunft mit allgemeinen Wahrheiten und Gesetzen	besondere Wahrheiten
Regel	Ausnahme von der Regel
Universalität	Spezialität
freie Vernunft	gebundene Vernunft

In solcher Gegenüberstellung wird für Feuerbach »die *Differenz* zwischen Glauben und Vernunft selbst zu einer psychologischen Tatsache« (ebd.).
Hinzu kommt verschärfend, daß sich der Glaube, sobald er in diesen Gegensatz gerät, nicht mehr kraft der Vernunft behaupten kann, die ihm nach wie vor zu eigen ist; er stellt sich vielmehr öffentlich vor allem als *eigentümliches, wenig nachvollziehbares Bewußtsein* vor. Für diese geschichtliche Situation gilt: »Die Besonderheit ist die Würze des Glaubens«, denn er ist in seinem zentralen Gehalt gebunden »an eine *besondere*, historische Zeit, einen *besonderen* Ort, einen *besonderen* Namen« (ebd.). Damit aber erscheint er weithin als »ein *Gespenst*«, als »Schatten der Vergangenheit« (ebd. 10); als eine »*fixe Idee*, welche mit unsern Feuer- und Lebensversicherungsanstalten, unsern Eisenbahnen und Dampfwägen, unsern Pinakotheken und Glyptotheken, unsern Kriegs- und Gewerbsschulen, unsern Theatern und Naturalienkabinetten im schreiendsten Widerspruch steht« (ebd. 33). Neben der Vielzahl gesellschaftlicher Einrichtungen, die von allen selbstverständlich hingenommen werden, zeigt sich der christliche Glaube nur noch für Teile der Gesellschaft als eine ernsthafte und nützliche Angelegenheit. Er ist zwar nicht aus der Welt, aber »aus dem Leben der Menschheit verschwunden« (ebd.). Wohl hat das Christentum früher »seine klassischen Zeiten« gehabt, und in dieser Perspektive erscheint es immer noch als ein *denkwürdiges* Objekt. Heute dagegen gehört es »vor das Forum der Komik oder der Satire« (ebd. 9).

Damit man sich bewußt werde, wie wenig das Christentum heute über die Kraft vernünftiger Verständigung verfügt, ist es nach Feuerbach nur nötig, auf das wechselseitige Verhältnis der christlichen Konfessionen zu schauen, den »kleinlichen Gegensatz zwischen Protestantismus und Katholizismus – ein Gegensatz, über den jüngst noch der Schuster und Schneider hinaus war«, bevor man ihn »mit affektierter Leidenschaftlichkeit wieder angefacht und sich nicht geschämt hat, den Hader über die gemischten Ehen als eine ernsthafte, hochwichtige Angelegenheit aufzunehmen« (ebd. 17).

Die bornierten und streitbaren Charakterzüge im Wesen der Glaubensgemeinschaften beruhen für Feuerbach letztlich darin, daß sich der Glaube weigert, sich seine eigene beschränkte Überzeugungskraft, seine gesellschaftliche Partikularität einzugestehen. In seinem Selbstverständnis geht er davon aus, daß seine Vorstellungen solche sind, »die jeder Mensch haben *soll* und haben *muß*, wenn er die wahren haben will« (ebd. 58); immer gelten gerade die Götter der anderen als Produkte phantasievoller Vorstellungen. »Der Glaube ist also *wesentlich parteiisch*.« (Ebd. 380) Im Extrem geht er damit – für Feuerbach sogar »notwendig« – »in *Haß*, der Haß in *Verfolgung* über« (ebd. 386). Ketzerverfolgungen sind demnach nicht als zufällige geschichtliche Entgleisung des Glaubens zu begreifen, sondern als äußerst aufschlußreiche Symptome seines innersten Wesens (vgl. 377).

Zur Wahrheit gehören Einsicht und freie Anerkennung. Ihr widerspricht jede vorgängige Verpflichtung. Das Christentum aber stellt sich anders dar: »was ich nur immer *finde* in der göttlichen Offenbarung, muß ich *glauben* und mein Verstand, wenn's not tut, *verteidigen«* (ebd. 321). Damit aber wird dem Verstand die selbständige Verantwortung verwehrt. Er wird genötigt, nicht nach dem Ausschau zu halten, was eher einleuchtet, sondern nach dem, womit er die vorgefaßte Behauptung am besten verteidigen kann. Dies aber ergibt »ein *zufälliges*, indifferentes, d. i. *wahrheitloses, sophistisches, intrigantes* Denken« (ebd. 321). Die Kommunikation über die Grenzen der eigenen Glaubensgemeinschaft hinaus wird damit letztlich immer zu einer strategischen Auseinandersetzung und nicht zu einem offenen Disput um die Wahrheit. Die

Bereitschaft, vom anderen zu lernen und sich an ihm zu korrigieren, fällt aus.

Mit einer solchen Bindung an die eigene, doch offensichtlich begrenzte Position hat der Glaube nach Feuerbach schließlich nicht nur die *Vernunft* gegen sich, sondern auch die in der Verkündigung gerade ständig propagierte *Liebe*; denn sie ist das Prinzip der Einigung: »Was der Glaube, die Konfession, der Wahn trennt, das verbindet die Liebe.« (Ebd. 100) So wird aus der gesellschaftlichen Besonderheit des gläubigen Bewußtseins eine moralische Verwerflichkeit. Es ist dann nur konsequent, auch das übrige Handeln nicht an dem auszurichten, was alle grundsätzlich vernünftigen und gutwilligen Menschen überzeugt, sondern an dem, was ihnen »als Gebote eines äußerlichen Gesetzgebers vorgestellt« wird (ebd. 317). Notwendigerweise wird damit auch die Moral zur Besonderheit, denn: »Gott hat sich geoffenbart ein für alle Mal anno soundsoviel, und zwar nicht dem Menschen aller Zeiten und Orte, der Vernunft, der Gattung, sondern bestimmten, *beschränkten* Individuen.« (Ebd. 317f)

Bei diesen grundlegenden Beanstandungen wird deutlich, in welchem Maß sich Feuerbachs Kritik der *Religion* als Kritik des *Christentums* (gelegentlich besonders in seiner protestantischen Gestalt) begreifen läßt. Wohl ist sie dies nicht ausschließlich; die Entsprechungen liegen auch für die anderen Religionen mehr oder minder nahe. Aber die Erfahrungsgrundlage für Feuerbachs Ideen besteht in der gesellschaftlichen Situation des Christentums und seiner theologischen Verlegenheiten, wenn es sich unter den gegebenen Umständen glaubwürdig mitteilen will.[3]

2.2 Die Welt der Religion als Ergebnis menschlicher Projektion

Zu dem *sozialen* Ansatz der Religionskritik Feuerbachs kommt der noch grundsätzlichere *psychologische*. Dieser wird in dem Vorwurf

3 Zu den biographischen Aspekten des Feuerbachschen Werks vgl. *Hans-Martin Sass*, Ludwig Feuerbach in Selbstzeugnissen und Bilddokumenten (rowohlts monographien 269), Reinbek 1978.

greifbar, daß der gläubige Mensch in einer *Scheinwelt* verhaftet ist: Er hält für wirklich, was nur dem »Traum des menschlichen Geistes« entsprungen ist; er zeigt sich geblendet vom »entzückenden Scheine der Imagination und Willkür« (Wesen des Christentums 26); er betet an, was doch nur »ein *Gespenst der Phantasie*« ist (ebd. 83).

Dabei ist dieses Ergebnis der religiösen Vorstellungskraft nicht nur eine verschönerte Wiederholung dessen, was der Mensch um sich her schon vorfindet; was wir hier nach Menschenmaßen haben, wird vielmehr ins Unermeßliche gesteigert. Aber dies bringt nach Feuerbach keine qualitative Bereicherung, sondern führt nur in eine »*quantitative* Unendlichkeit« (ebd. 324). Die Welt Gottes ist eine phantastische Fiktion, die wir aber mit dem Erfahrungsmaterial unserer eigenen Welt aufbauen.

Wir tun dies freilich nicht grundlos, aus einem dunklen, unerklärlichen Trieb. Feuerbach sieht vor allem vier (eng miteinander verbundene) *Ursachen*, die unsere Phantasie in Gang setzen und uns zur Produktion einer himmlischen Welt veranlassen:

1. Wir erstaunen über die Macht unserer seelischen und geistigen Kräfte; wir sind betroffen von ihrer Größe; wir erfahren uns als von ihnen getragen und bestimmt – und sehen sie doch nicht von außen her auf uns einwirken: »es ist *in* dir *über* dir« (ebd. 50). Dies läßt uns davor zurückschrecken, in diesen Kräften unser eigenes Wesen zu erkennen. So zerstören wir die Einheit mit uns selbst. Die Religion ist demnach ein Ergebnis *mangelnder seelischer Integrationskraft*.

2. Wir erfahren uns als *begrenzte* und *abhängige Wesen* und streben doch nach *Absolutheit* und *Freiheit*. Das läßt uns unerfüllt sein und danach Ausschau halten, wer uns dieses Dilemma erträglich machen, uns vielleicht sogar aus ihm heraushelfen könnte. Dies müßte aber eine Macht sein, die der Welt überlegen ist, denn: »Das Bewußtsein der Welt ist das Bewußtsein meiner Beschränktheit« (ebd. 145). So verfallen wir darauf, zu glauben, daß ein Gott sei. »Das Abhängigkeitsgefühl des Menschen ist der *Grund* der Religion« (Wesen der Religion 81) und: »*Das Wesen der Götter ist nichts anderes als das Wesen des Wunsches*. (Ebd. 112, vgl. auch den Untertitel der »Theogonie«.)

3. Vieles in unserer Welt ist uns rätselhaft. Wir suchen uns etwa den Ursprung des Lebens zu erklären und geraten ins Dunkle. »Aber statt so ehrlich und bescheiden zu sein, schlechtweg zu sagen: Ich weiß keinen Grund, ich kann es nicht erklären, mir fehlen die data, die Materialien, verwandelst du diese Mängel, diese Negationen, diese Leerheiten, diese Poren deines Kopfs vermittels der Phantasie in positive Wesen, in Wesen, die *immaterielle*, d. h. *keine materiellen, keine natürlichen* Wesen *sind*, weil du *keine materiellen, keine natürlichen Ursachen weißt*.« (Ebd. 102) Gott ist demnach Ausdruck dafür, daß wir unsere geistige Beschränktheit nicht auszuhalten vermögen.

4. Der Weg, der nach Feuerbach den Menschen über sich hinausführt und ihn doch bei sich bleiben läßt, ist die zuversichtliche Hinwendung zur eigenen *Gattung* (siehe dazu noch später 2.7). Aber dies zu begreifen ist uns mehrfach erschwert: Gar zu leicht übersehen wir in unserer Selbstbezogenheit, daß wir uns nur von der Gemeinschaft mit anderen her richtig verstehen können; gar zu leicht schreiben wir unsere individuellen Mängel auch der Menschheit als ganzer zu. Damit fällt für uns jedes Vertrauen auf die menschliche Gattung aus. Aber wo »dem Menschen nicht die Gattung *als Gattung* Gegenstand ist, da wird ihm die Gattung *als Gott* Gegenstand« (Wesen des Christentums 247).

Das Zusammenwirken dieser Ursachen macht es unvermeidlich, daß sich die Menschen am Anfang ihrer Geschichte auf Gott richten; darin zeigt sich »das *kindliche Wesen* der Menschheit«: »Der Mensch verlegt sein Wesen zuerst *außer sich*, ehe er es in sich findet.« (Ebd. 53) Die religiöse Projektion ist eine notwendige und insofern anerkennenswerte *Phase menschlicher Kultur*, auch wenn sie schließlich zurückgenommen werden muß. Das seelische Leben läßt sich in Feuerbachs Sicht vergleichen mit dem Kreislauf des Blutes, das durch die pulsierenden Bewegungen des Herzens in den Körper hinausgepumpt und wieder zurückgeholt wird: »In der religiösen Systole stößt der Mensch sein eignes Wesen von sich aus, er verstößt, verwirft sich selbst; in der religiösen Diastole nimmt er das verstoßne Wesen wieder in sein Herz auf.« (Ebd. 78) Durch diese metaphorische Formulierung der religiösen Projektion in Anlehnung an physische Vorgänge unterstreicht Feuerbach ihren

natürlichen Charakter. Erst wenn sie – wie ausdrücklich in der Theologie – den Rückweg zum Menschen versperrt, ist sie als ein Fall »psychischer *Pathologie*« zu behandeln (ebd. 8).
Im Normalfall müßte sich folgender Kreislauf ergeben:

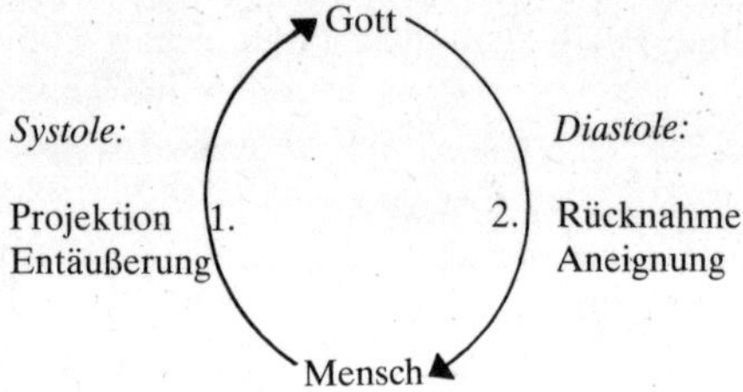

Die Projektion ist demnach nur noch als Teilstück einer umfassenden geistigen Bewegung hochzuschätzen. Sie ist hervorgegangen aus der *Dynamik der menschlichen Bedürfnisse*. Im ursprünglichen religiösen Bewußtsein hatte der Kreis noch folgende Bedeutung:

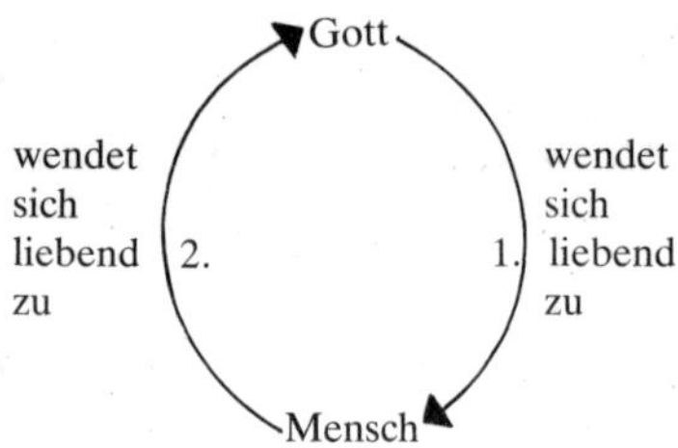

Der Einstieg, um diese Figur zu lesen, wird hier also oben gewählt; dann nimmt Gott die primäre und dominierende Stelle ein. Er ist scheinbar der Schöpfer der Bewegung und hält sie in Gang. Der Mensch hat eine subalterne Stellung inne; aber er kann sich dennoch wenigstens ebenfalls ständig als Adressat liebender Zuwendung erfahren. Nur, Grund und Folge sind hier eben doch verkehrt. Die Korrektur ist unumgänglich: »Die frühere Religion ist der spätern Götzendienst« (ebd. 53f); die Menschen müssen lernen, daß »das *Original* ihres Götzenbildes der *Mensch* ist« (ebd. 14).
Daß der Mensch auf sich selbst schaut, wenn er von Gott spricht, liegt für Feuerbach beispielsweise im Glauben an die *Allmacht Gottes* oft zutage. In ihm wird nämlich nicht angenommen, daß

Gott schlechthin alles tun könne, sondern allein das, was auch uns vernünftig erscheint. Andernfalls würden wir den Absurditäten Tür und Tor öffnen. Wir setzen also unsere Maßstäbe zum Kriterium theologischer Aussagen: »Die Vernunft macht *nicht sich von Gott*, sondern *Gott von sich* abhängig.« (Ebd. 86) Wir fertigen uns Gott an; damit kommen wir wohl zu einem *Gottesbild*, dennoch nie zu einer Erkenntnis *Gottes*.

Feuerbach greift demnach in seiner Religionskritik auf einen Einwand zurück, den in der Antike bereits *Xenophanes* auf seine Weise formulierte: »Doch wenn die Ochsen und Rosse und Löwen Hände hätten oder malen könnten mit ihren Händen und Werke bilden wie die Menschen, so würden die Rosse roßähnliche, die Ochsen ochsenähnliche Göttergestalten malen und solche Körper bilden, wie jede Art gerade selbst ihre Form hat. Die Äthiopen behaupten, ihre Götter seien stumpfnasig und schwarz, die Thraker, blauäugig und rothaarig« (Fragment 15 und 16).[4] Auch die Konsequenzen, die Feuerbach aus solcher Einsicht zieht, sind ebenfalls schon bei einem Vorsokratiker, bei *Protagoras* zu finden: »Aller Dinge Maß ist der Mensch. ... Über die Götter allerdings habe ich keine Möglichkeit zu wissen weder daß sie sind, noch daß sie nicht sind, noch, wie sie etwa an Gestalt sind ...« (Fragmente 1 und 4)[5] Mit den Worten Feuerbachs heißt es ganz ähnlich: »Der Mensch, insbesondre der religiöse, ist sich das Maß aller Dinge, aller Wirklichkeit. ... Die Religion hat keinen *eignen*, *besondern Inhalt*.« (Ebd. 66)

Die Projektion diesseitiger Wirklichkeit ins Jenseits bringt mit der Steigerung zur unermeßlichen Größe zugleich einen Verlust an Realitätsgehalt mit sich: Gott ist das »durch den *Tod der Abstraktion verklärte menschliche Wesen*«, gar »die *letzte Grenze der Abstraktion*« (ebd. 166). Dies hat für den Gläubigen den Vorteil, daß er in seinen Vorstellungen von einer himmlischen Welt nicht mehr das zu sehen braucht, was ihn auf dieser Erde bedrückt; er darf alles Widerliche, das ihn sonst belastet, abstreifen. Der Glaube

4 *Hermann Diels*, Die Fragmente der Vorsokratiker (Rowohlts Klassiker 10), Hamburg 1957, 19 (hier und im folgenden Zitat ohne textkritische Kennzeichnungen und Einfügungen übernommen).

5 Ebd. 122f.

macht es ihm möglich, daß er trotz der Nöte des Alltags »seinen Sonntag feiert« (ebd.). Aber: »die Blume der Sublimation entsteht nur durch Verflüchtigung der Materie« (ebd. 169); Gott ist ein *»abgesondertes, destilliertes* Wesen« (ebd. 165). *»Absonderung«* ist demnach gleichermaßen das Charakteristikum Gottes wie der Religion in unserer Gesellschaft: Beide haben den Bezug zu der Wirklichkeit verloren, in der sich die Menschen sonst gemeinsam – über alle Glaubensdifferenzen hinweg – zu Hause wissen und nach der sie sich üblicherweise in ihrem Handeln ausrichten, wenn sie sich eben nicht gerade in den Sonderbereich ihrer Religion begeben.

2.3 *Die Rivalität von Gott und Mensch*

Feuerbach liebt in der Entgegensetzung von Gott und Mensch die radikalen Alternativen, das heißt, er bestimmt das wechselseitige Verhältnis als *exklusiv* und *extrem.*

»Gott ist *nicht*, was der *Mensch* ist – der Mensch *nicht*, was *Gott* ist.« (Wesen des Christentums 80) Aus diesem Ansatz kann Feuerbach in einem einzigen kleinen Abschnitt (ebd.) zu folgender wortreichen Gegenüberstellung kommen:

Gott ⟷	*Mensch*
unendlich	endlich
vollkommen	unvollkommen
ewig	zeitlich
allmächtig	ohnmächtig
heilig	sündhaft
das schlechthin Positive	das schlechthin Negative
Inbegriff aller Realität	Inbegriff aller Nichtigkeiten

d) Wo Gott und Mensch noch nicht in so extreme Gegenpositionen zueinander geraten sind, dort verhalten sie sich doch zueinander wie auf zwei Waagschalen, deren eine steigt, wenn die andere belastet wird: »*Je mehr das Sinnliche verneint wird, desto sinnlicher ist der Gott, dem das Sinnliche geopfert wird.*« (Ebd. 72) – »Je *leerer* das Leben, desto *voller*, desto *konkreter* ist Gott.« (Ebd. 134) Einen Gott zu haben bedeutet demnach eine Verarmung.

Dies führt schließlich zum äußersten Gegensatz von Vernunft und Glaube in der Annahme einer *Offenbarung*, denn hier gesteht sich der Mensch ausdrücklich ein, daß er die Erkenntnis, die ihm zu seinem Heil notwendig ist, nicht aus eigener Einsicht gewinnen kann; er ist auf die fremde Mitteilung angewiesen. Damit verfügt der Mensch über ein doppeltes Wissen, ohne daß er das eine mit dem anderen vermittelt (ebd. 313):

geoffenbartes Wissen	⟷	*Wissen aus sich selbst*
göttlich		eitel
übermenschlich		irdisch
übernatürlich		menschlich

Daß dies an sich »ein illusorischer Unterschied« ist (ebd. 314), trägt für den nichts aus, der dies eben noch nicht weiß; er »*verneint sich*« in seinem Glauben an die Offenbarung Gottes (ebd. 313).
In solcher Polarisierung muß für Feuerbach die Religion ihrem Wesen nach bildungsfeindlich sein, denn das, was der Mensch selbst zu erkennen vermag, muß ihm ja unerheblich erscheinen. Der Religiöse hat »kein Bedürfnis der Bildung in sich«; er »ist glücklich in seiner Phantasie«; ihm genügt sein Gott im Himmel (ebd. 326). Folgerichtig wird der einzelne bei solcher Jenseitsorientierung zugleich äußerst ichbezogen: »*Die Natur, die Welt hat keinen Wert, kein Interesse für den Christen. Der Christ denkt nur an sich, an sein Seelenheil, oder, was eins ist, an Gott.*« (Ebd. 431)
Es kann für Feuerbach nur eine Inkonsequenz sein, wenn in christlicher Lehre die Ehe einen hohen Rang einnimmt, da sie doch »überhaupt dem *wahren* Christentum widerspricht« und »der *wahre* Christ ... keine andere Zeugung kennt, als die Zeugung im heiligen Geiste, die Bekehrung, die Bevölkerung des Himmels, aber nicht der Erde« (ebd. 18).
Die Rivalität zwischen Gott und Mensch führt dort, wo es um die Moralität des Handelns geht, zum *Verhältnis von Herr und Knecht*. Wer sich nach einem Gott richtet, kann wohl zu einem moralischen Tun, aber nicht zu einer moralischen Gesinnung gelangen, denn ihm ist der »Inhalt *an sich selbst*« gleichgültig und nur deshalb gewählt, »weil es von Gott *befohlen* ist« (ebd. 317). Die Anerkennung der Gebote eines Gesetzgebers schließt die Entfaltung

menschlicher *Autonomie* aus. Menschliche Kultur ist damit im Entscheidenden fremdbestimmt. Wem aber an der Autonomie des Gewissens und Handelns gelegen ist, muß sich zu dem Grundsatz bekennen : »Gott zu wissen und nicht selbst Gott zu sein, Seligkeit zu kennen und nicht selbst zu genießen, das ist ein Zwiespalt, ein Unglück.« (Ebd. 60)

Allerdings räumt auch Feuerbach ein, daß im Christentum an einer Stelle das ausschließliche Verhältnis zwischen Gott und Mensch aufgehoben ist: nämlich bei der Inkarnation Gottes in Jesus Christus. Durch ihn ist die Fülle des *jenseitigen* Reichtums zugleich *in dieser Welt* verkörpert. In Christus gewinnt Gott »eine *dem Wesen des Gemüts entsprechende Existenz*; nur auf ihn häufen sich *alle Freuden der Phantasie* und *alle Leiden des Gemüts*« (ebd. 234). Damit hat für Feuerbach das Christentum selbst grundsätzlich schon den Weg gewiesen, auf dem die Diskrepanz zu überwinden ist: durch die Identifikation von Gott und Mensch im Menschen.

2.4 *Religionskritik als Rettung der Religion*

Trotz der fundamentalen Einwände Feuerbachs gegen die bestehende Gestalt religiösen Glaubens ist es dennoch seine erklärte Absicht, ihn letztlich nicht aufzulösen, sondern seine wahre Bedeutung aufzudecken. Nach dem Vorhergehenden heißt dies: ihm seine *Besonderheit*, seine *Parteilichkeit*, seine *Autoritätsgebundenheit*, seine *Jenseitsorientierung*, seinen *Heilsindividualismus* zu nehmen und ihn als *allgemein mitteilbare, plausible* und schließlich die Menschen über alle Gruppierungen hinweg *verbindende* Erkenntnis darzulegen. Aufgewiesen werden soll, »daß den übernatürlichen Mysterien der Religion ganz einfache, natürliche Wahrheiten zugrunde liegen« (Wesen des Christentums 8).

Dieses Ziel sieht Feuerbach allein schon dadurch gerechtfertigt, daß ihm die anderen überhaupt denkbaren Alternativen im Verhältnis zum christlichen Glauben (und zu Religion insgesamt) nicht verantwortbar scheinen:

1. *die christliche Überlieferung völlig unverändert in ihrer ur-*

sprünglichen Gestalt festzuhalten (denn dafür plädieren noch nicht einmal die Theologen, da sie doch selbst bei der Auslegung der Glaubenszeugnisse zwischen dem Wesentlichen und Bleibenden einerseits und dem geschichtlich Bedingten und Revidierbaren andererseits unterscheiden);

2. *nach der Praxis der Theologen einige Elemente der christlichen Überlieferung aufzugeben, um andere vielleicht um so sicherer noch retten zu können* (denn dies führe zu einem »*Spiel der Willkür mit dem Christentum*, welche den einen Grundartikel des christlichen Glaubens *wirklich* fallen-, den andern aber *scheinbar* stehenläßt« [ebd. 15]; dies sei nicht mehr als »der *gläubige Unglaube* der neuern Zeit« [ebd. 374f], eine Ausflucht, die nicht mehr die notwendige einfache Gläubigkeit aufbaue, da solche sophistischen Rettungsversuche nur von Spezialisten nachvollzogen werden können);

3. *den christlichen Glauben insgesamt wegen seiner Funktionsuntüchtigkeit fallenzulassen* (dagegen spricht der spirituelle Reichtum und der Erfahrungsgehalt eben dieses Glaubens selbst).

Aufgrund dieses Ausscheidungsverfahrens bleibt Feuerbach nur die eine Möglichkeit übrig, den ganzen christlichen Glauben zu übernehmen, ihm aber als ganzem ein neues Verständnis abzugewinnen. Wer sich diesem nicht anschließen kann, der wird es nur für eine zerstörerische Hinwendung zum Christentum halten – »in den Augen der Religion oder wenigstens der Theologie ein sie diluierendes und destruierendes Verhältnis« – nach Feuerbachs eigener Absicht jedoch – ein sie »*be-* und *erleuchtendes*« (ebd. 8). So muß diese Religionskritik ihre Arbeit, obwohl sie letztlich läutern und aufbauen, ja erbaulich wirken will, zwiespältig anlegen: »Allerdings ist meine Schrift negativ, verneinend, aber, wohlgemerkt! nur gegen das *unmenschliche*, nicht gegen das *menschliche* Wesen der Religion. Sie zerfällt daher in zwei Teile, wovon der Hauptsache nach der erste der *bejahende*, der zweite ... – nicht ganz, doch größtenteils – der *verneinende* ist; aber in beiden wird dasselbe bewiesen, nur auf verschiedene oder vielmehr entgegengesetzte Weise.« (Ebd. 23) Es entsprechen sich, auch wenn sie ein unterschiedliches Gesicht zeigen, die »Auflösung der Religion in ihr *Wesen*, ihre *Wahrheit*« einerseits und die »Auflösung derselben in ihre *Wi-*

dersprüche« andererseits (ebd.). In dieser doppelten Wirkung unterscheidet sich für Feuerbach gerade die *Rettung* des Christentums von seiner *Ablehnung* und *Überwindung*: »Unser Verhältnis zur Religion ist daher kein *nur verneinendes*, sondern ein *kritisches*« (ebd. 400). Ginge es nur um die Bloßstellung des christlichen Glaubens in seinem von der Kirche offiziell noch propagierten Verständnis, dann würde sich für Feuerbach die Mühe der Auseinandersetzung nicht mehr lohnen, denn die mangelnde Überzeugungskraft des immer noch veröffentlichten Kirchenglaubens liegt ihm schon längst offen zutage.

Religionskritik ist demnach für Feuerbach nur noch sinnvoll als *Hermeneutik* – das heißt als Lehre vom rechten Verstehen dessen, zu dem man sich zunächst in einem gewissen Abstand erfährt – und als *transformierende Auslegung* – das heißt als Überwindung ebendieses erfahrenen Abstands in neuem Verständnis. Deshalb bezeichnet er sein Werk als »eine getreue, richtige Übersetzung der christlichen Religion aus der orientalischen Bildersprache der Phantasie in gutes, verständliches Deutsch« (ebd. 18) – eine Übersetzung, wie sie nicht mit Hilfe philologischer und historischer Anstrengung zu erreichen ist, sondern allein in schlichter, ungehinderter und unbefangener Aufmerksamkeit: »Ich ... lasse die Religion *sich selbst aussprechen*; ich mache nur ihren Zuhörer und Dolmetscher, nicht ihren Souffleur. Nicht zu erfinden – zu entdecken, ›Dasein zu enthüllen‹ war mein einziger Zweck; richtig zu *sehen*, mein einziges Bestreben.« (Ebd. 22)

Das Kriterium, an das sich die Religionskritik Feuerbachs bindet, besteht damit allein in der Frage, ob sich die christliche Überlieferung in der einen oder der anderen Lesart einsichtig nachvollziehen läßt oder nicht. Der christliche Glaube behält hier also grundsätzlich nach wie vor den Vertrauensvorschuß, daß sich in ihm die Wahrheit erschließt, die den Menschen verpflichtet und bereichert. Unter dieser Vorgabe wird sich dann aber auch jede Auslegung des Glaubens danach prüfen lassen müssen, wieweit sie diesem in sie gesetzten Vertrauen auch wirklich entspricht. Für Feuerbach ist dasjenige Verständnis das wahre, das den Glauben rettet – und sei es auch unter dem Anschein und Vorwurf seiner Zerstörung.

2.5 *Die hermeneutische Grundregel: Reduktion aller Theologie auf Anthropologie*

Um den religiösen Zeugnissen einen Sinn abzugewinnen, der weithin Anerkennung finden kann, wählt Feuerbach einen Weg, den in seiner grundsätzlichen Form auch theologische Bemühungen um die biblische und kirchliche Tradition einschlagen: Er unterscheidet zwischen dem, was *gesagt* wird, und dem, was damit *gemeint* ist; zwischen *sprachlicher Gestalt* und *eigentlicher Bedeutung*; zwischen dem, was »*auf der Oberfläche*« der Texte zu lesen ist, und dem, was sie »*im Grunde*« aussagen (Wesen des Christentums 22). Das Widersprüchliche, Befremdliche und Anstößige des Glaubens gehört seiner äußeren, geschichtlich bedingten Gestalt an; der wesentliche Gehalt, der letztlich unsere Zustimmung verdient, liegt tiefer. Zu ihm findet nach Feuerbach derjenige, der alle Aussagen über Gott als Aussagen über den Menschen begreift – und als nichts anderes, der also die Projektion menschlicher Wirklichkeit ins Jenseits rückgängig macht. »Das Geheimnis der Theologie ist die Anthropologie«, lautet der – in geringfügigen Variationen mehrfach eingeschärfte – Grundsatz (etwa ebd. 10, 315, 400, 422). Mit ihm unterstreicht Feuerbach nicht nur die *inhaltliche Verschiebung*, die er durch seine kritische Transformation erstrebt, sondern zugleich auch den *qualitativen Rang*, den seine Auslegung der Religion beansprucht. Wo eine Interpretation das »Geheimnis« ihres Gegenstandes aufdeckt, sollte man ihr nicht vorwerfen dürfen, daß sie ihn nur noch verkürzt wahrnimmt. Wohl sieht Feuerbach sein Verfahren selbst als eine *Reduktion* an: »sie kritisiert das Dogma und reduziert es auf seine *natürlichen*, dem Menschen *eingebornen Elemente*, auf seinen innern Ursprung und Mittelpunkt – auf die *Liebe*« (ebd. 105); dennoch darf man die »Reduktion« dabei nicht als eine »*Verminderung*« der Substanz verstehen, sondern soll sie im Gegenteil als eine »*Rückführung*« auf den wahren Sinn anerkennen.

Daß diese reduktive Interpretation *möglich* ist, will Feuerbach dadurch beweisen, daß er sie durchführt: aber seine Absicht geht weiter: nämlich zu zeigen, daß sie das *einzig mögliche* Verständnis religiöser Zeugnisse darstellt; daß der bisher gemachte Unterschied zwischen Aussagen über Gott und Aussagen über den Menschen »sich in *Nichts*, in *Unsinn* auflöst« (ebd.).

Als Ansatzpunkt zur Begründung dieser Behauptung nimmt Feuerbach den *anthropomorphen Charakter* aller religiösen Rede. Daß die *Prädikate*, die wir Gott zusprechen, eigentlich Prädikate menschlicher Wirklichkeit sind – wenn auch in einem Übermaß gesteigert (zum Beispiel die Macht zur *All*macht) – werde doch auch von den Theologen zugestanden. Freilich versuchten diese, das anthropomorphe Sprechen nur als einen sprachlichen Notbehelf auszugeben, mit dem man nie der Wirklichkeit Gottes gerecht werde; Gottes Sein übersteige nach ihnen unendlich unsere unangemessenen Aussagen. Dem setzt aber Feuerbach entgegen: »die Unterscheidung zwischen Gegenstand und Vorstellung, zwischen Gott an sich und Gott für mich ist eine skeptische, also irreligiöse Unterscheidung« (ebd. 58f); denn mit ihr wolle man nur verdekken, daß man den Sätzen keinen faßbaren Sinn mehr abgewinnen könne. Wer die anthropomorphen Anteile zurücknehme, behalte nichts Verstehbares mehr in Händen, ihm zerfalle jeder Sinn. Sind die ausgesagten Eigenschaften nicht mehr als göttliche zu halten, dann verflüchtigt sich nach Feuerbach auch Gott selbst: »Sind deine Prädikate Anthropomorphismen, so ist auch das Subjekt derselben ein Anthropomorphismus. Sind Liebe, Güte, Persönlichkeit menschliche Bestimmungen, so ist auch das Grundwesen derselben, welches du ihnen voraussetzest, auch die *Existenz* Gottes, auch der Glaube, daß überhaupt ein Gott ist, ein Anthropomorphismus – eine durchaus menschliche Voraussetzung.« (Ebd. 59f) Wenn die Religion sich gelegentlich in einer *negativen Theologie* auslegt – dabei zu der Feststellung kommt, daß man über Gott nur sagen könne, was er nicht sei –, dann ist dies für Feuerbach (wie übrigens auch für moderne Logik religiöser Sprache) eine unvernünftige Ausflucht. Gott wird dadurch »eine nur *negative* Existenz, eine Existenz *ohne Existenz*, eine sich selbst widersprechende Existenz – ein Sein, das seinen Wirkungen nach nicht unterscheidbar vom Nichtsein ist« (ebd. 56). Damit wird die Bedeutung religiöser Aussagen vernichtet, auch wenn man dies nicht eingestehen will – für Feuerbach »ein *subtiler*, verschlagener Atheismus« (ebd.), dem er mit seiner anthropologischen Interpretation gerade entgehen will.

Man muß also, wenn man von »Atheismus« spricht, unterscheiden, ob man einen meint, der den *religiösen Aussagen gerade weiterhin einen Sinn abgewinnen* will und dafür lieber auf »Gott« als ein eigenes jenseitiges Wesen verzichtet, oder einen, für den *Aussagen über Gott überhaupt sinnlos* geworden sind. Diesem letzten Atheismus stellt Feuerbach also die Theologie gleich, die Gott noch als Subjekt festhalten will und dennoch behauptet, daß sie von ihm nur anthropomorph rede.

Wohl hat die religiöse Sprache auch eigene *religiöse »Gegenstände«* (grammatische Subjekte und Objekte); doch sind diese nach dem Schema der Projektion ganz anders zu begreifen als die *wahrnehmbaren Gegenstände* unserer Welt: »Im Verhältnis zu den sinnlichen Gegenständen ist das Bewußtsein des Gegenstandes wohl unterscheidbar vom Selbstbewußtsein; aber bei dem religiösen Gegenstand fällt das Bewußtsein mit dem Selbstbewußtsein unmittelbar zusammen. Der sinnliche Gegenstand ist *außer* dem Menschen da, der religiöse *in ihm*, ein selbst *innerlicher* – darum ein Gegenstand, der ihn ebensowenig verläßt, als ihn sein Selbstbewußtsein, sein Gewissen verläßt –, ein intimer, ja der allerintimste, der allernächste Gegenstand.« (Ebd. 52) Dadurch ist religiöse Rede höchst bedeutsam und existentiell bewegend; in ihr teilt der Mensch sich in seinen Bedürfnissen und seinen Ansichten, seinem Selbstvertrauen und seiner Zuversicht mit. »Gott ist das *offenbare* Innere, das *ausgesprochne* Selbst des Menschen; die Religion die feierliche Enthüllung der verborgnen Schätze des Menschen, das Eingeständnis seiner innersten Gedanken, das *öffentliche Bekenntnis seiner Liebesgeheimnisse*.« (Ebd. 53)

Freilich führt die Religion in ihrem bisherigen Stadium nur zu einem »indirekten Selbstbewußtsein des Menschen« (ebd.), denn er hat in ihr seine Beziehung zu sich selbst noch nach außen verlagert, die notwendige Identifizierung Gottes mit sich selbst noch nicht geleistet. Dies führt zu einer zwiespältigen Sachlage, zu einer »*Entzweiung* des Menschen *mit sich selbst*« (ebd. 80), die sich auch nur zwiespältig sagen läßt: »Die Religion, wenigstens die christliche, ist *das Verhalten des Menschen zu sich selbst*, oder richtiger: *zu seinem Wesen*, aber das Verhalten zu seinem Wesen *als zu einem andern Wesen*.« (Ebd. 54)

Die Religionskritik hat dieses Verhältnis insofern rückgängig zu machen, als sie die ursprünglich zusammengehörigen Elemente wieder eint, aber in einer am Anfang noch nicht gegebenen Bewußtheit. In einer Skizze ergibt sich daraus folgendes Schema:

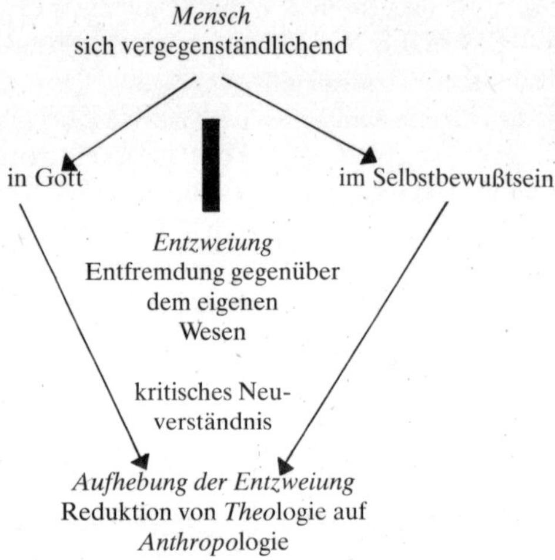

Auf diesem Weg müßte es nach Feuerbach letztlich gelingen, der Religion die allgemeine und uneingeschränkte Zustimmung zu verschaffen, von der sie sich in ihrer jetzigen Gestalt immer weiter entfernt. Für *Skepsis* sollte dabei zukünftig kein Platz mehr sein, wenn es im religiösen Bekenntnis doch allein darum geht, daß der Mensch sein unmittelbares Selbstverständnis ausspricht. »Wie könnte ich ... den Gott bezweifeln, der mein Wesen ist?« (Ebd. 63) Dies wäre gerade der eigentliche Atheismus, denn: »Den *Menschen verneinen*, heißt: die *Religion verneinen*.« (Ebd. 94)

Hinzu kommt aber noch eine weitere Bekräftigung des Glaubens: Die Menschen sollen sich in ihrem Bewußtsein ausschließlich auf das beziehen, was sinnenhaft gegenwärtig ist. Alle Theorie soll zurückgebunden sein an gegenständliche Wirklichkeit und menschliches Handeln. In diesem Sinn kann Feuerbach seine Lehre als

»*Materialismus*« bezeichnen (ebd. 20).[6] Doch wäre es falsch, ihn damit auf ein Weltbild festzulegen, in dem es nur materielles Sein gibt. »Materialismus« ist bei Feuerbach vor allem ein erkenntnistheoretischer Begriff und kann auch durch »*Realismus*« ersetzt werden (ebd.). Wenn der Mensch zu sich und seiner Welt das rechte Verhältnis gewinnt, wird sich ihm die geistige und materiell-gegenständliche Welt zusammenschließen. Feuerbach prägt dafür das schöne Wort: »Der Mensch feiert theoretische Augenfeste.« (Ebd. 42)[7]

2.6 Religionskritik als Wiederherstellung der rechten Grammatik

Nach Feuerbach läßt sich die geforderte Übersetzung der religiösen Texte »in gutes Deutsch« unter der Kontrolle sprachlicher Regeln durchführen. Religionskritik nimmt dabei grammatische Gestalt an.

1. Der Austausch von Subjekt und Prädikat

Nach dieser – von Feuerbach am häufigsten angesprochenen – Übersetzungsnotwendigkeit muß dort, wo das Subjekt »Gott« steht, aus dem Prädikat ein neues Subjekt, aus »Gott« dagegen ein Prädikat gebildet werden:

»Gott ist gütig.« ⟶ »Güte ist göttlich.«

Hier ist das Prädikatsnomen des ersten Satzes zum Subjekt des zweiten, das Subjekt des ersten zum Prädikat des zweiten umgeformt worden. Feuerbach nennt dies: »die Orakelsprüche der Religion *umkehren*«: »Gott leidet – Leiden ist Prädikat – aber für die Menschen, für andere, nicht für sich. Was heißt das auf Deutsch? nichts andres als: *Leiden für andere ist göttlich*; wer für andere lei-

6 Zu der damit betonten (und darüber hinausreichenden) Distanzierung Feuerbachs von Hegel vgl. *Michael von Gagern*, Ludwig Feuerbach. Philosophie- und Religionskritik. Die »Neue« Philosophie, München/Salzburg 1970, vor allem 35–116: Der Loslösungsprozeß, und 132–144: Feuerbachs Abwendung von Hegel.

7 Die literarische Verarbeitung dieser Weltsicht Feuerbachs finden wir bei *Gottfried Keller*, der in Heidelberg bei Feuerbach studierte und sich als durch ihn sehr bereichert erfuhr.

det, seine Seele läßt, handelt göttlich, ist den Menschen Gott.« (Wesen des Christentums 116)

Daraus ergibt sich schließlich auch die bedeutsame Übersetzung der Trinität: Wo uns gesagt wird: *»Gott ist ein gemeinschaftliches Leben«*, sollten wir verstehen: *»Gemeinschaftliches Leben nur ist wahres, in sich befriedigtes, göttliches Leben«* (ebd. 125f).

Das, was uns verbindlich sein sollte, liegt also nach Feuerbach im Prädikat der bisherigen religiösen Sätze. Das Subjekt »Gott« dient nur dazu, dem Prädikat seine Existenz und Würde zu verleihen. Deshalb sieht sich Feuerbach auch nicht durch den Vorwurf des Atheismus getroffen: »Ein wahrer Atheist, d. h. ein Atheist im gewöhnlichen Sinne, ist daher auch nur der, welchem die Prädikate des göttlichen Wesens, wie z. B. die Liebe, die Weisheit, die Gerechtigkeit Nichts sind, aber nicht der, welchem nur das Subjekt dieser Prädikate Nichts ist.« (Ebd. 64f)

2. Die Korrektur der verwechselten Tempora

Wenn Gott Güte und Gerechtigkeit zugesprochen werden, so werden diese bereits als in Fülle realisiert gesehen, während man sie in menschlicher Gemeinschaft so noch nicht verwirklicht finden kann. »In Gott mache ich eben *mein Futurum* zu *einem Präsens*«; Gott »ist *das* Sein, welches *so* ist, wie es sein soll« (ebd. 269).

Mit der ersten grammatischen Regel zusammengenommen, ergibt sich also folgendes Übersetzungsbeispiel:

»Gott *ist* gütig und gerecht.« ⟶ »Güte und Gerechtigkeit *werden* bei uns wahrhaft göttlich *sein*.«

3. Die Ersetzung von Substantiven durch Verben

Wo in der religiösen Sprache davon die Rede ist, daß die »*Erfüllung*« unserer Wünsche bei Gott liegt, wird die kritische Übersetzung den Satz so transformieren müssen, daß der religiöse Makel (»In Gott mache ich eben ... ein *Zeitwort* zu einem *Substantiv*«, ebd. 269) verschwindet – und das Verb »*erfüllen*« die entscheidende Stelle des Satzes einnimmt. Freilich wird dann nicht »Gott« sein Subjekt sein dürfen, und am besten wird auch wieder das Präsens in das Futur verwandelt:

»Gott ist die *Erfüllung* meiner Wünsche.«	⟶ »Ich werde mir meine Wünsche *erfüllen*.«

4. Die Berichtigung der Aktionsarten

Für Feuerbach ist es »das charakteristische Prinzip der Religion, daß sie das natürliche Aktiv in ein Passiv verwandelt« (ebd. 373). Dies ist die grammatische Folge dessen, daß der Mensch, anstatt selbst zu handeln, sein Heil von Gott her erwartet: »Der Heide erhebt sich, der Christ fühlt sich erhoben.« (Ebd.)
Die Fragwürdigkeit des Passivs besteht für Feuerbach hier darin, daß hinter ihm als logisches Subjekt, wenn auch ungenannt, Gott steht. Das Aktiv dagegen erlaubt keine derart verschleierte Redeweise; es legt offen, wer der entscheidende Akteur ist.
Diese verschiedenen grammatisch faßbaren Umformulierungen sind für Feuerbach sprachliche Konsequenzen der grundlegenden Perspektivenänderung, die durch seine Religionskritik erreicht werden soll. Die Sprachgestalt wird als ein aufschlußreiches Symptom für die jeweilige Bewußtseinslage genommen. Die bereits erwähnte metaphorische Kennzeichnung des Religionskritikers als eines »Dolmetschers« (ebd. 22) erhält auf diese Weise seine gleichermaßen bildkräftigen Beispiele.

2.7 *Die Zuwendung zu Menschheit und Natur*

Da Feuerbach die Religiosität nicht zerstören, sondern gerade zu ihrer wahren geistigen Form bringen will, muß er das Leben des einzelnen Menschen weiterhin in eine umgreifende und bergende Ordnung hineingenommen sehen. In seinem Hauptwerk »Das Wesen des Christentums« verweist er ihn deshalb vor allem auf die *Gattung* Menschheit, in seiner späteren Schrift »Das Wesen der Religion« vorwiegend auf die *Natur*. In jedem Fall geht es darum, die Beschränktheit und Hinfälligkeit des individuellen Lebens aufzufangen.
Dem Selbstverständnis des einzelnen Menschen als eines Gattungswesens geht voraus, daß er sich anderen gegenüber sieht und sich von ihnen her erst richtig begreift; »der erste Stein des Anstoßes,

an dem sich der Stolz der Ichheit bricht, ist das Du, das *andere* Ich« (Wesen des Christentums 145). Ohne diese Erfahrung der Gemeinschaft stünde der einzelne in seiner Welt völlig hilf- und orientierungslos. Er gewinnt also seine Existenz gewissermaßen vom anderen her. »So ist der *Mensch der Gott des Menschen*. Daß er *ist*, verdankt er der *Natur*, daß er *Mensch* ist, dem *Menschen*.« (Ebd 146) Aber dieses Verhältnis von Ich und Du bleibt begrenzt und zerbrechlich, vor allem durch Schuld und Tod. Wir können in ihm noch nicht solche Absolutheit erfahren, wie sie der Gläubige Gott zuspricht. Um aus diesem Dilemma herauszukommen, bezieht sich Feuerbach auf die Menschheit als ganzes: in ihr soll der einzelne das Bewußtsein »von *seinem*, und zwar nicht endlichen, beschränkten, sondern *unendlichen* Wesen« finden (ebd. 38). So soll es möglich sein, daß der Mensch seine Beschränktheit übersteigt und doch bei sich bleibt. Transzendenz und Diesseitigkeit sollen absolut zusammengehören.

Dem Christentum wirft Feuerbach dabei vor, daß es wohl auch eine universale Einheit anstrebe, dabei aber doch ein besonderes Wesen, Gott, radikal vom Menschen absetze. »*Gott ist nicht dieser oder jener, nicht dein oder mein Geist; er ist der Geist*, der aber selbst wieder *als ein singulärer, einzelner, selbständiger Geist* gedacht oder vorgestellt wird.« (Ebd. 420) Diese Kluft wird aufgehoben, wo an seine Stelle die menschliche Gattung tritt.

Außerdem werden dann die Differenzen von Nationalitäten und Konfessionen bedeutungslos. Die erfüllende Gemeinschaft, die der Mensch im Verhältnis von Ich und Du erfahren kann, soll nicht auf den privaten Lebensraum beschränkt bleiben, sondern letztlich auch die politischen Dimensionen umfassen.

Dabei verweist Feuerbach den Menschen freilich in einer Weise auf sich selbst zurück, daß er sich dem Vorwurf ausgesetzt sieht, er beachte zu wenig den größeren Zusammenhang der menschlichen Welt. Diese Engführung soll deshalb durch den Bezug auf die *Natur* überwunden werden. Dabei kommt es Feuerbach von vornherein ausdrücklich darauf an, daß »kein *allgemeines*, von den wirklichen Dingen abgezogenes und abgesondertes, personifiziertes und mystifiziertes *Wesen*« in den Blick genommen werde; »Natur« sei »nichts weiter als ein *allgemeines Wort* zur Bezeichnung der Wesen,

Dinge, Gegenstände, welche der Mensch von sich und seinen Produkten unterscheidet« (Wesen der Religion 81, 2. Anm.).
Die Natur im Sinne Feuerbachs läßt schon deshalb keine religiöse Mystifizierung zu, weil sie keine höhere Wirklichkeit als der Mensch darstellt, sondern nur die äußere Bedingung seiner Existenz. »Das Höhere setzt das Niedere, nicht dieses jenes voraus, aus dem einfachen Grunde, weil das Höhere etwas *unter* sich haben muß, um höher zu stehen.« (Ebd. 94) So ist der Mensch einerseits durch sein Bewußtsein der Natur überlegen, andererseits in seiner Existenz radikal von ihr abhängig.
Dadurch ist aber das menschliche Leben letztlich in einen unendlichen *Horizont der Gleichgültigkeit* gestellt: »Die Natur antwortet nicht auf die Klagen und Fragen des Menschen; sie schleudert unerbittlich ihn auf sich selbst zurück.« (Ebd. 116) So ist schließlich doch wieder allein die menschliche Gemeinschaft der Raum, in dem der einzelne sich geborgen fühlen kann. Freilich ist ihm auch hier nur eine begrenzte Dauer gewährt, nie ein bleibender Bestand in Aussicht gestellt. Dies anzuerkennen, gehört nach Feuerbach notwendigerweise zur Reife und Würde des menschlichen Bewußtseins: »Schmachvoll ist allerdings die Geburt und schmerzlich der Tod; aber wer nicht anfangen und enden will, verzichte auf den Rang eines lebendigen Wesens.« (Ebd. 98)

2.8 Bedenken

Der Weg der Religionskritik, den Feuerbach einschlägt, ist so zwiespältig angelegt, daß er von ganz entgegengesetzten Positionen her als irreführend oder unzulänglich ausgegeben wird.[8] Der Gläubige sieht sein Vertrauen auf Gott untergraben und richtet dementsprechend seine Einwände vor allem gegen den atheistischen Charakter dieser Lehre; andererseits wird Feuerbach von

8 Zur ausführlicheren Auseinandersetzung mit dem Werk Feuerbachs vgl. vor allem *von Gagern* (s. o. Anm. 6), *Hermann Lübbe/Hans-Martin Sass* (Hrsg.), Atheismus in der Diskussion. Kontroversen um Ludwig Feuerbach, München/Mainz 1975; *Erich Thiess* (Hrsg.), Ludwig Feuerbach (Wege der Forschung 187), Darmstadt 1976; *Xhaufflaire* (s. o. Anm. 2).

radikalerer Religionskritik her entgegengehalten, daß er von der Gläubigkeit und dem Verkündigungspathos der Religion nicht loskomme. In den Argumenten dieser doppelseitigen Anfechtung wird das Dilemma der Feuerbachschen Religionskritik offenbar:
1. Feuerbachs Rettung der Religion setzt auf die absolute (»göttliche«) Würde der menschlichen Wirklichkeit. Aber damit kommt er zu Werturteilen, die nicht mehr in bloßer Wahrnehmung der uns sinnlich gegebenen Wirklichkeit zu begründen sind. Seine Sprache nimmt den Charakter pathetischer Behauptungen an. Die Grenzen zwischen Aussagen, Erwartungen und Forderungen werden verwischt.
2. Die fehlende Konsequenz in der – für Feuerbach eigentlich grundlegenden – Hinwendung zur konkreten Wirklichkeit zeigt sich vor allem dort, wo er sich auf die menschliche Gattung und die Natur als absolute Richtpunkte unseres Lebens bezieht. Hier bricht das abstrahierende und spekulative Denken ein, das Feuerbach gerade dem religiösen Glauben vorwirft und von dem er sich absetzen will. Für Karl Barth liegt das entscheidende Moment in der Auseinandersetzung mit dieser Religionskritik bei der Frage, »ob der Feuerbachsche ›Mensch‹ denn auch *wirklich* der *wirkliche* Mensch sein möchte«[9]. In der optimistischen Sicht Feuerbachs werden die leidvollen Erfahrungen menschlicher Begrenztheit[10] verdrängt.
3. Durch die ständige Formulierung, daß etwas »*nichts anderes als* ...« sei, macht es Feuerbach allen leicht, ihm vorzuwerfen, daß er das religiöse Leben und die religiösen Zeugnisse nur sehr undifferenziert wahrnehme. Gelegentlich können seine Ausführungen gar nur noch als Karikatur der religiösen Phänomene genommen werden. Vor allem aber stellt sich die Frage, ob Feuerbach den religiösen Erfahrungen von Schuld und Tod, von Rettung und Hoffnung durch seine anthropologischen Interpretationen des Glaubens gerecht wird. Bei einer Selbstbescheidung des Menschen

9 *Karl Barth*, Ludwig Feuerbach. Fragment aus der im Sommer 1926 zu Münster gehaltenen Vorlesung über die Geschichte der neueren Theologie, in: Ders., Die Theologie und die Kirche. Gesammelte Vorträge, 2. Bd., Zollikon-Zürich o. J., 212–239, hier 238.

10 Man vgl. damit etwa aus dem Bereich der Literatur die Gestaltung tragischer Existenz durch *Friedrich Hebbel*, der wohl auch unter dem Einfluß von Feuerbachs anthropologischem Atheismus, vor allem aber von Schopenhauers Pessimismus stand.

auf seine verfügbare Welt und sein eigenes begrenztes Vermögen liegt es näher, auf derart umfassende Deutungen der Welt und solche Gewißheitsansprüche zu verzichten.

4. Schließlich bleibt gegen Feuerbach damit zu rechnen, daß menschliche Wünsche selbst in religiösen Dimensionen nicht notwendigerweise mit Illusionen Hand in Hand gehen müssen, sondern auch gerade für die Wahrnehmung der Wirklichkeit sensibel machen können. Wer den Wunschcharakter des religiösen Glaubens aufdeckt, hat damit über seinen Erfahrungsgehalt noch nichts ausgemacht.

Doch trotz dieser Einwände gegen Feuerbachs Religionskritik bleibt sie eine Herausforderung für das Selbstverständnis des Glaubens, der sich ihr gegenüber rechtfertigen muß. Wenn man sie allein in theoretischer Widerlegung zu bestreiten versucht, nimmt man sie zu leicht. Man verschließt sich nämlich damit der Möglichkeit, das, was sie dem christlichen Glauben vorwirft, zur eigenen Bereicherung und zur Selbstkritik zu verarbeiten.

Was zu tun ist, damit die Einwände Feuerbachs im christlichen Glauben weniger Angriffsflächen finden, läßt sich in folgende Gegenüberstellung bringen:

angeprangerte Einstellungen	*gestellte Aufgaben*
weltabgewandte Innerlichkeit, Jenseitsorientierung, Heilsindividualismus, Handlungsverlust in beruhigter Frömmigkeit	Vermittlung von Verantwortung für Natur und Geschichte, Erschließung der sozialen Dimension der Religion, Befähigung zur politischen Beteiligung
moralisches Bewußtsein nach dem Verhältnis von Gesetzesherr und Untertan	die Ermutigung aller, sich an der Verantwortung dessen, was gut und schlecht sein soll, zu beteiligen; die Orientierung der Moral an individuellem Glück und gemeinschaftlichem Wohl
Projektion menschlicher Wirklichkeit auf ein Jenseits, unreifes Wunschdenken, Vernachlässigung der Anthropologie um der Theologie willen	Aufweis des Zusammenhangs von Theologie und Anthropologie, der Korrelation von menschlichen Erfahrungen, Bestrebungen, Wünschen, Hoffnungen einerseits und dem überkommenen Offenbarungsanspruch andererseits

Soweit es nicht gelingt, diese Aufgaben zufriedenstellend zu lösen – und wer wollte behaupten, daß dies schon voll gelungen sei? –, bleibt die Religionskritik Feuerbachs nicht nur ein Stachel für die religiöse (und insbesondere kirchliche) *Praxis*, sondern auch für die *theoretische* Selbstbehauptung des christlichen Glaubens.

3 *Die Deutung der Religion als Selbstentfremdung aufgrund der ökonomisch bedingten sozialen Verhältnisse – Karl Marx (1818–1883)*

Wichtigste Schriften:

Deutsch-französische Jahrbücher, Paris 1844,
darin unter anderem:
Zur Kritik der Hegelschen Rechtsphilosophie
Zur Judenfrage
Ökonomisch-philosophische Manuskripte (1844)
Die heilige Familie oder Kritik der kritischen Kritik, Frankfurt a. M. 1845
Die deutsche Ideologie (1845/46 – zusammen mit Friedrich Engels)
Manifest der kommunistischen Partei, London 1848 (zusammen mit Friedrich Engels)
Zur Kritik der politischen Ökonomie, Berlin 1859
Das Kapital, Band 1, Hamburg 1867 (die folgenden zwei Bände nach dem Tod von Karl Marx durch Friedrich Engels herausgegeben)
Wo es möglich ist, wird im folgenden zitiert nach: *Karl Marx/Friedrich Engels*, Studienausgabe in 4 Bänden, hrsg. von Iring Fetscher (Fischer Taschenbuch 6059–6062), Frankfurt a. M. 1966, jeweils abgekürzt mit den römischen Bandziffern I–IV und der Seitenzahl in arabischen Ziffern.

Einerseits drängt es sich wie selbstverständlich auf, in eine repräsentative Reihe von Religionskritikern auch Karl Marx aufzunehmen – erscheint doch der Marxismus als die weltpolitisch gewaltigste Bestreitung der Religionen; und doch kann andererseits bei genauerem Hinsehen überraschen, wie gering an Umfang und Zahl die ausdrücklich religionskritischen Äußerungen in dem gesamten Marxschen Werk sind. Eine Schrift, die sich bereits in ihrem Titel – wie etwa Feuerbachs »Wesen des Christentums« – die Analyse der Religion zur Aufgabe setzt, finden wir bei ihm nicht. Auch ein Vergleich mit dem Werk seines vertrautesten Freundes und Mitarbeiters Friedrich Engels unterstreicht, wie begrenzt nur noch Marx sich mit religiösen Phänomenen beschäftigte. Bezeichnend dafür ist eine vom »Institut für Marxismus-Leninismus beim ZK der

SED« erstellte Textsammlung beider Autoren »Über Religion«, in die von Marx 26 Texte aufgenommen wurden, von Engels dagegen 61 (und 14 weitere von Marx und Engels gemeinsam).[1] Würde man den jeweiligen Umfang dieser ausgewählten Äußerungen noch mitberücksichtigen, würde sich das Ungleichgewicht noch vergrößern. Für das Hauptinteresse von Marx, die Kritik der politischen und wirtschaftlichen Verhältnisse seiner Zeit und die Erforschung der grundlegenden Faktoren geschichtlicher Prozesse, spielte die Religion nur noch eine untergeordnete Rolle.

Die meiste Aufmerksamkeit widmet Marx der Religion noch in den Schriften seiner Frühzeit. Dadurch könnte man geneigt sein, die häufig durchgeführte Unterscheidung zwischen einem »*frühen Marx*« und einem »*späten*« gerade unter dem Gesichtspunkt der Religionskritik mit besonderem Nachdruck zu übernehmen. (Die Grenze läge dann etwa zwischen der »Deutschen Ideologie« und der »Kritik der politischen Ökonomie«, zwischen stärker philosophisch angelegten Analysen einerseits und vorwiegend ökonomisch ausgerichteten Untersuchungen andererseits.) Aber die Unterschiede sind nicht so tiefgreifend, daß ein erster Marx gegen einen zweiten ausgespielt werden dürfte; die früheren Absichten und Ergebnisse werden in den späteren Studien nicht widerrufen, sondern – unter veränderten Bedingungen – weiterverfolgt. Daß dabei die Religion nicht mehr so häufig der Erwähnung wert erscheint, ist selbst schon eine religionskritische Konsequenz.

Dementsprechend will Marx im Unterschied zu Engels nicht eine »neue Weltanschauung« formulieren, die dann in Konkurrenz zu allem Vorhergehenden treten müßte; er beabsichtigt vielmehr »die Realität so zu transformieren, daß jede von ihr abgehobene (›entfremdete‹) Philosophie, Religion, Rechtsordnung, Herrschaftsweise usw. aufgehoben wird«[2]. *Damit wird nicht nur die Religion, sondern auch die Religionskritik überholt.*

1 *Karl Marx/Friedrich Engels*, Über Religion, hrsg. vom Institut für Marxismus-Leninismus beim ZK der SED, Berlin (Ost) ²1976.

2 *Iring Fetscher*, Einleitung zu: Karl Marx/Friedrich Engels, Studienausgabe in 4 Bänden, Frankfurt a. M. 1966, I, 13–30, hier 15.
Vgl. auch: *Ders.*, Wandlungen der marxistischen Religionskritik, in: Ders., Karl Marx und der Marxismus. Von der Philosophie des Proletariats zur proletarischen Weltanschauung, München 1967, 200–217.

3.1 Der Rückgriff auf die abgeschlossene Religionskritik

Marx beginnt die Einleitung seiner Schrift »Zur Kritik der Hegelschen Rechtsphilosophie« mit der selbstgewissen Feststellung zweier Tatbestände: »Für Deutschland ist die *Kritik der Religion* im Wesentlichen beendigt, und die Kritik der Religion ist die Voraussetzung aller Kritik.« (I 17) Damit blickt er einerseits auf das zurück, was von der *Vergangenheit* her schon geleistet ist, und deutet andererseits zugleich doppelt an, daß in der *Zukunft* noch weiteres zu tun bleibt: *Erstens* wird man, wo etwas »im wesentlichen« beendigt ist, noch – weniger fundamentale – Konsequenzen und Ergänzungen erwarten dürfen; vor allem aber soll *zweitens* die Kritik an der Religion auf weiterreichende Kritik hin überschritten werden.

Damit hat für Marx die Kritik der Religion eine zwiespältige Stellung: Sie ist *grundlegend und unumgänglich*, aber zugleich als Aufgabe schon *überholt*. Es lohnt sich nicht mehr, auf sie besondere Anstrengungen zu verwenden; man kann auf das zurückgreifen, was grundsätzlich bereits theoretisch ausgearbeitet ist. Für Marx heißt dies vor allem: »es gibt keinen anderen Weg für euch zur *Wahrheit* und *Freiheit*, als *durch* den *Feuer-bach*. Der Feuerbach ist das *Purgatorium* der Gegenwart.« (Luther als Schiedsrichter zwischen Strauß und Feuerbach[3]) Deshalb finden wir auch zu den zentralen Elementen der Feuerbachschen Religionskritik bei Marx die entsprechenden bestätigenden Aussagen:

1. Die Religion ist in unserer Gesellschaft nicht mehr Ausdruck des gemeinschaftlichen Bewußtseins, nicht mehr das Medium, in dem sich der Mensch zu sich selbst als Gattungswesen verhält, »sondern das Wesen des *Unterschieds*«; damit ist sie geradezu »zum Ausdruck der *Trennung* des Menschen von seinem *Gemeinwesen*, von sich und den anderen Menschen geworden«; das Bekenntnis zu ihr trägt den Charakter »der besonderen Verkehrtheit, der *Privatschrulle*, der Willkür« (Zur Judenfrage, I 40). Damit hat

3 *Karl Marx*, Frühe Schriften I, hrsg. von Hans Joachim Lieber/Peter Furth, Darmstadt 1962, 107–109, hier 109.

sich die Religion in den begrenzten Raum des einzelnen zurückgezogen; in ihr wird die »Spaltung des Menschen in den *öffentlichen* und in den *Privatmenschen*« in besonderer Weise offenbar (ebd. 41).

2. Die Religion ist eine Verlagerung irdischer Erfahrungen und Wünsche in ein himmlisches Jenseits, ein Ergebnis der *Projektion*: «*Der Mensch macht die Religion*, die Religion macht nicht den Menschen. Und zwar ist die Religion das Selbstbewußtsein und das Selbstgefühl des Menschen, der sich selbst entweder noch nicht erworben oder schon wieder verloren hat« (Zur Kritik der Hegelschen Rechtsphilosophie, I 17). Die Menschen sind demnach »die Produzenten ihrer Vorstellungen« (Deutsche Ideologie, 1. Teil: Feuerbach, I 91) oder, in religiöser Sprache gesagt, »die Schöpfer«, die sich in der Verkehrtheit ihres Denkens vor ihren eigenen »Geschöpfen«, nämlich den Göttern des Himmels, gebeugt haben (ebd. 82). Wenn die Gläubigen jenseitige Wesen als höchste Wesen verehren, dann unterwerfen sie sich dabei den »Ausgeburten ihres Kopfes«, die »ihnen über den Kopf gewachsen« sind (ebd.).

Aber auch für Marx ist damit die Religion nicht einfach leere Phantasie, sondern immer noch »*Widerschein* der wirklichen Welt« (Das Kapital, 1. Buch, Kapitel 1, II 244; ganz ähnlich auch schon in »Zur Kritik der Hegelschen Rechtsphilosophie«, I 17). Das gläubige Bewußtsein ist nicht schlechthin abwegig, irreführend und erniedrigend; es vermittelt vielmehr Einsicht und Selbstbewußtsein – wenn auch auf eine sehr beschränkte und illusionsverhaftete Weise. »Die Religion ist eben die Anerkennung des Menschen auf einem Umweg.« (Zur Judenfrage, I 38)

3. Mit Feuerbach beabsichtigt Marx die Rückführung des Menschen auf seine *konkrete, wahrnehmbare und verfügbare Wirklichkeit*. Wenn sich die Religion mit der *Frage* beschäftigt, *woher diese Welt des Menschen stamme*, dann verfällt sie damit einer »Abstraktion«, die »keinen Sinn« hat, weil sie der unbestreitbar gegebenen Realität unnötigerweise einen Anfang setzt, vor dem sie dann selbstverständlich nicht existiert haben kann. Wer nach einem solchen Ursprung der Welt Ausschau hält, muß sich deshalb sagen lassen: »Frage dich, wie du auf jene Frage kömmst; frage dich, ob deine Frage nicht von einem Gesichtspunkt aus geschieht, den ich

nicht beantworten kann, weil er ein verkehrter ist ... Wenn du nach der Schöpfung der Natur und des Menschen fragst, so abstrahierst du also vom Menschen und von der Natur. Du setzest sie als *nichtseiend*, und willst doch, daß ich sie als *seiend* dir beweise. Ich sage dir nun: gib deine Abstraktion auf, so gibst du auch deine Frage auf ...« (Ökonomisch-philosophische Manuskripte, II 108) Nur wenn der Mensch sich auf das beschränkt, was ihm «praktisch, sinnlich, anschaubar« gegenwärtig ist (ebd.), kann er zu sich und zur Natur ein rechtes Verhältnis gewinnen.

4. Auch Marx sucht den Menschen von seinem »*Gattungsbewußtsein*« und seinem »*Gattungsleben*« her zu begreifen (ebd. 102). Der Mensch soll als »die ideelle Totalität« gesehen werden, wie sie sich im Denken der konkreten Individuen realisiert, und als »eine Totalität menschlicher Lebensäußerungen«, wie sie in geschichtlichen und gesellschaftlichen Dimensionen greifbar ist (ebd.). In diesen Perspektiven sollen auch die Endlichkeitserfahrungen ausgehalten werden: Der *Tod* »scheint als ein harter Sieg über das Individuum«, aber dies braucht nicht weiter zu beunruhigen, denn: »das bestimmte Individuum ist nur ein *bestimmtes Gattungswesen*, als solches sterblich.« (Ebd.)

Aber bei all diesen Gemeinsamkeiten mit der vorausgehenden Religionskritik (vor allem Feuerbachs) unterstreicht Marx doch zugleich auch nachdrücklich seine Distanz. Solange sich Religionskritik noch als Atheismus darstelle, setze sie noch »durch diese Negation das *Dasein des Menschen*« (ebd. 109) und bleibe damit noch gar zu sehr in der Abhängigkeit von Religion, die sie gerade zu überwinden meine. Die Aufgabe, die Marx sich stellt, richtet sich auf ein »*positives*, nicht mehr durch die Aufhebung der Religion vermitteltes *Selbstbewußtsein* des Menschen« (ebd. 109).

3.2 Die neue Aufgabe: Kritische Praxis

Gleich in der ersten der Thesen über Feuerbach setzt sich Marx ausdrücklich von allem »bisherigen Materialismus (den Feuerbachschen mit eingerechnet)« ab (I 139). Den Kontrast, den er dabei vermerkt, kann man mit dem Vokabular dieser Thesen in folgender Übersicht darstellen:

bisheriger, alter Materialismus	*neuer Materialismus*
faßt Wirklichkeit nur unter der Form des *Objekts* oder der *Anschauung*,	begreift Wirklichkeit als Gegenstand menschlicher *Praxis*,
betrachtet nur *theoretisches* Verhalten als echt menschliches Verhalten,	begreift die Bedeutung der *praktisch-kritischen* Tätigkeit, der *revolutionären* Praxis,
sieht die *Abhängigkeit* der Menschen *von den Umständen und der Erziehung*,	begreift, daß die Menschen aber auch *die Umstände verändern* und *die Erzieher erziehen* können,
erkennt das Faktum der *religiösen Selbstentfremdung* und löst die religiöse Welt auf,	erklärt die Religion aus der *Selbstzerrissenheit* und dem *Sichselbstwidersprechen ihrer weltlichen Grundlage*,
abstrahiert von der Geschichte und bezieht sich auf *das allgemeine menschliche Wesen*, *die menschliche Gattung*.	begreift *das menschliche Wesen als das Ensemble der gesellschaftlichen Verhältnisse*, erkennt in dem *religiösen Gemüt* selbst ein *gesellschaftliches Produkt*.

Diese Entgegensetzung schließt Marx in der letzten These mit dem prägnanten Kontrast ab: »Die Philosophen haben die Welt nur verschieden *interpretiert*, es kömmt drauf an, sie zu *verändern*.« (Ebd. 141)

Für Marx ist demnach die Feuerbachsche Reduktion aller Theologie auf Anthropologie völlig unzulänglich, weil sie wohl den Menschen auf sein Diesseits zurückverweist, aber nicht mehr wahrnimmt, in welcher elenden Verfassung dann dieses Diesseits vorgefunden wird. Feuerbach hat nach Marx bereits im Ansatz übersehen, warum überhaupt Religion als »die *phantastische Verwirklichung* des menschlichen Wesens« aufkommen kann: »weil das *menschliche Wesen* keine wahre Wirklichkeit besitzt« (Zur Kritik der Hegelschen Rechtsphilosophie, I 17). Eine Religionskritik, die in neuer Theorie das aufdecken will, was erst noch in neuer Praxis erstellt werden muß, ist von vornherein zum Scheitern verurteilt. Feuerbachs hermeneutischer Zirkel muß deshalb notwendigerweise durch ein weiteres, ein drittes Element ergänzt werden:

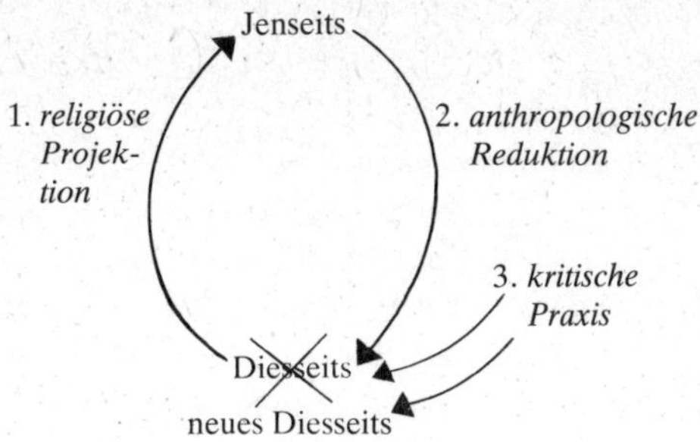

Damit ist der gesamte Prozeß in drei Phasen gegliedert:
1. Die Täuschung,
2. die Ent-täuschung,
3. die Herstellung einer Welt, in der weder 1. noch 2. nötig ist.

Die für Feuerbach entscheidende zweite Phase erhält bei Marx erst von der dritten her ihre volle Überzeugungskraft. Aufklärung verlangt gesellschaftspolitische Praxis: »Die Kritik der Religion enttäuscht den Menschen, damit er denke, handle, seine Wirklichkeit gestalte wie ein enttäuschter, zu Verstand gekommener Mensch, damit er sich um sich selbst und damit um seine wirkliche Sonne bewege.« (Ebd. 18) Wo die Aufklärung sich auf die theoretische Analyse von Religion beschränkt, bringt sie den Menschen nicht aus seinem Elend heraus, sondern führt es ihm nur eindringlich vor Augen. Aber dieses hellsichtige Verhältnis zur Realität kann für Marx nicht das letzte sein. »Die Kritik hat die imaginären Blumen an der Kette zerpflückt, nicht damit der Mensch die phantasielose, trostlose Kette trage, sondern damit er die Kette abwerfe und die lebendige Blume breche.« (Ebd.)

Feuerbach hat die bedrückenden Fragen um das Leid und das Übel in unserer Welt (die zuvor zum Theodizee-Problem führten – zu der Frage nach der Vereinbarkeit von Güte und Allmacht Gottes mit unserer Realität) verdrängt; Marx versucht sie demgegenüber durch die Forderung revolutionärer Praxis zu überholen.

3.3 *Materialismus als Beschränkung des Interesses*

Wenn Marx seine Lehre mit dem programmatischen Namen »Materialismus« bezeichnet, greift er auf ein vieldeutiges und mißverständliches Wort zurück. Vor allem liegt es für das 19. Jahrhundert nahe, an ein Verständnis der Welt zu denken, von dem sich Marx gerade absetzen will. Dieser andere, populär verbreitete Materialismus (in Frankreich etwa vertreten durch La Mettrie, Diderot, Holbach, in Deutschland durch Vogt, Moleschott, Büchner und Haeckel) zeichnet sich – trotz manch unterschiedlicher Entfaltungen – durch folgende drei Annahmen aus:
1. Die Wirklichkeit ist *realistisch* zu begreifen, das heißt, sie existiert unabhängig von unserem Bewußtsein (*erkenntnistheoretischer Aspekt*);
2. sie ist *monistisch* zu sehen, das heißt, sie besteht aus einem einheitlichen Stoff, eben der Materie (*ontologischer Aspekt*);
3. alle Prozesse dieser Wirklichkeit, auch die des Lebens, lassen sich *mechanistisch* erklären (*naturwissenschaftlicher Aspekt*).
Für Marx ist ein solches Verständnis der Wirklichkeit zu dürftig, als daß er sich ihm anschließen könnte. In einem Rückblick auf die neuzeitliche Geschichte des Materialismus äußert er sein Wohlgefallen an den frühen Konzeptionen, die noch nicht die Vielfalt der erfahrbaren Realität derart vereinheitlichen. »Unter den der Materie eingeborenen Eigenschaften ist die Bewegung die erste und vorzüglichste, nicht nur als mechanische und mathematische Bewegung, sondern mehr noch als Trieb, Lebensgeist, Spannkraft, als Qual ...« (Die Heilige Familie[4]) In seiner weiteren Geschichte gibt der Materialismus um der Exaktheit willen die differenziertere Wahrnehmung der Realität auf: »Die Sinnlichkeit verliert ihre Blume und wird zur abstrakten Sinnlichkeit des Geometers. Die physische Bewegung wird der mechanischen oder mathematischen geopfert; die Geometrie wird als die Hauptwissenschaft proklamiert. Der Materialismus wird menschenfeindlich.« (Ebd.)

4 *Karl Marx*, Die Frühschriften, hrsg. von Siegfried Landshut (Kröners Taschenausgabe Bd. 209), Stuttgart 1971, 317–338, hier 330.

Marx übernimmt demnach weder den ontologisch-monistischen noch den naturwissenschaftlich-mechanistischen Aspekt des populären Materialismus seiner Zeit.[5] Entscheidend ist ihm vielmehr (im Anschluß an Feuerbach und über ihn hinaus), daß die Wirklichkeit allein von dem her begriffen werden soll, was der *sinnlichen Wahrnehmung* und der *kritischen Praxis* zugänglich ist. (Damit setzt er sich wie Feuerbach ausdrücklich von Hegel ab.) Der Begriff »Materialismus« bezieht sich also bei Marx in erster Linie auf die *Methode*, nach der in *wissenschaftlicher Erkenntnis* und *politischem Handeln* zuverlässige Ergebnisse gewonnen werden können. Die Welt soll gesehen werden als eine durch gesellschaftlich historische Lebensprozesse der Menschen erzeugte Wirklichkeit. Es gilt nicht, tiefsinnige «Welträtsel« zu lösen und die Gründe des Seins zu erkunden. »Alle Mysterien, welche die Theorie zum Mystizism[us] veranlassen, finden ihre rationelle Lösung in der menschlichen Praxis und in dem Begreifen dieser Praxis.« (Thesen über Feuerbach, I 140) Der Materialismus von Marx will nicht die Frage beantworten, woraus die Welt besteht, sondern worauf sich der Mensch beschränken soll, wenn er seine Welt vernünftig begreifen will. Aus dem Marxschen Materialismus ergibt sich demnach folgende Formel:
Grenzen der Verfügbarkeit = Grenzen der Erkennbarkeit = Grenzen der menschlichen Welt = Grenzen allen Interesses.
Nur wenn wir uns mit solcher Selbstbescheidung abfinden, streift nach Marx unsere Wirklichkeit »ihren mystischen Nebelschleier« ab (Das Kapital, II 244), der uns daran hindert, daß wir uns selbst unsere Welt gestalten.

3.4 Die Kritik der Religion im ideologischen Überbau

Das Verhältnis von Basis und Überbau ist zwar als ein marxistisches Deutungsschema weithin bekannt, aber es kommt in dem

5 Anderes wäre über den Materie-Begriff des Diamat zu sagen; vgl. hierzu *Gustav Wetter*, Sowjetideologie heute I. Dialektischer und historischer Materialismus (Fischer Bücherei 460), Frankfurt a. M. 1962, besonders 24–47.

Gesamtwerk von Marx nur beiläufig vor und ist bei ihm in keine präzise Theorie überführt. Man kann es eher als eine Metapher ansehen, die aufschlußreich ist, auch wenn sie sich nicht als in jeder Hinsicht eindeutig und widerspruchsfrei erweist.
Schon in der »Deutschen Ideologie« schreibt Marx, ohne ausdrücklich die Begriffe »Basis« und »Überbau« zu gebrauchen: »Die Menschen sind die Produzenten ihrer Vorstellungen, Ideen pp., aber die wirklichen, wirkenden Menschen, wie sie bedingt sind durch eine bestimmte Entwicklung ihrer Produktivkräfte und des denselben entsprechenden Verkehrs bis zu seinen weitesten Formationen hinauf. Das Bewußtsein kann nie etwas Andres sein als das bewußte Sein, und das Sein der Menschen ist ihr wirklicher Lebensprozeß. ... Die Moral, Religion, Metaphysik und sonstige Ideologie und die ihnen entsprechenden Bewußtseinsformen behalten hiermit nicht länger den Schein der Selbständigkeit. Sie haben keine Geschichte, sie haben keine Entwicklung, sondern die ihre materielle Produktion und ihren materiellen Verkehr entwickelnden Menschen ändern mit dieser ihrer Wirklichkeit auch ihr Denken und die Produkte ihres Denkens. Nicht das Bewußtsein bestimmt das Leben, das Leben bestimmt das Bewußtsein.« (I 91 f) In der späteren Schrift »Zur Kritik der politischen Ökonomie« wird die geschichtliche Dynamik, der das ganze gesellschaftliche Leben unterliegt, deutlicher auf die Veränderungen der *Produktionsverhältnisse* (das heißt vor allem der Aufteilung des Eigentums an Produktionsmitteln, der Arbeitsteilungen, der Formen des Warenaustauschs, der Beziehungen zwischen den verschiedenen sozialen Klassen) zurückgeführt. »Die Gesamtheit dieser Produktionsverhältnisse bildet die ökonomische Struktur der Gesellschaft, die reale Basis, worauf sich ein juristischer und politischer Überbau erhebt und welcher bestimmte gesellschaftliche Bewußtseinsformen entsprechen. Die Produktionsweise des materiellen Lebens bedingt den sozialen, politischen und geistigen Lebensprozeß überhaupt. Es ist nicht das Bewußtsein der Menschen, das ihr Sein, sondern umgekehrt ihr gesellschaftliches Sein, das ihr Bewußtsein bestimmt... Mit der Veränderung der ökonomischen Grundlage wälzt sich der ganze ungeheure Überbau langsamer oder rascher um. In der Betrachtung solcher Umwälzungen muß man stets unterscheiden zwischen der materiellen natur-

wissenschaftlich treu zu konstatierenden Umwälzung in den ökonomischen Produktionsbedingungen und den juristischen, politischen, religiösen, künstlerischen oder philosophischen, kurz, ideologischen Formen, worin sich die Menschen dieses Konflikts bewußt werden und ihn ausfechten.«[6]
Aus den Aussagen und mit dem Vokabular dieser Sätze läßt sich demnach folgende Skizze bilden:

Überbau

juristische, politische, religiöse,
künstlerische und philosophische,
kurz ideologische Formen des
gesellschaftlichen Bewußtseins

sozialer, politischer und geistiger
Lebensprozeß

Formen, worin sich die
Menschen des Konfliktes
bewußt werden

bestimmen
bedingen

entsprechen

ökonomische Produktionsbedingungen,
Produktionsweise des materiellen Lebens,
Gesamtheit der Produktionsverhältnisse

ökonomische Struktur der Gesellschaft,
gesellschaftliches Sein

ökonomische Grundlage,

reale Basis

naturwissenschaftlich treu zu
konstatierende Umwälzungen

Die Unschärfe dieses Modells wird einmal daran deutlich, daß nicht genau auszumachen ist, was jeweils auf die eine oder andere Ebene gehört. Sind zum Beispiel die Wissenschaften, insbesondere Mathematik und Naturwissenschaften aufgrund ihrer technologischen Verwertung, zur Basis der Produktionsverhältnisse zu rechnen oder zu den gesellschaftlichen Bewußtseinsformen des Überbaus? Zum anderen ist nicht deutlich, wie sich das Verhältnis von Basis und Überbau mit der bewußten Verantwortung des Men-

6 Zur Kritik der politischen Ökonomie, in: Karl Marx, Ökonomische Schriften III, hrsg. von Hans Joachim Lieber/Benedikt Kautsky, Darmstadt 1964, 836–1029, hier 839.

schen für seine Geschichte vertragen soll. Man kann freilich darauf verweisen, daß Marx selbst schon von einer »Wechselwirkung dieser verschiednen Seiten aufeinander« spricht und feststellt, »daß also die Umstände ebensosehr die Menschen, wie die Menschen die Umstände machen« (Deutsche Ideologie, I 102); aber dies steht in einer unausgeglichenen Spannung zur Determination von der Basis her, wie sie die vorausgehenden Sätze nahelegen.

Diese Unschärfen haben jedoch weniger Gewicht, wenn man die Rede von Basis und Überbau bildlich nimmt und vor allem auf ihr *methodisches Interesse* achtet: den Zugang zum Verständnis der Welt dort zu wählen, wo (1.) die »materiellen naturwissenschaftlich treu zu konstatierenden« Sachverhalte liegen und wo demgemäß (2.) die politisch-ökonomische Praxis ihre handgreiflichen Ansatzpunkte findet.

Für das Verhältnis der Marxschen Religionskritik entscheidend ist, daß der Überbau des gesellschaftlichen Bewußtseins und der ihm entsprechenden Institutionen noch einmal in sich differenziert gesehen werden muß. Einige Bereiche, wie etwa Moral, Philosophie und vor allem Religion, sind besonders dafür anfällig, *sich ideologisch zu verselbständigen* und *sich als allgemeingültig auszugeben, als unabhängig von der historischen Basis.* Sie verschleiern damit den im »Manifest der kommunistischen Partei« verkündeten Tatbestand: »Die herrschenden Ideen einer Zeit waren stets nur die Ideen der herrschenden Klasse.« (III 75, ähnlich schon in der »Deutschen Ideologie«, I 110).

Die *vorrangige Aufgabe aller Ideologiekritik,* also auch der Religionskritik, ist demnach nicht, die Ideologie als falsch nachzuweisen, sondern ihren *Anspruch auf zeitlose Gültigkeit zu bestreiten* und ihre *Interessengebundenheit aufzudecken.* Dies greift aber bereits an die Wurzel des religiösen Selbstverständnisses, jedenfalls des christlichen Glaubens.

Darüber hinaus ist Religion für Marx die ideologischste Form aller Ideologien, da sie sich von einer völlig jenseitigen, der Kritik entzogenen Autorität her legitimiert und sich demnach in ihrer übergeschichtlichen Grundlegung von allen anderen Lehren absetzt. Damit verleugnet hier nach Marx der Mensch in besonders hohem Grad die Verantwortung für seine geistige Produktion.

Den ideologischen Charakter der Religion aufzudecken heißt demgegenüber: die Einsicht vermitteln, wie Religion in einem unauflöslichen Zusammenhang mit den sozialen Verhältnissen steht. Dabei muß nach Marx offenbar werden, daß der Religion wohl dort, aber auch allein dort eine sinnvolle Funktion zukommt, wo das Leben der Menschen noch im argen liegt. Sie ist als nur *»phantastische Verwirklichung* des menschlichen Wesens« zwar selbst ein Übel, erfüllt aber dabei doch eine zweifache Aufgabe: »Das *religiöse* Elend ist in einem der *Ausdruck* des wirklichen Elends und in einem die *Protestation* gegen das wirkliche Elend.« (Zur Kritik der Hegelschen Rechtsphilosophie, I 17) Religiöse Zeugnisse gehen also in dieser Sicht aus Erfahrung menschlicher Wirklichkeit hervor, aus berechtigter Unzufriedenheit mit der bestehenden Welt; sie wollen keineswegs mit ihren tröstenden Worten die Verhältnisse in einem schönen Licht aufleuchten lassen; wenn für die Gläubigen diese Welt ein »Jammertal« ist, sind sie darin realistisch. Doch lassen sie sich in ihrem Blick auf das Elend zu einer illusorischen Hoffnung verleiten und tragen damit zum weiteren Bestand dieses Elends bei.

In diesem Sinne kann Marx von der Religion sagen: »Sie ist das *Opium* des Volks.« (Ebd.) Anders als die Leninsche Formulierung »Opium für das Volk« läßt das Marxsche Bild nicht danach fragen, wer die Betrüger sind, die dem unwissenden Volk das gefährliche Betäubungsgift verabreichen; die Kritik gilt nicht primär irgendwelchen Dealern, sondern richtet sich insgesamt gegen *»einen Zustand . . ., der der Illusionen bedarf«* (ebd. 18).

Soll der Mensch zukünftig seine Verhältnisse selbst in die Hand nehmen können, muß die Religion aus dem gesellschaftlichen Überbau verschwinden. Der Kampf gegen die bestehende Ohnmacht und Entfremdung verlangt auch die Überwindung der Religion, und zwar nicht nur der einer bestimmten geschichtlichen Phase, sondern der Religion schlechthin: «Ein Mensch, der von der Gnade eines andern lebt, betrachtet sich als ein abhängiges Wesen. Ich lebe aber vollständig von der Gnade eines andern, wenn ich ihm nicht nur die Unterhaltung meines Lebens verdanke, sondern wenn er noch außerdem mein *Leben geschaffen* hat, wenn er der *Quell* meines Lebens ist, und mein Leben hat notwendig einen sol-

chen Grund außer sich, wenn es nicht meine eigne Schöpfung ist.« (Ökonomisch-philosophische Manuskripte, II 107)
Im Unterschied zu den Liberalen seiner Zeit verlangt deshalb Marx nicht nur gegenüber dem Staat die *Religionsfreiheit*; dies ist erst eine »*politische* Emanzipation«, »die letzte Form der menschlichen Emanzipation *innerhalb* der bisherigen Weltordnung« (Zur Judenfrage, I 40). Hier gibt erst der Staat die Bindung an die Religion auf; am Ende der Freiheitsgeschichte muß aber nach Marx »die Emanzipation des wirklichen Menschen von der Religion« (ebd. 45) stehen.
In der Konsequenz dieser Religionskritik muß sich Marx auch gegen die Formen des *Frühsozialismus* richten, die von christlichen Impulsen bestimmt sind. Sie verhindern durch ihre ethisch-religiösen Mahnungen und Appelle die notwendige und allein förderliche ökonomische Analyse der bestehenden Verhältnisse. Auch wenn er es nicht ausdrücklich will, geht »der pfäffische Sozialismus« immer Hand in Hand mit dem »feudalistischen«; er gibt nur »dem christlichen Asketismus einen sozialistischen Anstrich« (Manifest der kommunistischen Partei, III 78). Alle Formen des Sozialismus, die ihre Zuversicht noch auf »die Macht des Beispiels« setzen und »ihr Ziel auf friedlichem Wege erreichen« wollen, müssen notwendigerweise fehlschlagen; Zukunft hat allein die »revolutionäre Aktion«, die sich von der Einsicht in die wirtschaftlich-politischen Verhältnisse leiten läßt (ebd. 84).
Der »*Kampf gegen die Religion*« (Zur Kritik der Hegelschen Rechtsphilosophie, I 17) vollzieht sich nach Marx demnach innerhalb der sozialen Auseinandersetzungen, bei denen »die materielle Gewalt ... durch materielle Gewalt« gestürzt werden muß (ebd. 24); dennoch soll dieser Kampf ein *Prozeß der Aufklärung* bleiben: »auch die Theorie wird zur materiellen Gewalt, sobald sie die Massen ergreift« (ebd.).
In der Distanz geistesgeschichtlicher Untersuchungen könnte man nach Marx vielleicht zugestehen, daß die Religion »ein *interessanter* Gegner ist«, aber für solche wohlwollende Einschätzung ist jetzt nicht die Zeit; die Marxsche Kritik ist ihrem eigenen Selbstverständnis nach eine «Kritik im *Handgemenge*«, der es vor allem darum geht, den Gegner »zu *treffen*« (ebd. 20).

Dies ist freilich allein von Theorie her nicht zu leisten; »die Wirklichkeit muß sich selbst zum Gedanken drängen« (ebd. 25). Die Aufgabe der kritischen Theorie, zu der auch die Analyse der Religion ihren Teil beiträgt, heißt: »Man muß den wirklichen Druck noch drückender machen, indem man ihm das Bewußtsein des Drucks hinzufügt, die Schmach noch schmachvoller, indem man sie publiziert.« (Ebd. 20) Dadurch erst findet das Proletariat sein angemessenes Selbstverständnis, in dem es die »trotzige Parole« sagen kann: »*Ich bin nichts, und ich müßte alles sein.*« (Ebd. 28)

Da also die Religionskritik nicht allein als Lehre betrieben werden kann, sondern der politischen Praxis bedarf, kann sie auch nicht allein Sache der Philosophen sein, sondern ist vor allem den Kräften aufgetragen, die von der ökonomischen Basis her die gesellschaftliche Revolution durchführen müssen. »Wie die Philosophie im Proletariat ihre *materiellen*, so findet das Proletariat in der Philosophie seine *geistigen* Waffen, ... Der Kopf dieser Emanzipation ist die *Philosophie*, ihr *Herz* das *Proletariat*.« (Ebd. 30)[7]

Wo diese beiden Mächte des Fortschritts zusammenfinden, gewinnt der Mensch die tatkräftige Einsicht in seine eigene Situation und wird Herr seiner Geschichte. Die Zukunft geht somit hervor aus der Diskrepanz zwischen den alten Verhältnissen und dem neuen Bewußtsein; die Geschichte entwickelt sich *dialektisch*, das heißt hier: *aus streitbaren Widersprüchen*. Die Religion aber steht bei diesem Kampf ganz auf derjenigen Seite, die vergeblich versucht, sich dem notwendigen Verlauf der Geschichte entgegenzustellen. Sie setzt sich für die Stabilisierung ein statt für den Umbruch.

Die Religionskritik kommt also für Marx letztlich erst dann zu einem guten Ende, wenn die Selbstbefreiung des Menschen in seinen sämtlichen gesellschaftlichen Beziehungen an ihr Ziel gelangt ist. Dann wird der Religion einfach der Boden entzogen sein, und sie wird ohne weitere Bestreitung verschwinden. Im Gegensatz zur österlichen Hoffnung der Christen wird dies der wirkliche »*Auferstehungstag*« (ebd.) sein.

7 Über die Nähe und Distanz von Marx selbst zu politischen Aktivitäten vgl. *Werner Blumenberg*, Karl Marx in Selbstzeugnissen und Bilddokumenten (rowohlts monographien 76), Hamburg 1962.

3.5 *Das Ziel: Die Gesellschaft freier Menschen in einer begriffenen Welt*

Die von Marx entworfene Zukunft besteht allein in der Aufhebung des Elends, das er in den ökonomischen Verhältnissen grundgelegt und der politischen Verantwortung des Menschen anheimgestellt sieht. Es ist deshalb problematisch, seine Lehre als *»Messianismus«*[8] zu qualifizieren, denn er eröffnet keine Wirklichkeit, die seiner Ansicht nach nicht schon den gegenwärtigen Menschen, wenn sie ihre Lage nur begriffen, zur Verfügung stünde; er leugnet nicht, daß diese Wirklichkeit grundsätzlich endlich ist, zumal sie jedem einzelnen schließlich mit seinem Tod genommen wird; er beansprucht nicht, den weiten Sinngebungshorizont der Religionen auszufüllen; es sollen vielmehr die konkreten Beziehungen des Menschen durch ihre eigene Aktivität in eine zufriedenstellende Ordnung überführt werden.

Wie dieses Ziel sich grundsätzlich auch mit einer bescheidenen Selbsteinschätzung vertragen kann, läßt Marx in einem Brief an Alfred Ruge (September 1843) erkennen: »... so wird jeder sich selbst gestehen müssen, daß er keine exakte Anschauung von dem hat, was werden soll. Indessen ist das gerade wieder der Vorzug der neuen Richtung, daß wir nicht dogmatisch die Welt antizipieren, sondern erst aus der Kritik der alten Welt die neue finden wollen. ... Ist die Konstruktion der Zukunft und das Fertigwerden für alle Zeiten nicht unsere Sache, so ist desto gewisser, was wir gegenwärtig zu vollbringen haben, ich meine *die rücksichtslose Kritik alles Bestehenden ...*«[9]

Die Gesamtheit der Störungen, die beseitigt werden sollen, sind in dem Begriff der *»Entfremdung«* zusammengefaßt. Er umgreift mehrere Dimensionen des beschädigten Lebens:

Erstens bezieht er sich auf das »Verhältnis des Arbeiters zum *Produkt der Arbeit* als fremden und über ihn mächtigen Gegenstand« (Ökonomisch-philosophische Manuskripte, II 79). Was der Arbeiter schafft, schafft er nicht zu seinem Lebensunterhalt oder Genuß,

8 Vgl. *Helmut Gollwitzer*, Die marxistische Religionskritik und der christliche Glaube (Siebenstern Taschenbuch 33), Hamburg 1971, etwa 90–99.

9 Frühe Schriften I (s. o. Anm. 3) 446–450, hier 447.

sondern für andere. Er verwirklicht nicht zugleich sich selbst, wenn er seine Arbeit in die Produktion eines Gegenstands investiert. Entfremdung hat deshalb hier die Gestalt der *»Entäußerung«* (ebd. 76). Der Arbeitende eignet sich durch sein Tun nichts an; sein »Verhältnis zur sinnlichen Außenwelt, zu den Naturgegenständen« ist das »einer fremden ihm feindlich gegenüberstehenden Welt« (ebd. 80).

Zweitens ist dadurch der Arbeiter auch seiner eigenen Tätigkeit, dem *Arbeitsvorgang*, entfremdet. Er »fühlt sich daher erst außer der Arbeit bei sich und in der Arbeit außer sich« (ebd. 79). Die Arbeit geht also nicht selbst aus einem Bedürfnis hervor, sondern ist nur das notgedrungene *»Mittel*, um die Bedürfnisse außer ihr zu befriedigen«; sie ist in diesem Sinne *»Zwangsarbeit«* (ebd.).

Drittens schließlich ist unter dem gegebenen Verhältnis der Mensch *dem Menschen* entfremdet. Unter den Bedingungen von Herrschaft, Ausbeutung und Konkurrenz geschieht nicht wirklich gemeinsame Produktion; jeder arbeitet nur für sich. Da es den Menschen dabei nicht gelingen kann, sich in geeintem Bemühen die Welt anzueignen, mißlingt ihnen demnach auch ihr *»Gattungsleben«*; denn sie verkehren es »zum Mittel des individuellen Lebens« (ebd. 81).

Wie eng für Marx diese Sicht der Entfremdung mit der Religionskritik verbunden ist, zeigt sich an seinen *Analogien zwischen den sozialen und den religiösen Beziehungen*: »Je mehr der Arbeiter sich ausarbeitet, um so mächtiger wird die fremde, gegenständliche Welt, die er sich gegenüber schafft, um so ärmer wird er selbst, seine innre Welt, um so weniger gehört ihm zu eigen. Es ist ebenso in der Religion. Je mehr der Mensch in Gott setzt, je weniger behält er in sich selbst.« (Ebd. 77) Diese Entsprechungen sind nicht zufällig, sondern wesentlich. In beiden Fällen entäußert sich der Mensch, gibt sich an anderes hin, weil er seines eigenen Lebens noch nicht mächtig ist. Er sucht seine bedrängte Existenz zu retten, indem er alle Zuversicht auf Selbstbehauptung fahren läßt und sich in völlige Abhängigkeit begibt.

Die Entfremdung der menschlichen Arbeit von ihren Produkten wird gegenständlich faßbar in der *Ware* und dem *Geld*. An die Stelle des eigenen, frei verfügbaren Werks tritt die unpersönliche, austauschbare und fremdgesetzliche Sache, unter den Gesichtspunkten des Markts von höchstem Wert und höchster Macht. Geld ist »die sichtbare Gottheit«, besitzt »*göttliche* Kraft«: »Was ich qua *Mensch* nicht vermag, was also alle meine individuellen Wesenskräfte nicht vermögen, das vermag ich durch das *Geld.*« (Ebd. 128) Diese Auslieferung des Menschen an abstrakte Größen, die doch eigentlich nur seine eigenen Produkte sind, sieht Marx auch noch im »Kapital« als die grundlegende Gemeinsamkeit der ökonomischen und der religiösen Situation: Das Christentum ist »die entsprechendste *Religionsform*« für eine »Gesellschaft von Warenproduzenten« (II 244). Die ökonomische Ware und der religiöse Himmel haben gleichermaßen »mystischen Charakter« (ebd. 241); man wird ihnen demnach auch gleichermaßen »ihren mystischen Nebelschleier« (ebd. 244) wegnehmen müssen.

In der entmystifizierten Welt werden alle Lebensprozesse »als Produkt frei vergesellschafteter Menschen unter deren bewußter planmäßiger Kontrolle« stehen (ebd. 244). In dieser Formulierung sind die zwei entscheidenden Momente zusammengefaßt: 1. die überlegene Stellung und uneingeschränkte Verfügung des schöpferischen Menschen über seine Verhältnisse und 2. der ungezwungene Zusammenschluß aller einzelnen in der ihnen entsprechenden Gemeinschaft.

Dieses Ziel ist von den Vorstellungen, die wir schnell mit dem Schlagwort *»Kollektivismus«* verbinden, weit entfernt. Darauf macht auch das »Manifest der kommunistischen Partei« aufmerksam, wenn es verheißt: »An die Stelle der alten bürgerlichen Gesellschaft mit ihren Klassen und Klassengegensätzen tritt eine Assoziation, worin die freie Entwicklung eines jeden die Bedingung für die freie Entwicklung aller ist.« (III 77)

Im Pathos der Zuversicht kann der »frühe« Marx ansagen: »Dieser Kommunismus ist als vollendeter Naturalismus = Humanismus, als vollendeter Humanismus = Naturalismus, er ist die *wahrhafte* Auflösung des Widerstreites zwischen dem Menschen mit der Natur und mit dem Menschen, die wahre Auflösung des Streits zwischen Existenz und Wesen, zwischen Vergegenständlichung und Selbstbestätigung, zwischen Freiheit und Notwendigkeit, zwischen Individuum und Gattung. Er ist das aufgelöste Rätsel der Geschichte und weiß sich als diese Lösung.« (Ökonomisch-philosophische Manuskripte, II 99) Auch wenn Marx später nicht mehr mit rhetorisch so gewaltiger Geste ausholt und die Versöhnung nicht mehr so umfassend formuliert, so ist doch immer noch die Zuversicht darauf gerichtet, daß »die Verhältnisse des praktischen Werkeltagslebens den Menschen tagtäglich durchsichtig vernünftige Beziehungen zu einander und zur Natur darstellen« (Das Kapital, II 244).

Das *Privateigentum* hat nach Marx »uns so dumm und einseitig gemacht, daß ein Gegenstand erst der *unsrige* ist, wenn wir ihn haben« (Ökonomisch-philosophische Manuskripte II 103); dementsprechend soll die Aufhebung des Privateigentums »die vollständige *Emanzipation* aller menschlichen Sinne und Eigenschaften« sein; »der Sinn des *Habens*« soll abgelöst werden durch den »innern Reichtum« (ebd.). In dieser Perspektive kann Marx sagen, daß sich letztlich »Spiritualismus und Materialismus« nicht als Gegensätze, sondern als Einheit herausstellen werden (ebd. 105). Die zukünftige Welt des zur Eigenständigkeit befreiten Menschen soll nicht weniger »Blumen« haben und »geistiges *Aroma*« als die Welt des religiösen Glaubens (vgl. Zur Kritik der Hegelschen Rechtsphilosophie, I 17f), sondern nur der trügerischen Illusion entkleidet werden.

3.6 Bedenken

Drei Gesichtspunkte seien hier vorweg genannt, denen im folgenden nicht ausführlich nachgegangen wird, die aber nicht völlig außer acht gelassen werden dürfen:

1. Es wird nicht erörtert, an welchen Stellen den ökonomischen Analysen und Prognosen von Marx geschichtliche, politische und wirtschaftliche Fehlannahmen nachgewiesen werden können. Dafür ist die Kompetenz der entsprechenden Wissenschaften erforderlich. Für die Religionskritik ist diese Frage freilich nicht völlig bedeutungslos, da Marx selbst beansprucht, das Geschick des geistigen Überbaus von den »naturwissenschaftlich treu zu konstatierenden Umwälzungen« der Basis her zu beurteilen.

2. Unentschieden bleibt, ob es im geschichtlichen Abstand vom 19. Jahrhundert nicht möglich sei, die Marxsche Religionskritik nur auf die *politische und soziale Funktion* der Religion, wie Marx sie unter den besonderen Bedingungen *seiner Zeit* in den Blick bekam, zu beschränken und davon eine *bessere Verwirklichung des christlichen Glaubens* abzuheben, die letztlich seinem *Wesen* eher entspricht, eine zukünftige Gestalt von Religion *ohne die Verzerrungen der Klassengesellschaft*. Für Marx wäre diese Unterscheidung von Wesen und Funktion ohnehin nicht durchführbar.

Freilich ist auch nicht auszuschließen, daß er die Existenz der Religion theoretisch anders aufgearbeitet hätte, *wenn* die Kirchen in den sozialen Umbrüchen der Neuzeit eine fundamental andere Rolle gespielt hätten. Aber daß sie es nicht taten, war für Marx eben symptomatisch. (Gewiß können an den Marxschen Äußerungen zum Erscheinungsbild von Religion und Kirche in seiner Zeit manche Korrekturen angebracht werden, doch würde damit der kritischen Feststellung unerfreulicher Verhältnisse noch nicht der Boden entzogen.)

3. Außer acht bleibt schließlich die Wirkungsgeschichte von Marx in der späteren marxistischen Religionskritik,[10], die sich teilweise aggressiver und weltanschaulich gröber äußert, teilweise aber auch differenzierter und gesprächsbereiter[11].

Stattdessen sollen im folgenden einige Fragen entfaltet werden, von denen her sich die Marxsche Religionskritik zwar nicht einfach widerlegen läßt, aber wenigstens angesichts der entgegenstehen-

10 Vgl. hierzu den Artikel »Religion«, in: Sowjetsystem und demokratische Gesellschaft, hrsg. von C. D. Kernig, Bd. 5, Freiburg/Basel/Wien 1972, 584–633, bes. 598–633 (*Iring Fetscher, Vittorio Maconi, Stefano Virgulin*).

11 Zur undogmatischen marxistischen Religionskritik unserer Zeit vgl. *Iring Fetscher/Milan Machovec* (Hrsg.), Marxisten und die Sache Jesu, München/Mainz 1974; *Roger Garaudy/Johann B. Metz/Karl Rahner*, Der Dialog oder Ändert sich das Verhältnis zwischen Katholizismus und Marxismus? (rororo 944), Hamburg 1966; *Erich Kellner* (Hrsg.), Christentum und Marxismus – heute. Gespräche der Paulus-Gesellschaft, Wien/Frankfurt a. M./Zürich 1966; *Milan Prucha*, Wandlungen im Charakter des marxistisch-christlichen Dialogs, in: Helmuth Rolfes (Hrsg.), Marxismus Christentum (Grünewald-Materialbücher 6), Mainz 1974, 262–275; *Herbert Vorgrimler*, Zur Geschichte und Problematik des Dialogs, ebd. 245–261.

den menschlichen Erfahrungen ihrerseits unzulänglich erscheinen kann.[12]

1. Die Frage nach der Bedeutung des einzelnen in der Geschichte und der Gesellschaft

Gewiß ist nach Marx die kommunistische Gesellschaft nicht derart ein kollektivistisches Gebilde, daß sie sich Selbstzweck ist und der einzelne nur ein austauschbares Funktionselement am Ganzen; vielmehr soll gerade das Individuum aus den Zwängen der bürgerlich-kapitalistischen Gesellschaft befreit werden. Dennoch ist der einzelne in seiner menschlichen Existenz ganz von der ökonomischen Situation abhängig gesehen. »Was die Individuen also sind, das hängt ab von den materiellen Bedingungen ihrer Produktion.« (Deutsche Ideologie, I 86) Es ist nicht möglich, ihnen ohne Bezug auf diese gesellschaftliche Grundlage menschliche Würde zuzusprechen. Es gibt außer ihr keine Wirklichkeit, von der her dem Menschen ein wertvolles Sein zukommen könnte. Deshalb kann man nach Marx in gewissem Sinne sagen, daß die Menschen die Macht haben, »sich selbst zu erzeugen«, wenn man darunter versteht, »daß die Individuen allerdings *einander* machen, physisch und geistig« (ebd. 101). Dem einzelnen, der unter der Entfremdung lebt, kann nur die verheißungsvolle Zukunft in Aussicht gestellt werden – auch ein Jenseits, wenn auch ein zeitliches. Er hat also eine Würde nur in Funktion auf die noch ausstehende Zeit hin; in dieser Funktion aber ist er ersetzbar.
Doch auch in der zukünftigen Vereinigung der freien Menschen ist der Anteil des einzelnen am gesellschaftlichen Glück begrenzt; es hat episodischen Charakter. Trotzdem soll allein von daher der zu-

12 Zur weiter reichenden Auseinandersetzung mit der Religionskritik von Marx vgl. *Walther Bienert*, Der überholte Marx. Seine Religionskritik und Weltanschauung kritisch untersucht, Stuttgart 1974 (trotz des Anspruchs einer vorurteilsfreien Methode eine Kritik aus deutlich protestantisch dogmatischer Position); *ders.*, Über Marx hinaus zu wahrem Menschsein. Eine kritische Analyse der Marxschen Anthropologie in ihrer Begegnung mit dem christlichen Menschenbild, Stuttgart/Frankfurt a. M. 1979; *Per Frostin*, Materialismus Ideologie Religion. Die materialistische Religionskritik bei Karl Marx, München 1978; *Helmut Gollwitzer* (s. o. Anm. 7); *Walter Kern*, Atheismus – Marxismus – Christentum. Beiträge zur Diskussion, Innsbruck 1976; *Werner Post*, Kritik der Religion bei Karl Marx, München 1969.

friedenstellende Sinn menschlichen Lebens gewährt sein. Deshalb ist es auch letztlich gerechtfertigt zu sagen: »Die humane Gesellschaft sozialer Menschen ist an die Stelle Gottes und göttlicher Vollkommenheit getreten«.[13] Aber es ist nicht einsehbar, wie von der allein ökonomisch vermittelten Freiheit auch noch dem funktional bedeutungslosen Menschen, dem geschundenen und schließlich zerbrochenen Leben ein ihm hinreichender Sinn zukommen soll.

Schließlich läßt die Erfahrungsgeschichte der Menschheit keine Versöhnung mit dem unausweichlichen Ende jedes individuellen Lebens erwarten. Dies betont gerade auch der Marxist Ernst Bloch, wenn er zwar erwartet, daß die künftigen Menschen »viel einfacher zu sterben haben« werden: »Jedoch wie immer auch hinausgeschoben, es bleibt der naturhafte Tod, als der durch keine gesellschaftliche Befreiung berührbare.«[14] Und gerade im Blick auf die streitbare Vergangenheit wird man feststellen müssen: »Daß der Name des Märtyrers im Herzen der Arbeiterklasse eingeschreint ist, gibt diesem Namen keine Augen, kein leibhaftig anwesendes Dasein zurück, auch er liegt als Leiche weitab vom intendierten Ziel. Wie weit auch ist das erlittene Märtyrertum außerhalb der späteren Gerechtigkeit, die – falls sie eintritt – von durchaus anderen erfahren wird.«[15]

Kann man davon absehen, daß an dieser unausweichlichen Stelle menschlichen Lebens jedes Programm der Emanzipation endgültig seine Schranken findet? Diese Frage braucht nicht Anlaß einer leichtfertig frommen Antwort, gar in religiöser Selbstgefälligkeit, zu sein, aber sie sollte wenigstens wahrnehmen lassen, wie jede Interpretation der Welt, die sich der Transzendenz verweigert, an dieser Stelle unausweichlich in Verlegenheit gerät. Mag man das religiöse Vertrauen auf die liebende und rettende Zuwendung Gottes zu denjenigen, die verlassen, ohnmächtig und trostlos sind, als unbegründet und illusionär abtun, so muß es dennoch immer die

13 *Fetscher*, Wandlungen der marxistischen Religionskritik (s. o. Anm. 2) 212.

14 *Ernst Bloch*, Das Prinzip Hoffnung, Frankfurt a. M. 1959, 1381. Vgl. zu dieser Thematik insgesamt *Ferdinand Reisinger*, Der Tod im marxistischen Denken heute. Schaff – Kolakowski – Machovec – Prucha, München/Mainz 1977.

15 *Bloch* (s. o. Anm. 14) 1300.

voreilige Zufriedenheit mit einer bloß innergesellschaftlichen Versöhnung stören.

2. *Die Frage nach dem Wesen und der Überwindung von Schuld*

Wenn die Menschen ihre Wirklichkeit schlechthin als ihr eigenes Produkt ansehen wollen, das ihnen voll verfügbar ist, müssen sie auch annehmen, daß grundsätzlich alle Störungen von ihnen selbst behoben werden können. Schuld kann dann nur erfahren werden als ein Versagen, das wiedergutgemacht wird und damit aus der Welt ist. Die schmerzlichen Erfahrungen, daß es auch Versäumtes gibt, das nicht mehr nachzuholen ist, müssen so verdrängt werden: etwa das Leiden dessen, der sich nach dem Tod des geliebten Mitmenschen bewußt wird, daß er ihm in Selbstsucht nicht gerecht geworden ist; die Betroffenheit vom schuldhaften Zerbrechen einer Freundschaft, einer Ehe, zu deren Versöhnung es auch nicht mehr den Ansatz einer Verständigung gibt. Erst recht ist für die Erfahrungen von Verantwortung und Ausweglosigkeit, die mit dem Begriff »Tragik« angesprochen werden, in der Vorstellung einer schlechthin verfügbaren Welt kein Platz.
Gewiß muß man sehen, daß auch religiöse Antworten hier leicht oberflächlich, banal und unernst ausfallen können. Aber sie halten grundsätzlich das Gespür dafür wach, daß wir unsere eigenen Erfahrungen gegen uns haben, wenn wir annehmen, wir könnten all unser Versagen auch aus uns selbst – und sei es in gemeinsamem Bemühen – »bewältigen«.

3. *Die Frage nach dem Verhältnis von Menschheit und Kosmos*

Wer die Sinnfrage konsequent stellt, kann das Verhältnis des Menschen zu der ihn umgreifenden kosmischen Welt, in deren Dimensionen er ein verlorenes Partikel darstellt, nicht außer acht lassen. Humanität ereignet sich, wo sie gelingt, immer in den Grenzen, die ihr durch die Welt gesetzt sind; die Vergänglichkeit der kosmischen Elemente – etwa des Sonnensystems – ist Vergänglichkeit von Humanität; hier gerät jedes »Prinzip Hoffnung« an sein Ende, auch wenn uns dies bei unseren zeitlichen Lebenserwartungen wenig kümmern mag. Die fraglose Beschränkung unseres Blicks auf unsere eigene Geschichte ist gar zu selektiv, denn unsere Geschichte ist letztlich in das Gesamtgeschick des Kosmos hineingebunden. Es ist nicht Freude an der Spekulation, wenn die Bibel die Verkündigung des menschlichen Heils mit der Rede von Schöpfung, alter und neuer Welt verbindet. Diese – wie auch immer mythologisch formulierten – Aussagen sind jedenfalls in ihrer raum-zeitlichen Situierung der menschlichen Geschichte und Wünsche realistisch.

4. Die Frage nach dem möglichen Zusammenhang der Annahme einer total machbaren Geschichte einerseits mit intoleranter Ungeduld und totalitärer Politik andererseits

Sicher ist es nicht möglich, alle politischen Inhumanitäten der Regimes, die sich unter anderem auf Marx berufen, auch Marx anzulasten. Dennoch bleibt die Frage berechtigt, ob nicht die Annahmen, daß ein allseits zufriedenstellender Gesellschaftszustand erreicht werden kann und daß dieser nur noch durch überholte ökonomische Verhältnisse verhindert wird, zu einer gewaltsamen Ungeduld verführen, wenn die Geschichte faktisch nicht so verläuft, wie sie nach den gegebenen Erwartungen eigentlich verlaufen sollte. Die Gelassenheit, mit der religiöse Hoffnungen menschliche Unzulänglichkeiten aushalten können, ist dort nicht gleichermaßen möglich, wo die Zukunft allein vom Kampf der innerweltlichen Mächte abhängig gesehen wird. Wie sollen aber die Widerstände überwunden werden, wenn sich die Überzeugungsprozesse schließlich doch nicht nach Wunsch und Berechnung einstellen? Liegt dann nicht vielleicht doch als Notmaßnahme eine gewaltsame Unterdrückung des widerspenstigen Denkens nahe, wie sie ursprünglich nicht erforderlich zu sein schien? Jedenfalls konnte sich Marx nicht der Ansicht Feuerbachs anschließen, daß der Erfolg der politischen Tätigkeit grundlegend und unabdingbar von einer vorgängigen Bewußtseinsbildung abhängig sei. Die Propagierung des »Kampfs« als des entscheidenden Weges zum Fortschritt läßt – auch wenn dabei nicht immer an eine Auseinandersetzung mit physischer Gewalt gedacht werden muß – wenig Raum für eine Verständigung, die das Freund-Feind-Schema überwindet, die Argumentationsfähigkeit fördert und die Bereitschaft zur Selbstkorrektur erkennen läßt.

5. *Die Frage nach dem Verhältnis von wissenschaftlichem und technischem Denken einerseits zu gläubiger Interpretation von Welt und Geschichte andererseits*

Das Ideal einer in Praxis und Theorie begriffenen Welt verlangt nach Marx gleichermaßen die Hochschätzung der wissenschaftlichen Analyse und die Ausmerzung des religiösen Glaubens. Sinnfragen und -antworten, die sich der Kontrolle wissenschaftlicher Methoden entziehen, verdienen keinerlei Aufmerksamkeit. Jede Sehnsucht, ein Dunkel aufzuhellen, das nicht den exakten Instrumentarien der Wissenschaft zugänglich ist, erübrigt sich.

Demgegenüber aber ist zu fragen, ob wir, wenn wir Humanität retten, aufbauen, ja überhaupt erst definieren wollen, auf Annahmen verzichten können, die sich auf den Gesamtsinn von Welt, Geschichte und individuellem Leben beziehen, damit im weitesten Sinne religiös sind, sich jedenfalls nicht aus wissenschaftlicher Analyse ergeben. Glauben hat entscheidend damit zu tun, daß wir einen Orientierungshorizont für unser Handeln, Hoffnung für das gemeinschaftliche Leben, eine rettende Einheit für die fragmentarischen Erfahrungen gewinnen.

Freilich beansprucht auch der Marxismus-Leninismus auf der Grundlage wissenschaftlicher Erkenntnis ein Weltbild zu erstellen, das alle Erfahrungen integrieren und alles Handeln leiten kann; doch ist diese Behauptung ein Stück politischer Propaganda ohne wissenschaftstheoretischen Wert. Daran gemessen ist die Selbstbeschränkung auf ökonomische Analysen und überschaubare politische Praxis solider; aber dann bleibt eben die Frage nach dem umgreifenden Weltverständnis noch offen.

Wir können nicht ausschließen, daß wir zum rechten Verständnis unserer selbst und unserer Welt auch auf die Wahrnehmung dessen angewiesen sind, was nicht unserer eigenen Praxis zur Verfügung steht oder gar aus ihr hervorgeht, sondern gegenüber dem wir uns – hörend und betrachtend – als Vernehmende erfahren. Jedenfalls kann nicht unterstellt werden, daß jegliche Überzeugung, die so vertrauensvoll gewonnen wird, von vornherein Opium ist, das die menschliche Verantwortung und Aktivität lähmt.

4 *Die Verkündigung des Todes Gottes als Verkündigung der Freiheit und der neuen Moralität – Friedrich Nietzsche (1844–1900)*

Wichtigste Schriften:

Morgenröte, Chemnitz 1881
Die fröhliche Wissenschaft, Chemnitz 1882
Also sprach Zarathustra, Chemnitz/Leipzig 1883–1885
Jenseits von Gut und Böse, Leipzig 1886
Zur Genealogie der Moral, Leipzig 1887
Ecce Homo (1888)
Götzen-Dämmerung, Leipzig 1889
Der Antichrist (1888), Leipzig 1895
Darüber hinaus ist außerdem der umfangreiche fragmentarische *Nachlaß der achtziger Jahre* hervorzuheben; doch haben sich spätere Versuche, daraus ein systematisches Werk, gar das Hauptwerk Nietzsches zu konstruieren, als unzulässig herausgestellt.
Im folgenden wird (in römischen und arabischen Ziffern für Bände und Seiten) nach der von Karl Schlechta herausgegebenen Ausgabe zitiert: Friedrich Nietzsche, Werke in drei Bänden, München ^{2}1960 (seitengleich auch in sechs Bänden, München 1980).

Obwohl Nietzsche in vielen Hinsichten dem Selbstverständnis der Moderne sprachgewaltig und faszinierend die Bahn gebrochen hat, kann er doch andererseits dem heutigen Leser auch fremd und irritierend, ja ärgerlich und erschreckend erscheinen. Bei dieser polarisierenden Wirkung liegen Bewunderung wie Ablehnung gleichermaßen nahe; aber beide blockieren leicht die nüchterne Wahrnehmung.
Einmal läßt schon die von Nietzsche gewählte *Sprache* die gewohnten Formen philosophischer Reflexionen, wissenschaftlicher Untersuchungen oder argumentativer Dispute hinter sich. Auf weite Strecken dominieren rhetorische Gesten der Verkündigung, Aggressivitäten gereizter Selbstbehauptung, Fiktionen poetischer Gestaltungskraft, vor allem aber aphoristische Skizzen eines Denkens, das sich ausdrücklich der Ausarbeitung eines geschlossenen

Theoriegebäudes entzieht. Das rechte Wort erweist sich nach Nietzsche gerade darin, daß es in der Kürze trifft und nicht der umfangreichen Erläuterung und Beweisführung bedarf: »mein Ehrgeiz ist, in zehn Sätzen zu sagen, was jeder andre in einem Buche sagt – was jeder andre in einem Buche *nicht* sagt ...« (Götzen-Dämmerung, II 1026). Wer dagegen meint, daß er sich nur in ausführlichen wissenschaftlichen Absicherungen behaupten könnte, gerät damit erst recht in die Gefahr, der Macht seiner eigenen Gedankengebilde zu verfallen und seine Selbsttäuschung nicht zu durchschauen. »Ich mißtraue allen Systematikern und gehe ihnen aus dem Weg. Der Wille zum System ist ein Mangel an Rechtschaffenheit.« (Ebd. 946) Aphoristische Äußerungen aber legen nur unvollständig ihre eigene Begründung dar, lassen den Leser mit der Behauptung allein, lasten ihm die Prüfung auf. Es liegt nahe, daß er sich wehrt und gegenüber dem, was ihm so kurz und bündig, oft gar widersprüchlich gesagt wird, den Vorwurf der leichtfertigen Rede erhebt (vor allem dann, wenn diese von grob pauschalen Feststellungen und Wertungen durchzogen ist).

Hinzu kommt, daß Nietzsche seine eigene Rolle und seine eigenen Leistungen oft mit einem *Anspruch* vorstellt, der alle Ansätze einer Selbstbescheidung vermissen läßt: Er sieht sich als einen Psychologen, »der nicht seinesgleichen hat«; als einen Poeten, der »tausend Meilen über das hinaus« flog, »was bisher Poesie hieß« (Ecce Homo, II 1104), mit dem sich Goethe und Dante nicht messen können (ebd. 1134); er ist im eigenen Urteil »ein *froher Botschafter*, wie es keinen gab« (ebd. 1152); »er bricht die Geschichte der Menschheit in zwei Stücke. Man lebt *vor* ihm, man lebt *nach* ihm ...« (ebd. 1158). Solche pathetischen Selbsteinschätzungen können leicht dazu führen, daß das gesamte Denken Nietzsches in den Verdacht krankhafter Überheblichkeit gerät.[1]

Darüber hinaus finden wir in der Folge dieses Anspruchs (vor allem in den Spätschriften) die Propagierung eines *Elitebewußtseins*, in dem Nietzsche eine abgrundtiefe Kluft setzt zwischen denen, die

1 Zum Zusammenhang von Nietzsches Werk und Leben vgl. *Ivo Frenzel*, Friedrich Nietzsche in Selbstzeugnissen und Bilddokumenten (rowohlts monographien 115), Reinbek 1966. In Taschenbuchausgabe liegt auch die ausführlichste Biographie vor: *Curt Paul Janz*, Friedrich Nietzsche (dtv 4383), München 1981.

ihm zuzustimmen vermögen, und allen übrigen: »was liegt am *Rest*? – Der Rest ist bloß die Menschheit. – Man muß der Menschheit überlegen sein durch Kraft, durch *Höhe* der Seele – durch Verachtung ...« (Antichrist, II 1163).

Unter solchen Wertungen kommen schließlich *verhängnisvolle geschichtliche und politische Perspektiven* auf:

etwa in der Frage, »welchen Typus Mensch man *züchten* soll, *wollen* soll, als den höherwertigen, lebenswürdigeren, zukunftsgewisseren« (ebd. 1166);

bei der Forderung eines Zieles, »um dessentwillen man nicht zögert, *Menschenopfer* zu bringen, jede Gefahr zu laufen, jedes Schlimme und Schlimmste auf sich zu nehmen« (Nachlaß, III 533);

oder bei der Verwerfung der Demokratie als *»Verfallsform des Staats«* (Götzen-Dämmerung, II 1016). Der ideologische Rückgriff der nationalsozialistischen Politik auf Nietzsche darf zwar nicht unvermittelt ihm selbst angelastet werden; dennoch liegt auch hier ein Stück seiner Wirkungsgeschichte.

All dies zusammengenommen, entsteht die Gefahr, daß man Nietzsches Denken nicht mehr als ernsthafte Herausforderung und Beunruhigung begreift. Im folgenden soll es jedoch gerade darum gehen, diejenigen Aspekte hervorzuheben, unter denen Nietzsche nicht nur für einen geistesgeschichtlichen Rückblick bedeutsam bleibt, sondern auch nach wie vor an unser Welt- und Selbstverständnis unumgängliche Fragen richtet.

4.1 Die Geschichte als Experiment und Prüfung von Hypothesen

Nietzsches Interesse ist nicht primär darauf gerichtet, *festzustellen*, was uns als *Wirklichkeit* gegeben ist, auch nicht darauf, zu ermitteln, was zukünftig gegeben sein wird. Ihm geht es vielmehr vor allem darum, zu *prüfen*, welche *Möglichkeiten* wir haben, unsere Welt *anders zu begreifen*, unser Leben *anders zu leben*, unsere Zukunft *anders zu entwerfen*, als wir es bis jetzt gewohnt waren. Am Anfang seiner Methode steht der Gedanke, das bisher Geltende, auch das als selbstverständlich und einleuchtend Genommene, das angeblich ein Vernünftiger nicht in Zweifel ziehen kann, dennoch »versuchsweise einmal *in Frage zu stellen*« (Genealogie der Moral, II 891).

Dies erscheint zunächst harmlos und müßte es auch bleiben, wenn es sich auf ein bloßes Gedankenspiel beschränkte, das nie gegen die Macht der gewohnten Einstellungen und Überzeugungen ankäme. Deshalb hilft hier nur eines: Die versuchsweise Frage »Was wäre, wenn ...?« muß als Ernstfall durchgespielt werden. Bisher Gewisses wird dann bestritten, Verworfenes behauptet, Geschätztes verneint, Verruchtes gewählt. Man wird erfahren, was dies bewirkt – bei denen, die es ausprobieren, und bei den übrigen, die es wahrnehmen. Diese Erkundung geht über alles hinaus, was bisher die Wissenschaft zu erforschen wagte: »Wir selber wollen unsre Experimente und Versuchs-Tiere sein!« (Fröhliche Wissenschaft, II 186) Aber auch derjenige, der von sich aus nicht mitzumachen gedenkt, wird von Nietzsche in das Prüfungsverfahren hineingezogen: »Ich habe an meinen Bekannten mehrere Versuchstiere, an denen ich mir die verschiedene, sehr lehrreich verschiedene Reaktion auf meine Schriften zu Gemüte führe.« (Ecce Homo, II 1103) In diesem Sinn werden nach Nietzsche die »Philosophen der Zukunft« mehr als nur kritische Denker sein, nämlich »Menschen der Experimente«, die von der »Lust am Versuchen« umgetrieben sind (Jenseits von Gut und Böse, II 674).

Freilich ist dies Unternehmen auch für Nietzsche ein gewaltiges Wagnis: Wer solchen »Proben nicht aus dem Wege gehn« will, muß damit rechnen, daß »sie vielleicht das gefährlichste Spiel sind, das man spielen kann« (ebd. 604). Hier geht es nicht nur um einen begrenzten Versuch, der sich jederzeit wieder abbrechen oder gar rückgängig machen läßt, sondern um den weiteren Verlauf der individuellen Lebensgeschichte und der menschlichen Kultur insgesamt. Dementsprechend wählt Nietzsche auch die Metaphern, mit denen er seine Forderung *»gefährlich leben!«* verkündet: »Baut eure Städte an den Vesuv! Schickt eure Schiffe in unerforschte Meere! Lebt im Kriege mit euresgleichen und mit euch selber! Seid Räuber und Eroberer, solange ihr nicht Herrscher und Besitzer sein könnt, ihr Erkennenden!« (Fröhliche Wissenschaft, II 166) Man muß schon gewaltige Gewinne erwarten, wenn man ein derartig risikoreiches Leben auf sich nimmt. Noch nie ist nach Nietzsche jemand so verwegen aufgebrochen, wie er es selbst von sich und allen, die sich auf seine Botschaft einlassen, rühmt: »Wir haben die Brücke hinter uns – mehr noch, wir haben das Land hinter uns abgebrochen!« (Ebd. 126) Demjenigen, der sich auf diese Fahrt begeben hat, hält er drohend entgegen: »Wehe, wenn das Land-Heimweh Dich befällt, ... es gibt kein ›Land‹ mehr!« (Ebd.) Aber was treibt zum Aufbruch, wenn die Zukunft zugleich in derart unheimlicher Atmosphäre vor Augen steht?

Nietzsche sieht sich gleichermaßen beunruhigt von *Verdacht und Mißtrauen* einerseits wie von *zuversichtlicher Ahnung* andererseits: Was die Menschen bisher überzeugte und verpflichtete, könnte das Ergebnis einer gewaltigen Selbsttäuschung sein; es könnte für sie reichere und freiere Selbstverwirklichung geben, wenn sie nur den Mut aufbrächten, *»Perspektiven umzustellen«* (Ecce homo, II 1071), zu begreifen, »daß der Mensch das *noch nicht festgestellte Tier* ist« (Jenseits von Gut und Böse, II 623).

Eine dazu notwendige Grundtugend ist für Nietzsche die *Skepsis*, freilich nicht nach der Art der Ängstlichen und Willensschwachen, die sich zu keiner Entscheidung durchringen können und mit dem intellektuellen Zweifel nur ihre Resignation verdecken; Nietzsches Einstellung ist dem ganz entgegengesetzt: »Ich lobe mir eine jede Skepsis, auf welche mir erlaubt ist zu antworten: ›Versuchen wir's!‹ Aber ich mag von allen Dingen und allen Fragen, welche das Experiment nicht zulassen, nichts mehr hören. Dies ist die Grenze meines ›Wahrheitssinnes‹: denn dort hat die Tapferkeit ihr Recht verloren.« (Fröhliche Wissenschaft, II 72) Der Unterschied zwischen der willensstarken und der willensschwachen Skepsis zeigt sich für Nietzsche letztlich darin, daß die erste statisch ist, ereignislos bleiben muß, keinen Weg zu ihrer eigenen Bestätigung oder Widerlegung einschlägt; die zweite dagegen drängt darauf, nachzuprüfen, was sich hält und was zu schwach ist, um sich zu behaupten.

Freilich übersteigen die zeitlichen Dimensionen dieser Versuche alle Ausmaße der wissenschaftlichen Forschungen, die sich nur auf sehr begrenzte Fragestellungen beziehen. Für Nietzsches »Experimental-Widerlegung« der bisherigen Geltungen muß schon »die ganze Geschichte« herangezogen werden (Ecce homo, II 1153).

»Tausend Pfade gibt es, die noch nie gegangen sind, tausend Gesundheiten und verborgene Eilande des Lebens. Unerschöpft und unentdeckt ist immer noch Mensch und Menschen-Erde« (Zarathustra, II 339). Bei einem solchen Unternehmen ist für denjenigen, der bald wieder ein festes Haus und eine traute Heimat haben will, kein Platz.

Wenn aber die Perspektive des Experiments so weit reicht, bleibt auch für Nietzsche die Frage, was *jetzt* – vor aller Bewährung oder Widerlegung – das Handeln leiten soll, nach welchen Maßstäben jetzt schon die bloße Beliebigkeit der Wahl vermieden werden kann. Eine Antwort, die für Nietzsches radikalen Ansatz beim streitbaren Verdacht bezeichnend ist, heißt: »Ich habe nie einen Schritt öffentlich getan, der nicht compromittierte: das ist *mein* Kriterium des rechten Handelns.« (Ecce homo, II 1079) Erst wenn man durch die Aggressivität der anderen zu spüren bekommt, daß man sie im Nerv ihres gewohnten, selbstsicheren Verhaltens getroffen hat, kann man nach Nietzsche gewiß sein, daß die Probe gründlich genug angelegt ist.

Den größten Widerpart dieser geistigen Grundhaltung sieht Nietzsche im religiösen Glauben an *Offenbarung*, denn: »man *bekräftigt* eine Meinung vor sich dadurch, daß man sie als Offenbarung empfindet, man streicht damit das Hypothetische weg, man entzieht sie der Kritik, ja dem Zweifel, man macht sie heilig.« (Morgenröte, I 1053) Dementsprechend will Nietzsche vor allem den scheinbar eindeutigen und stabilen Interpretationen der Welt und des Lebens, wie sie die Religionen mit ihren Gewißheitsansprüchen verkünden, ihre Fragwürdigkeit vorhalten. Wenn es im religiösen Glauben nur darum ginge, Ahnungen und Sehnsüchte, Möglichkeiten und Wunschvorstellungen im Bewußtsein gegenwärtigzuhalten, dann könnte man dies noch hinnehmen; aber wo *ausschließliche Geltung* behauptet wird, dort ist entschiedener Widerspruch angebracht: »Wir sind vorsichtig, wir modernen Menschen, gegen letzte Überzeugungen; unser Mißtrauen liegt auf der Lauer gegen die Bezauberungen und Gewissens-Überlistungen, welche in jedem starken Glauben, jedem unbedingten Ja und Nein liegen« (Fröhliche Wissenschaft, II 250); denn: »Das Bedürfnis nach Glauben, nach irgend etwas Unbedingtem in Ja und Nein ist ein Beweis

der Schwäche; alle Schwäche ist Willensschwäche. Der Mensch des Glaubens, der Gläubige ist notwendig eine kleine Art Mensch.« (Nachlaß, III 536) Die Religion stiftet damit für Nietzsche nicht erst aufgrund ihres Gottesglaubens ein dem Menschen schädliches Bewußtsein, sondern schon deshalb, weil sie »fordert, daß keine *andre* Art Optik mehr Wert haben dürfe« (Der Antichrist, II 1170). Die Theologie steht damit von vornherein mit allem, was sie unter solchen Voraussetzungen formuliert, notwendigerweise im Irrtum: »Was ein Theologe als wahr empfindet, das *muß* falsch sein: man hat daran beinahe ein Kriterium der Wahrheit.« (Ebd.)
Bei allem, was Nietzsche selbst uns in der Sprache der Gewißheit vorträgt, haben wir demnach zu sehen, daß es ihm letztlich doch nur um »gefährliche Vielleichts« geht (Jenseits von Gut und Böse, II 568) – dies freilich mit radikalem Ernst.

4.2 Die Erschütterungen der alten Ordnung

Auch wenn Nietzsche seinen Ausgang bei Mißtrauen und Verdacht, Hypothese und Experiment nimmt, sieht er doch in der Situation seiner Zeit schon hinreichend Grund, sich bestätigt zu fühlen. Man kann die »Zeichen von Aufgang und Niedergang« bereits wittern (Ecce homo, II 1070). Bisherige Bindungen zeigen sich schon brüchig, Gemeinschaften verlieren an Zusammenhalt, gesetzte Ziele werden undeutlich, gewohnte Argumente verlieren ihre Überzeugungskraft, Erfahrungen werden undeutlich. Im einzelnen prangert Nietzsche vor allem folgende Erscheinungen an:
1. Je besser man andere Kulturen kennenlernt, Kulturen ferner Zeiten oder entlegener Regionen der Erde, desto mehr drängt sich die Einsicht auf, daß wir nicht nach einem für alle gleichermaßen gültigen Verständnis der Welt Ausschau halten können. Unausweichlich greift letzten Endes die Suche nach »*der* Wahrheit« ins Leere. Wer »ein Gleichbleibendes in allem Strudel« finden will, muß lernen, »daß der Mensch geworden ist«: »es gibt *keine ewigen Tatsachen*: so wie es keine absoluten Wahrheiten gibt.« (Menschliches, Allzumenschliches, I 448) Das geistige Gebäude, das der »Hammerschlag der historischen Erkenntnis« zerschlagen hat

(ebd. 478), ist nicht mehr zu erneuern. Um uns her finden wir nur noch die Trümmer der »Wahrheit«: Meinungen, Auffassungen, Überzeugungen, Ansprüche in vielfachem Widerstreit. Jeder preist an, wovon er sich Vorteil verspricht und womit er bei den anderen anzukommen hofft: »Wo die Einsamkeit aufhört, da beginnt der Markt; und wo der Markt beginnt, da beginnt auch der Lärm der großen Schauspieler und das Geschwirr der giftigen Fliegen.« (Zarathustra, II 316)

2. An die Stelle von Tugenden, die das Leben bereichern und Gemeinschaft aufbauen können, sind nach Nietzsche »Prunkworte« getreten, die die »*Zuchtlosigkeit des modernen Geistes* unter allerhand moralischem Aufputz« zur Schau stellen. Man spricht etwa von »Toleranz« und meint die Unfähigkeit, bei der Vielzahl und Widersprüchlichkeit der angebotenen Werte noch ja und nein zu sagen; man sagt »Objektivität«, wo Mangel an personalem Einsatz, »Unfähigkeit zur ›Liebe‹« vorliegt; man beruft sich auf »Wissenschaftlichkeit«, wo man Banales sammelt, registriert und addiert, statt ein geistiges Gebäude zu errichten; »Tiefe« sagt man, wo man »Verworrenheit« und »Symbolen-Wirrwarr« sagen müßte (Nachlaß, III 516f). Wörter dieser Art dienen zwar noch der pathetischen Rede, aber nicht mehr der notwendigen Orientierung.

3. Unter solchen Bedingungen gerät für Nietzsche selbst die Verabschiedung der Religion nicht zum Guten, denn an ihre Stelle ist nur »die moderne, lärmende, Zeit-auskaufende, auf sich stolze, dumm-stolze Arbeitsamkeit« gefolgt (Jenseits von Gut und Böse, II 618). Die Menschen lassen sich ganz von ihren Geschäften einnehmen, ihr Gespür für Muße stumpft ab, für die Besinnung auf sich selbst bleibt ihnen kein Raum.

4. Die Folge ist, daß die Menschen einem Fortschrittsglauben verfallen, in dem sie »mit Hilfe der Maschinen und der so unbedenklichen Techniker- und Ingenieur-Erfindsamkeit« eine rücksichtslose »Natur-Vergewaltigung« betreiben (Genealogie der Moral, II 854). Nichts hindert mehr, sich nach dem eigenen kurzfristigen Vorteil zu richten.

5. Der Zerfall der gesellschaftlichen Ordnungen zeigt sich nach Nietzsche vor allem in dem Vordringen »der sogenannten ›Zivilisation‹«, in der *»die Mittelmäßigsten»* triumphieren, »das Gewimmel

beständig zunimmt« (Nachlaß, III 518). Für Vornehmheit und Überlegenheit ist bei der um sich greifenden Egalisierung kein Platz.

6. Schließlich stellt Nietzsche fest, daß bei diesem umfassenden Abbruch der Traditionen alle ratlos und verlegen werden, wenn sie für ihr Tun Ziel und Sinn angeben sollen; »daß niemand *ein Wozu*? mehr beantworten kann« (ebd.).

Früher verwiesen die Menschen auf Gott als letzten Richtpunkt ihres Lebens; aber diese Auskunft ist verbraucht. Der *Atheismus* ist zu deutlich ein Element der Modernität. Es müßten nur noch alle, die nicht mehr an Gott glauben, »einander *ein Zeichen geben*«, dann würde der Atheismus auch zur gesellschaftlichen Macht (Morgenröte, I 1074).

Was aber jetzt die Gesellschaft kennzeichnet, ist für Nietzsche »der *müde* Nihilismus« (Nachlaß, III 558), dem wohl aufgegangen ist, daß die bisherigen Werte und Ziele ihre Anziehungskraft verloren haben, dem es aber nicht gelingt, anderes an deren Stelle zu setzen.

Wohl gibt es selbstverständlich auch noch viele Menschen, die sich zum *Christentum* bekennen, aber sie gestalten nicht die geschichtliche Situation. Sie haben vielmehr »die Resignation und Bescheidenheit zur Gottheit erhoben« und vertreten nur noch ein »*vereinfachtes* Christentum« (Morgenröte, I 1072).

Die verkündigungshafte Sprache und die zukunftsgerichtete Perspektive Nietzsches dürfen also nicht darüber hinwegtäuschen, daß er ein scharfer Analytiker der gesellschaftlichen Lage ist. In diesem Sinne gibt er sich zu Recht immer wieder als *»Psychologen«* aus, freilich als einen, der nicht nur der geistigen und seelischen Verfassung einzelner oder sozialer Gruppen, sondern der gesamten abendländischen Kultur nachspürt.

4.3 Die Welt als Konstrukt des Menschen

Die entscheidende Erschütterung der Neuzeit besteht für Nietzsche in der Einsicht, daß das, was wir *»Wirklichkeit«* nennen, uns *nicht vorgegeben* ist, sondern *durch uns erst zustande kommt*. Wir haben nichts in Händen, das nicht schon durch uns geformt ist; wir bekommen nichts zu Gesicht, das nicht schon unser Blick ausgefiltert hat; wir begreifen nichts, das wir nicht schon für unser Verständnis zubereitet hätten. »Wir sehen alle Dinge durch den Menschenkopf an und können diesen Kopf nicht abschneiden; während doch die Frage übrigbleibt, was von der Welt noch da wäre, wenn man ihn doch abgeschnitten hätte.« (Menschliches, allzu Menschliches, I 452) Aber diese Frage ist für Nietzsche schlechterdings unbeantwortbar; denn wir können keine Welt hinter der Welt ausmachen, die wir selbst aufgebaut haben. Während Kant hinter den Phänomenen, die wir uns mit Hilfe unserer Sinnesformen und Verstandeskategorien zubereiten, jeweils das »Ding an sich« wenigstens noch postulierte, gibt Nietzsche auch noch diese Forderung auf: »woher könnten wir wissen, *daß es Dinge gibt*? Die ›Dingheit‹ ist erst von uns geschaffen.« (Nachlaß, III 534)

Gewiß können wir nach Nietzsche als wache, nüchterne Menschen nicht so beliebig schalten und walten wie als Träumende oder phantasievoll Dichtende; dennoch steckt in jeder Erfahrung und in jeder Feststellung eines Tatbestandes schon *unsere Interpretation*. Selbst dort, wo wir nach unseren Maßstäben mit der Objektivität der exakten Wissenschaften rechnen, geraten wir nicht an den harten Kern der Dinge, sondern nur an das, was *wir* unter den jeweiligen Interessen aufgreifen und unter unsere Ordnungsschemata bringen wollen. So steht für Nietzsche fest, »daß Physik auch nur eine Welt-Auslegung und -Zurechtlegung (nach uns! mit Verlaub gesagt) und *nicht* eine Welt-Erklärung ist« (Jenseits von Gut und Böse, II 578).

Ein besonders deutliches Beispiel dafür, daß wir uns die Welt nach unseren eigenen menschlichen Verhältnissen zubereiten, ist nach Nietzsche unsere Annahme von *Ursachen und Wirkungen*: daß eine Sache die andere hervorbringe. Wir übertragen dabei unsere eigenen Erfahrungen, nach denen wir dies und jenes herstellen, also Urheber sind, auf die außermenschliche Welt, obwohl wir dort doch nur ein unendliches Geflecht wechselseitiger Beziehungen wahrnehmen, in dem die Verteilung der Rollen von »Ursache« und »Wirkung« immer beliebig bleiben muß. Der Grund dafür, daß wir die Welt dennoch immer so nehmen, liegt nahe: Wir machen sic uns so handlicher und fügen sie in unsere Gewohnheiten ein. Nur in einer *anthropomorphen Welt* können wir heimisch werden, weil wir in ihr die Orientierungsmarken finden, die wir selbst gesetzt haben. Von solcher »Perspektiven-Optik des Lebens« können wir grundsätzlich nicht lassen (ebd. 576).

Wenn wir in einer bestimmten Weise unsere Welt begreifen, steckt also nach Nietzsche stets das *Interesse* dahinter, sie so begreifen zu *wollen*. Der uns insgeheim leitende Gesichtspunkt ist demnach der *Vorteil für unser Handeln*. Was wir für »Realität« halten, ist »immer nur eine *Simplifikation* zu praktischen Zwecken« (Nachlaß, III 547). Wir benötigen als grundlegende Lebensbedingungen Gewohnheiten und sind geneigt, sie für Gewißheit zu halten; denn wir kommen von dem Bedürfnis nach »festen Tatsachen« nur schwer los. Aber die kritische Beurteilung der menschlichen Fähigkeiten muß nach Nietzsche zu der Einsicht führen: »Es ist unwahrscheinlich, daß unser ›Erkennen‹ weiter reichen sollte, als es knapp zur Erhaltung des Lebens ausreicht.« (Ebd. 456)

»Erkennen« müßte demnach eigentlich immer – wie in dem letzten Zitat – in Anführungszeichen gesetzt werden, denn es ist ebensosehr ein *Erdichten*. »Aber gesetzt, daß jemand allen Ernstes sagte, die Dichter lügen zu viel: so hat er recht, – *wir* lügen zu viel. Wir wissen auch zu wenig und sind schlechte Lerner: so müssen wir schon lügen.« (Zarathustra, II 383) Aber diese Einsicht betrifft keinen moralischen, sondern einen erkenntnistheoretischen und lebenspraktischen Tatbestand; darauf verweist schon der Titel von Nietzsches kleiner Schrift »Über Wahrheit und Lüge im außermoralischen Sinn« (III 309–322).

Wenn wir gewohnt sind, *Kunst* und *Wissenschaft* als kreatives und forschendes Handeln voneinander zu trennen, dann reißen wir zwei Seiten unserer Kultur auseinander, die zunächst einmal in ihrer gemeinsamen Leistung zusammengesehen werden müßten.

Verhalten zur Wirklichkeit
scheinbar entgegengesetzt
in

schöpferischem Tun	Wahrnehmung, Beschreibung, Erklärung
Kunst	*Wissenschaft*

Einheit der Wirklichkeitskonstruktion

Freilich bilden wir die Maßstäbe für das, was wir »wirklich« und »wahr« nennen, nicht immer wieder neu aus; wir erfahren sie kulturell verfestigt und halten sie deshalb so leicht für unabänderlich. Aber gerade dort, wo wir meinen, daß man eine Sache so und nicht anders sehen müsse, hält uns Nietzsche vor: »man ist viel mehr Künstler, als man weiß.« (Jenseits von Gut und Böse, II 650).

In dieser Sicht verwischen sich für Nietzsche die Unterschiede zwischen *Illusion* und *zuverlässiger Erkenntnis, Schein* und *Wirklichkeit, wahr* und *falsch.* Der eindeutige Gegensatz jedenfalls ist getilgt, wenn wir mit Nietzsche fragen: »Warum dürfte die Welt, *die uns etwas angeht* – nicht eine Fiktion sein?« (Ebd. 600) Freilich gibt es dann immer noch Fiktionen, die aus dringlichen Lebensinteressen hervorgehen, und andere, die uns belangloser bleiben. Aber wenn wir so differenzieren, wird der Gegensatz von »wahr« und »falsch« abgelöst durch »Stufen der Scheinbarkeit« (ebd.)

Illusion ←——→	Erkenntnis
Schein	Wirklichkeit
falsch	wahr
trügerisch	zuverlässig

Fiktionen

←- -→

mehr oder minder belanglos	mehr oder minder vorteilhaft

Das wesentlichste Instrument bei unserem Aufbau der Wirklichkeit ist für Nietzsche die *Sprache*. In ihr prägen wir die *»Bilder«* und *»Wortspiele«*, nach denen wir das begreifen, was uns betrifft. Durch die Sprache geschieht die kulturelle Verfestigung unserer vielfältigen Erfahrungen zu dem, was wir »Wirklichkeit« nennen. Aber darin liegt für Nietzsche andererseits auch eine Gefahr: Die sprachlichen Muster und Modelle verselbständigen sich und verschleiern ihre Herkunft aus unseren Deutungen; sie vermitteln den Anschein von Objektivität, wo unsere Welt eigentlich *»unendliche Interpretationen in sich schließt«* (Fröhliche Wissenschaft, II 250). Deshalb warnt Nietzsche vor der »Verführung von seiten der Grammatik« und der »Verführung der Worte« (Jenseits von Gut und Böse, II 565, 579).

Daß wir unsere Welt immer und notwendigerweise selbst konstruieren, bleibt für Nietzsche von daher immer eine unumgänglich zwiespältige Angelegenheit. Einerseits eignen wir sie uns nur auf diese Art und Weise an, finden nur so uns mit ihr zurecht; andererseits schränken wir uns dadurch auch selbst in unserer Wahrnehmung und in unserem Handeln ein; wir bauen Ordnungen um uns her und verstärken damit die Begrenzungen, die uns schon durch unsere Sinne auferlegt sind. Wir leben damit in dieser Hinsicht immer in einem *»Gefängnis«*: »Wir sind in unserem Netze, wir Spinnen, und was wir auch darin fangen, wir können gar nichts fangen, als was sich eben in *unserem* Netze fangen läßt.« (Morgenröte, I 1092f)

Für diejenigen, die diese Irrealität dennoch überschreiten wollen, gibt es nur einen Ausweg: sich spekulativ oder fromm illusionär eine »wirkliche Welt« hinter der von ihnen erfahrenen aufzubauen. In diesem Unternehmen treffen sich nach Nietzsche die Anhänger platonischer Philosophie mit allen Gläubigen, die sich nach einem befreienden Jenseits ausrichten. Sie sind im Spott Zarathustras die *»Hinterweltler«* (II 297–301), die die Grenzen ihres diesseitigen Lebens nicht aushalten können und sich verzweifelt bemühen, »den Kopf in den Sand der himmlischen Dinge zu stekken« (ebd. 298). Wohl könnte man ihnen zugute halten, daß sie sich eben auch ihre Welt so zurecht machen, wie es ihren Lebensbedürfnissen entspricht; aber bei ihnen schlägt für Nietzsche die immer notwendige Zubereitung der eigenen Welt in die moralisch minderwertige *»Lüge«* um. Das Denken der »Hinterweltler« geht letztlich nur aus Schwäche und Unredlichkeit hervor; ihr Motiv ist: »das Nichtsehn-*Wollen* um jeden Preis, wie im Grunde die Realität beschaffen ist« (Ecce homo, II 1154). Deshalb werden auch ihre Interpretationen der Welt keinen Bestand haben können, wenn ihnen klarsichtigere und selbstbewußtere Deutungen entgegentreten. Nietzsche zieht daraus die Konsequenz: »Das Kriterium der Wahrheit liegt in der Steigerung des Machtgefühls.« (Nachlaß, III 919)

4.4 Aufhebung und Neusetzung der Werte

Ob wir wirklich in der Lage sind, unsere Welt als unser eigenes Werk zu verantworten, zeigt sich nach Nietzsche entscheidend am Beispiel der Moral. Hier sind wir der Forderung »Du sollst ...!« gegenübergestellt und sehen uns in grundlegenden Punkten des Lebens unausweichlich verpflichtet. Aber wer spricht so zu uns, oder was nimmt uns so in Anspruch? Darauf gab es bisher verschiedene Antworten: Gott; die unverbrüchliche Ordnung der Natur; das sittliche Gesetz, auf dem unser Leben aufruht; die allen Menschen eigene Vernunft usw. All dies kann es jedoch nach Nietzsche nur für den geben, der hinter der Welt, wie sie uns erscheint, noch eine andere Wirklichkeit annimmt, die unserem Zugriff entzogen ist und von der wir notwendigerweise abhängig sind. Wer sich dagegen von dieser Annahme freimacht, sieht auch in der Moral nur den Menschen am Werk. Dann aber verschwindet alle gewissenhafte Ehrfurcht vor den großen Verpflichtungen. Dies will Nietzsche allen vor Augen führen, wenn er sich zum Ziel setzt: *»Götzen* (mein Wort für ›Ideale‹) *umwerfen«* (Ecce homo, II 1065). Dementsprechend gibt er auch seiner Schrift »Götzen-Dämmerung« den Untertitel »Wie man mit dem Hammer philosophiert« (ebd. 939).

Wo sich die Menschen bisher bindenden Forderungen ausgesetzt sahen, sollen sie zukünftig ihre freien und machtbewußten Entschlüsse setzen. So können sie ihr Leben in einer zuvor nie geahnten Weise neu begründen.[2] Das Ziel ist die uneingeschränkte sittliche *Autonomie*. Mag dies angesicht der inneren und äußeren Widerstände zunächst noch als ein gewaltsames Unternehmen erscheinen – am Ende steht die einfache Selbstgenügsamkeit, die sich nicht mehr rechtfertigen und behaupten muß: »Höher als ›du sollst‹ steht: ›*Ich will*‹ (die Heroen); höher als ›ich will‹ steht: ›*Ich bin*‹ (die Götter der Griechen).« (Nachlaß, III 425) Man soll so leben können, daß aller Zwiespalt zwischen Realität und Ideal verschwindet. Das Gesetz unseres Handelns sollen wir zuinnerst als unser eigenes Gesetz bejahen können.[3] Jeder Verdacht, daß wir insgeheim doch unter fremder Nötigung stehen, soll ausgeräumt werden. Wo es noch Vorwürfe des Gewissens gibt, ist der Mensch noch nicht zu sich selbst gekommen.

Nietzsche betont deshalb gerade im Hinblick auf die Moral, daß seine Philosophie nicht als eine *Wissenschaft* im bisher üblichen Sinne verstanden werden könne. Diese sieht es nur als ihre Aufgabe an, »irgendeinen großen Tatbestand von Wertschätzungen – das heißt ehemaliger Wert*setzungen*, Wertschöpfungen, welche herrschend geworden sind und eine Zeitlang ›Wahrheiten‹ genannt werden – festzustellen und in Formeln zu drängen« (Jenseits von Gut und Böse, II 676); aber dies ist eine Angelegenheit fleißiger Verwalter, die Inventur machen und Übersicht schaffen, für die moralische Sache selbst jedoch in keiner Weise zuständig sind. »*Die eigentlichen Philosophen aber sind Befehlende und Gesetzgeber*: sie sagen ›*so soll* es sein!‹, sie bestimmen erst das Wohin? und Wozu? des Menschen und verfügen dabei über die Vorarbeit aller philosophischen Arbeiter.« (Ebd.) Das Vertrauen in die Wissenschaft, das gerade im Bewußtsein des 19. Jahrhunderts eine große Rolle spielte und für die Religionskritik ein gewichtiger Faktor

2 Unter dem Gesichtspunkt dieses Kapitels liegt es nahe, auf die Verwandtschaft von Nietzsches Philosophie mit dem Existentialismus *Jean-Paul Sartres* zu verweisen.

3 Von hierher ist auch der große Einfluß von Nietzsches Philosophie auf die abendländische Literatur, etwa die des deutschen Expressionismus, verständlich. Vgl. auch den sachlichen Zusammenhang der Kapitel »Nietzsche und der Nihilismus« und »Die Dichtung in der Revolte« bei *Albert Camus*, Der Mensch in der Revolte (rororo 1216–1217), Reinbek 1953 (original: L'homme révolté, Paris 1951), 55–67 und 68–83; s. außerdem *Karl S. Guthke*, Die Mythologie der entgötterten Welt. Ein literarisches Thema von der Aufklärung bis zur Gegenwart, Göttingen 1971, über das Namenregister.

war, wird von Nietzsche also entkräftet. Er sieht, daß die Wissenschaft in den grundlegenden und umfassenden Fragen des Lebens außerstande ist, Antwort zu geben. Ziele zu setzen ist nicht ihre Sache; aber gerade dies ist die unumgängliche Aufgabe des Menschen. Deshalb kann Nietzsche dort nicht nach den Wissenschaftlern Ausschau halten, »wo die ›*große* Jagd‹, aber auch die große Gefahr beginnt – gerade dort verlieren sie ihr Spürauge und ihre Spürnase« (ebd. 609). Freilich muß auch dieser Zwiespalt zwischen dem forschenden und dem handelnden Menschen nicht ewig bestehen bleiben. Die Zukunft könnte es bringen, »daß zum wissenschaftlichen Denken sich auch noch die künstlerischen Kräfte und die praktische Weisheit des Lebens hinzufinden« (Fröhliche Wissenschaft, II 120f); dann erst hätten wir unsere Welt voll in unsere Verfügung genommen – aber von einer derartigen Überlegenheit sind wir noch weit entfernt.

Den schärfsten Kontrahenten seines eigenen Entwurfs sieht Nietzsche in der Moral des *Christentums*. Mit ihrer Hilfe haben sich diejenigen durchgesetzt, die sich anders gegenüber den freieren und lebenstüchtigeren Menschen nicht zu behaupten wußten. Sie verfügten über die Waffen der sittlichen Entrüstung; also setzten sie diese mit allem Nachdruck und in aller Unerbittlichkeit ein. »Das moralische Urteilen und Verurteilen ist die Lieblings-Rache der Geistig-Beschränkten an denen, die es weniger sind, auch eine Art Schadenersatz dafür, daß sie von der Natur schlecht bedacht wurden, endlich eine Gelegenheit, Geist zu bekommen und fein zu *werden* – Bosheit vergeistigt.« (Jenseits von Gut und Böse, II 683) Die Geschichte wäre ganz anders gelaufen, hätte es nicht diesen katastrophalen geistigen Umbruch gegeben, nach dem die Unterwürfigkeit als sittliche Freiheit ausgegeben wird. Diese »Umkehrung der Werte« (die nach Nietzsche schon im jüdischen Volk einsetzt) ist nichts anderes als »der *Sklaven-Aufstand in der Moral*« (ebd. 653).

Der bezeichnendste Begriff zur Charakterisierung der christlichen Moral heißt für Nietzsche *»Ressentiment«*: In grollender Mißgunst versuchen »die Ausgestoßenen und Schlechtweggekommenen aller Art« sich einen Ausgleich zu verschaffen (Nachlaß, III 570). Sie plädieren für das Mitleid mit den Armen, Kranken, Ohnmächtigen und Unterdrückten und wollen damit doch nur ihren Neid gegen-

über den Reichen, Gesunden, Mächtigen und Freien verschleiern. »Und wenn sie sagen: ›ich bin gerecht‹, so klingt es immer gleich wie: ›ich bin gerächt!‹« (Zarathustra II 352)
Hier liegt für Nietzsche auch die Wurzel aller *Gleichheitsforderungen*. Wer in der Gesellschaft unten ist, hat Vorteile davon, wenn sich die Egalisierung als moralischer Wert durchsetzt.
Wer den Menschen zur Autonomie führen will, wird also mit dem aggressiven Widerstand all derer rechnen müssen, deren Selbstwertgefühl von der bisherigen Moral abhängt. Zarathustra sieht sie auf sich zukommen: »Siehe die Gläubigen aller Glauben! Wen hassen sie am meisten? Den, der zerbricht ihre Tafeln der Werte, den Brecher, den Verbrecher – das aber ist der Schaffende.« (Ebd. 289)
Niemand lernt gern um, wenn dabei die Grundlagen seines bisherigen Selbstverständnisses betroffen sind. Aber gegen diesen Widerstand der Gewohnheit gibt es für Nietzsche »ein großes Erziehungsmittel: das Gelächter höherer Menschen« (Fröhliche Wissenschaft, II 144); in ihm drückt sich die überlegene Verachtung der öffentlichen Meinung am wirksamsten aus. Das Lachen befreit von dem bedrückenden Ernst der moralischen Selbstgefälligkeit – bei sich und bei den anderen. »Über sich selber lachen, wie man lachen müßte, um *aus der ganzen Wahrheit heraus* zu lachen, dazu hatten bisher die Besten nicht genug Wahrheitssinn und die Begabtesten viel zu wenig Genie!« (Ebd. 34)
Diese sarkastische Auflösung der Moral wird von den Angegriffenen vor allem als *»Nihilismus«* erfahren, und dieser Wertung kann Nietzsche grundsätzlich zustimmen; aber er unterscheidet dabei: »Der Nihilismus als normales Phänomen kann ein Symptom wachsender *Stärke* sein oder wachsender *Schwäche*« (Nachlaß, III 550). Zu dieser Unterscheidung sieht er seine Gegner nicht fähig, sonst müßten sie erkennen, daß auch ihre eigene Situation eine nihilistische ist: daß bei ihnen »die schöpferische Kraft, *Sinn* zu schaffen, nachläßt und die Enttäuschung der herrschende Zustand wird« (ebd.). Daß die christliche Moral die *Askese* als tugendhaftes Verhalten fördert, ist für Nietzsche ein Beleg der Unfähigkeit, die Welt bejahend zu gestalten. Seine eigene Verneinung aller Werte hat sich demgegenüber gerade die Aufgabe gesetzt, diesen Zerfall an

Lebenstüchtigkeit zu überwinden. Wer sein Leben bejahen will, muß »die *décadence*-Moral« überwinden (Ecce homo, II 1154).

Im Unterschied aber zu aller vorausgehenden Moralkritik beschränkt sich Nietzsche nicht darauf, zu fragen, woher die anerkannten moralischen Maßstäbe stammen, und versucht nicht, ihnen neue, bessere moralische Werte entgegenzusetzen, sondern er stellt die Moral grundsätzlich in Frage: *»Was bedeutet das Wertschätzen selbst?«* (Nachlaß, III 480) Wer sich noch darauf beruft, daß dieses »gut« und jenes »böse« sei – was immer er unter diese Worte fasse –, hat noch nicht begriffen, daß solche Urteile nur Ausdruck seiner eigenen Neigung sind. Wer eine einsichtige und ehrliche Sprache führen will, läßt nach Nietzsche solche Urteile sein.

Freilich wird es auch noch zukünftig ein Ziel menschlichen Handelns geben: die Erfahrung des *Glücks*, das einem freien und machtvollen Leben entspringt. Im Blick darauf gibt es auch *Verantwortung*, nicht nur in egoistischer Selbstbezogenheit auf das eigene Leben, sondern auch in der Eröffnung einer neuen Zukunft für die kommenden Generationen. Man kann deshalb auch diesen Entwurf noch in gewisser Hinsicht eine »Moral« nennen – Nietzsche selbst stimmt dem letztlich zu: »es ist kein Zweifel, auch zu uns noch redet ein ›du sollst‹, auch wir noch gehorchen einem strengen Gesetze über uns«; aber es gibt den entscheidenden Unterschied, »daß wir uns keine Lügenbrücken zu alten Idealen gestatten« (Morgenröte, I 1015). Als einzige Grundlage menschlichen Handelns bleibt damit die Liebe zu sich selbst. Gut ist all das, »was das Gefühl der Macht, den Willen zur Macht, die Macht selbst im Menschen erhöht« (Antichrist, II 1165).

Allerdings kann sich diese neue und letzte Verpflichtung nach Nietzsche nicht an der gegenwärtigen Verfassung des Menschen ausrichten; sie soll ja gerade überwunden werden. Deshalb heißt der Grundsatz Nietzsches: »Nicht ›Menschheit‹, sondern *Übermensch* ist das Ziel!« (Nachlaß, III 440) Alles Bisherige ist nur Vorspiel der noch ausstehenden Zukunft. Die Gegenwart kann noch nicht begreifen, was ihr eröffnet wird. Zarathustras Verkündigung wird noch verlacht. Aber die Zusage steht, und der Appell ist nicht mehr zu überhören: »Der Übermensch ist der Sinn der Erde. Euer Wille sage: der Übermensch *sei* der Sinn der Erde!« (Zarathustra, II 280)

4.5 *Die Rede von Gott als Verstoß gegen Vernunft und guten Geschmack*

Nach dem bisher Gesagten scheint es fast überflüssig, noch eigens auf Nietzsches programmatisches Wort »Gott ist tot« (Fröhliche Wissenschaft, II 115) einzugehen. Für eine transzendente Wirklichkeit hinter unserer Erfahrungswelt gibt es schon nach dem Vorhergehenden keinen Grund. Einen Herrn anzuerkennen, vor dem wir uns zu verantworten hätten, stünde gegen unsere Autonomie: »*wenn* es Götter gäbe, wie hielte ich's aus, kein Gott zu sein! *Also* gibt es keine Götter.« (Zarathustra, II 344)
Aber gerade an diesem Punkt läßt sich noch einmal besonders deutlich zeigen, wie falsch es wäre, Nietzsches Widerspruch gegen den christlichen Glauben nur als extreme Vermessenheit und Selbstüberschätzung zu sehen. Es ist vielmehr das *Dilemma des Gottesglaubens selbst* mit im Spiel. Konzentriert macht dies ein kleiner Text aus »Jenseits von Gut und Böse« (II 615) deutlich:

»Warum heute Atheismus? – ›Der Vater‹ in Gott ist gründlich widerlegt; ebenso ›der Richter‹, ›der Belohner‹. Insgleichen sein ›freier Wille‹: er hört nicht – und wenn er hörte, wüßte er trotzdem nicht zu helfen. Das Schlimmste ist: er scheint unfähig, sich deutlich mitzuteilen: ist er unklar? – Dies ist es, was ich, als Ursachen für den Niedergang des europäischen Theismus, aus vielerlei Gesprächen, fragend, hinhorchend, ausfindig gemacht habe; es scheint mir, daß zwar der religiöse Instinkt mächtig im Wachsen ist – daß er aber gerade die theistische Befriedigung mit tiefem Mißtrauen ablehnt.«

Drei Punkte sind in diesen wenigen Sätzen bemerkenswert:
1. Als Grundlage der heutigen Verweigerung des Gottesglaubens erscheint das Problem der *Theodizee*: Die Welt ist nicht so, daß sie von Güte und persönlicher Zuwendung (»Vater«), vom Sieg des Rechts über das Unrecht (»Richter«), von der Anerkennung des Guten (»Belohner«) geprägt wäre. Es ist keine Macht in Sicht, die das durchsetzen könnte, was die monotheistischen Religionen erhoffen. Die Diskrepanz ihrer Ideen gegenüber der Realität ist so scharf, daß der Glaube nicht nur problematisiert, sondern *unvernünftig* erscheinen muß.

2. Überraschenderweise steigert Nietzsche aber diese Feststellung, mit der doch alles schon im Grunde erledigt (»widerlegt«) sein müßte, indem er darauf verweist, daß keine rechte *Verständigungsmöglichkeit* zwischen Gott und dem Menschen in Sicht ist. Deutlichkeit und Klarheit sind für Nietzsche selbstverständliche Forderungen an das Denken und die Sprache; Gott – sollte es ihn geben – könnte dabei offensichtlich nicht mithalten.[4] Er bliebe hinter jedem guten Literaten zurück. Sich auf ihn einzulassen wäre deshalb ein Zeichen von schlechtem Stil. »Jetzt entscheidet unser Geschmack gegen das Christentum, nicht mehr unsere Gründe.« (Fröhliche Wissenschaft, II 130) Und dies scheint für Nietzsche das Zwingendere zu sein.

3. Eine weitere Verschärfung der Ablehnung Gottes ergibt sich dadurch, daß sie sich offensichtlich mit dem *»religiösen Instinkt«* verträgt. Der Mensch hat auch dann noch Grund zu andächtiger Besinnung und Verehrung, wenn er auf Gott verzichtet.

Freilich bedeutet für Nietzsche die Verkündigung des Todes Gottes eine gewaltige Erschütterung. Besonderen Ausdruck gibt er ihr in der Erzählung *»Der tolle Mensch«* (Fröhliche Wissenschaft, II 126 bis 128)[5]:

Über den »Markt« schallt die rhetorische Frage: »Wohin ist Gott?« Ihr folgt zugleich die dramatische Antwort: »ich will es euch sagen! *Wir haben ihn getötet* – ihr und ich! Wir alle sind seine Mörder!« In dieser Folge der Personalpronomina schließt sich der »tolle Mensch« mit der Menge zusammen, die sich ihm eigentlich mit Gelächter entziehen wollte. Aber im weiteren wird die Rede überwiegend nicht durch die Form der Aussage, sondern durch einen Strom von Fragen bestimmt. Raum und Zeit verlieren in ihm die Grenzen: Die Erde scheint »von allen Sonnen« gelöst; die Menschen müssen auf »den ganzen Horizont« verzichten; sie meinen, »fortwährend« »rückwärts, seitwärts, vorwärts, nach allen Seiten« zu stürzen; »ein Oben und ein Unten« sind keine Bezugspunkte

4 In aphoristischer Form deutet sich demnach auch bei Nietzsche – wie schon bei Comte – die sprachanalytische Religionskritik an (vgl. später Kapitel 6).

5 Daß Nietzsche hier die *Gleichnissprache* wählt ist der leitende Gesichtspunkt in der Studie von *Eugen Biser*, »Gott ist tot« – Nietzsches Destruktion des christlichen Bewußtseins, München 1962.

mehr; »ein unendliches Nichts« ist eröffnet; »immerfort« droht »Nacht und mehr Nacht«. In dieser absoluten Orientierungslosigkeit steht der Mensch in isolierter Absolutheit als »Mörder aller Mörder«. Seine Größe ist bedingt durch die auch jetzt noch nur im Superlativ auszudrückende Größe Gottes, denn er war »das Heiligste und Mächtigste, was die Welt bisher besaß«.

Zwar wird die erregte sprachliche Bewegung in der Mitte wieder gehalten durch rhythmisch festigende Ausrufe, darunter zentral die kurzen, durch den Parallelismus hervorgehobenen beiden Sätze »Gott ist tot! Gott bleibt tot!«, und auch am Ende mündet die ganze Rede in nachdrücklich selbstgewisse Aussagen; aber insgesamt dominiert dennoch die bedrückende Folge der Fragen.

Die ganze Sprache ist bestimmt von einem nicht zu überbietenden Pathos, das darin gründet, daß »nie eine größere Tat« gerühmt werden kann; daß, »wer nur immer« kommen wird, »in eine höhere Geschichte, als alle Geschichte bisher war«, eingehen darf. Zukünftig sollen die kosmischen und zeitlichen Dimensionen wieder ihre beängstigende Beziehungslosigkeit verlieren. Damit steht die ganze Verkündigung des »tollen Menschen« im *Spannungsverhältnis von Gegenwart und Zukunft*. Die viermalige Wiederholung des Wortes »Zeit« am Ende der Szene ist begleitet von der Reihe »noch nicht« – »noch unterwegs« – »noch nicht«. Die grundlegende Tat kann im Perfekt ausgesagt werden; aber die entscheidende Konsequenz steht noch aus. Dies ist die Grundstruktur auch der neutestamentlichen Verkündigung, übertragen auf den äußerst entgegengesetzten Inhalt: Die Kirchen kommen nur noch als »die Grüfte und Grabmäler Gottes« in den Blick, in denen das »Requiem aeternam deo« angestimmt werden sollte.

Diesen Auftritt des tollen Menschen nimmt Nietzsche jedoch in eine Erzählung hinein, in der das Ereignis einen episodischen Charakter erhält und reichlich ungewiß wird: »Habt Ihr nicht ... gehört«, heißt es am Anfang, und am Ende steht vorsichtig: »Man erzählt noch ...« Die erschütterte Rede ist damit eingelassen in die distanzierte Situation späterer Hörer. Außerdem wird schließlich insgesamt von einem Narren berichtet. So sind wir doppelt genötigt, uns mit dieser Geschichte zurechtzufinden: Können wir einstimmen in das gesteigerte Pathos des »tollen Menschen«? Sind wir inzwischen fähig

geworden, ihn als den Verkünder der zu »Göttern« gewordenen Menschen zu begreifen? – Oder stehen wir immer noch unter dem Publikum des Markts, das mit Gelächter und schweigendem Befremden reagiert? – Oder sind wir geneigt, mit dem Erzähler distanziert zur Kenntnis zu nehmen, was jemand angeblich einmal gesagt hat, ohne daß wir deshalb betroffen sein müßten?
Die Geschichte des Gottesglaubens ist jedenfalls für Nietzsche mit der Ankündigung des Todes Gottes noch nicht zu Ende – »wir müssen auch noch seinen Schatten besiegen!« (Ebd. 115) Dies kann aber erst dann gelingen, wenn sich die Menschen konsequent auf ihre »eignen Sinne« beschränken und sie »zu Ende denken« (Zarathustra, II 344). Nietzsche räumt ein, daß der Glaube an Gott als eine gewaltige »Hypothese« über unsere Welt und unser Leben begriffen werden kann (Morgenröte, I 1053); aber sie überschreitet die Grenzen verantwortbarer Annahmen: »Gott ist eine Mutmaßung; aber ich will, daß euer Mutmaßen nicht weiter reiche als euer schaffender Wille. ... daß euer Mutmaßen begrenzt sei in der Denkbarkeit.« (Zarathustra, II 344) Damit wird der Glaube an Gott zwar deutlich in Beziehung gesehen zu Bedürfnissen und Fragen der Menschen, aber: »Gott ist eine faustgrobe Antwort, eine Undelikatesse gegen uns Denker« (Ecce homo, II 1082).
Schließlich weist jedoch Nietzsche selbst über diese bloße Ablehnung des Glaubens noch hinaus, indem er wenigstens in Andeutungen die Negation Gottes überschreitet: »Der christlich-moralische Gott ist nicht haltbar: folglich ›Atheismus‹ – wie als ob es keine andere Art Götter geben könne.« (Nachlaß, III 496) Nicht die Verneinung, sondern die verehrende Bejahung sollte das Letzte sein, aber so, daß der Mensch dabei nicht von sich wegschauen muß, sondern seinen eigenen Reichtum erkennt. Dies aber verlangt nach Nietzsche: »ein Erraten von Werten, für die die Waage noch nicht erfunden ist: ein Opferbringen auf Altären, die einem unbekannten Gotte geweiht sind« (Fröhliche Wissenschaft, II 74).
Dieser zaghaften Andeutung eines neuen Gottesglaubens entspricht es auch, wenn Nietzsche annimmt, daß der Mensch schließlich erst dann voll zu sich selbst findet, wenn er zu uneingeschränkter Zustimmung gelangt ist: »Das Notwendige nicht bloß ertragen, noch weniger verhehlen ..., sondern es *lieben* ...« (Ecce homo, II

1098) Die *Zufälle des Geschicks* und die *menschliche Selbstbestimmung* sollen letztlich absolut versöhnt werden. Nach Nietzsche erreicht der Mensch »die höchste Formel der Bejahung«, wenn er den Gedanken der *ewigen Wiederkunft* faßt (Ecce homo, II 1128). Sobald wir vor dem Gedanken, daß uns alle Dinge und Ereignisse wiedertreffen werden, nicht mehr zurückschrecken, gewinnt alles für uns »das größte Schwergewicht«; aber dazu müßten wir uns »selber und dem Leben gut werden, um nach nichts *mehr zu verlangen* als nach dieser letzten ewigen Bestätigung und Besiegelung« (Fröhliche Wissenschaft, II 202f). In diesem Sinne bekennt sich auch Zarathustra – in der Einsicht: »alle Lust will Ewigkeit« – zu »dem Ring der Wiederkunft« (II 473f).

Für ein so umfassendes Ja zur Welt und zum Leben kann nach Nietzsche der jüdisch-christliche Gott nicht einstehen. Wer sich gleichzeitig zu ihm und dem Glück der Menschen bekennen will, muß in ausweglosen Zwiespalt geraten; er erfährt sich als in seinem Glauben nie voll anerkannt; sein Gott steht zu ihm immer nur als »ein Gott unter Bedingungen« (Ecce homo, II 1186). Dem gilt Nietzsches entschiedener Widerspruch.[6]

4.6 Bedenken

Auf Nietzsches Werk sind von theologischer Seite her recht entgegengesetzte Reaktionen erfolgt. Auf der einen Seite sah man in ihm das Extrem menschlicher Hybris und antichristlicher Gottlosigkeit, auf der anderen Seite versuchte man, Nietzsches Destruktion der abendländischen Philosophie und Religion von ihren positiven Voraussetzungen und Absichten her zu verstehen und damit vor allem seine bejahenden Aspekte theologisch zu würdigen.[7]

6 Es wäre hier aufschlußreich, Nietzsches Proklamation einer gottlosen Welt mit den geistigen Positionen zu vergleichen, die *Dostojewskijs* Gestalten Kirilow (in den »Dämonen«) und Iwan (in den »Brüdern Karamasow«) einnehmen. Vgl. hierzu auch *Albert Camus*, Der Mythos von Sisyphos. Ein Versuch über das Absurde (rowohlts deutsche enzyklopädie 90), Reinbek 1953 (original: Le Mythe de Sisyphe, Paris 1942), 87–91.

7 Als Beispiele für dieses theologische Bemühen, Nietzsche so weit wie möglich in seinen eigenen Intentionen gerecht zu werden, seien zwei Studien hervorgehoben:

Schon derart unterschiedliche Aufnahmen und Verarbeitungen sollten uns daran hindern, zu schnell mit Nietzsche fertig zu werden. Drei Aspekte seien hier hervorgehoben, unter denen der begründete Widerspruch gegen Nietzsche naheliegt, das Gespräch mit ihm damit aber nicht zu Ende ist.

1. Wenn Nietzsche den Menschen als *Produzenten seiner Wirklichkeit*, die Wirklichkeit als sein *Produkt* sieht, erheben sich dagegen grundlegende Widerstände aus den *Erfahrungen geschenkter und verfügter Existenz*. Wir können keine geschichtliche Stelle finden, bei der sich menschliche Freiheit derart umfassend und mächtig zeigt, daß wir uns schlechthin als Schöpfer unserer Welt begreifen dürften. All unsere technische, wissenschaftliche, künstlerische, politische und moralische Kreativität ist doch immer auf vorgegebene Materialien und Ordnungen angewiesen, auch wenn sie dabei diese Vorgegebenheiten überschreitet und Neues zustande bringt. Wer für die Freiheit eintritt, kann dies realistisch nur, wenn er mitberücksichtigt, wie unser Handeln notwendigerweise immer durch Fremdes bedingt ist. Wollte man mit Nietzsche die absolute Selbstbestimmung schließlich dadurch retten, daß man alles Notwendige von vornherein uneingeschränkt bejahte, geriete man unter den Verdacht, daß man eine pathetische Ausflucht sucht.

Aber andererseits sind die Grenzen unserer Selbstbestimmung nicht immer schon naturwüchsige Schranken oder gar göttliche Setzungen. Die Berufung auf Gott und Natur kann uns vielmehr dazu dienen, unsere gewohnten Verhältnisse stabil zu halten – um die Angst vor dem Neuen zu verdrängen, Verantwortung zu verweigern, mit der Resignation zu versöhnen oder die bestehende vorteilhafte Lage zu sichern. Dementsprechend erhebt Nietzsche den Verdacht, daß uns mangelnde Redlichkeit veranlaßt, von objektiver »Wirklichkeit« und »Wahrheit« zu sprechen. Diesem Verdacht kann man nur entgegnen, wenn man sich auf ihn einläßt und den möglichen Spielräumen menschlicher Verantwortung nachspürt.

2. Nietzsches *Abwendung von der Gesellschaft und den politischen*

Biser (s. o. Anm. 5) und *Bernhard Welte*, Nietzsches Atheismus und das Christentum, in: Ders., Auf der Spur des Ewigen, Freiburg/Basel/Wien 1965, 228–261.

Bestrebungen seiner Zeit, vor allem von den moralischen Standards jüdisch-christlicher Herkunft, drängte ihn in die Isolation. Im Selbstbewußtsein des vorzeitigen Propheten löste er sich aus der Gemeinschaft, pries die einsame Überlegenheit dessen, der alles Bisherige hinter sich lassen kann. Aber jeder Wahrheitsanspruch muß in irgendeiner Weise von gemeinschaftlicher Zustimmung getragen sein, sonst schlägt er in bloße Arroganz um. Deshalb stellt sich die Frage, wie bei dem von Nietzsche beabsichtigten radikalen Kontinuitätsbruch noch Zukunft aufgebaut werden soll. Öffnet eine solche Preisgabe bisheriger Erfahrungen nicht weit mehr den illusionären Wünschen Tür und Tor, als alle Religion es zuvor getan haben mag? Ist die verwegene Berufung auf den rücksichtslos mächtigen, uneingeschränkt gesunden und glücklichen Menschen der Zukunft nicht vielleicht die verzweifelte Abwehr von andrängender Ohnmacht, Krankheit und Einsamkeit? Hat demgegenüber die kulturelle und insbesondere die religiöse Tradition nicht doch die größere *Kraft, den Menschen ihre Wirklichkeit zu erschließen*?
Aber inwieweit das überkommene Denken in der Lage ist, die vielgestaltigen Erfahrungen – aus Handeln und Leiden, Hoffnung und Resignation, Verstehen und Nicht-verstehen – glaubwürdig auszulegen, ist nicht immer schon ausgemacht. Die gesellschaftlich gestützte Sicht der Welt, und dazu zählt gerade die Religion, braucht Herausforderung und Bestreitung, damit man sich weiter über sie verständigt und prüft, welche Überzeugungskraft ihr wirklich noch zukommt.
3. Nietzsches Angriff gilt vor allem der *platonisch gespaltenen Welt*, der Trennung von diesseitigem Schein und transzendenter Wahrheit. Er streitet gegen die eingeschränkte Zustimmung zur menschlichen Wirklichkeit, gegen eine Bejahung, die immer zugleich die Verneinung mit sich führt. Als mächtigster Repräsentant dieses Denkens erscheint ihm die christliche Religion; dementsprechend gilt vor allem ihr die aggressive Kampfansage.
Doch bleibt zu fragen, wieweit Nietzsche selbst von dieser gewissermaßen dualistischen Grundstruktur loskommt; ob er nicht gerade auf sie angewiesen ist, wenn er in seiner Philosophie die kritische Destruktion mit einer neuen Interpretation der Wirklichkeit

verbindet. Und andererseits bleibt zu erörtern, wieweit der jüdisch-christliche Glaube an Gott so mit dem platonischen Dualismus zusammengenommen werden darf, wie Nietzsche dies tut; ob der christliche *Vorbehalt gegenüber dieser Welt* nicht viel deutlicher als eine Bejahung der menschlichen Geschichte und des individuellen Lebens, der Bedürfnisse von Freiheit, Macht und Glück begriffen werden kann.

Dabei könnte sich einmal herausstellen, daß Nietzsches Kritik weniger das Christentum schlechthin als vor allem diejenige Gestalt christlichen Lebens trifft, die in seiner Zeit vorherrschte und sein eigenes Leben bestimmte. Aber andererseits ist es dem christlichen Glauben verwehrt, sich mit dem Verweis auf seine eigentlichen Intentionen zufriedenzugeben. Es könnte ihm gerade eigen sein, daß er immer noch und immer wieder zu solchen Lebensäußerungen führt, bei denen sich die Menschen sich selbst entfremden und ihr Bewußtsein der Eigenverantwortlichkeit geschwächt wird. Nietzsches Verdacht zwingt zur Analyse.

5 *Die Ableitung der Religion aus dem Wechselspiel psychischer Bedürfnisse – Sigmund Freud (1856–1939)*

Wichtigste Schriften[1]:

Zwangshandlungen und Religionsübungen, Zeitschrift für Religionspsychologie 1907 (in: Fischer Taschenbuch 6300, 7–14)
Totem und Tabu, Wien 1913 (Fischer Taschenbuch 6053)
Die Zukunft einer Illusion, Leipzig/Wien/Zürich 1927 (in: Fischer Taschenbuch 6054, 83–135)
Das Unbehagen in der Kultur, Leipzig/Wien/Zürich 1930 (in: Fischer Taschenbuch 6043, 89–191)
Der Mann Moses und die monotheistische Religion (1934–38), Amsterdam 1939 (in: Fischer Taschenbuch 6300, 25–133)
Abriß der Psychoanalyse (begonnen 1938; in: Fischer Taschenbuch 6043, 5–87)

Bei diesem Kapitel über Freud ist – wie etwa bei dem über Marx – besonders zu betonen, daß der Blick auf die Religionskritik die Gewichte im Gesamtwerk unangemessen verlagert. Freud war Arzt und stand vor der Aufgabe, leidenden Menschen zu helfen; bei diesem Bemühen beschritt er – in Praxis und Theorie – neue Wege. Dementsprechend hängt die Überzeugungskraft seiner Arbeiten vor allem davon ab, wie weit es durch sie gelingt, die Störungen des menschlichen Lebens besser zu begreifen und aufzuheben. Diesem Gesichtspunkt kann aber im folgenden gerade nicht nachgegangen werden.
Trotzdem bleibt hinreichend Anlaß, sich mit den Lehren Freuds

1 Außer den folgenden Schriften sind im Text häufig auch andere zitiert, die freilich unter dem besonderen Interesse der Religionskritik nicht schon bei den »wichtigsten Schriften« aufgeführt werden.
Neben den hier zugrunde gelegten Fischer Taschenbüchern steht auch eine vorteilhafte »Studienausgabe« in zehn Bänden und einem Ergänzungsband, hrsg. von Alexander Mitscherlich/Angela Richards/James Strachey, Frankfurt a. M. 1969 bis 1975, zur Verfügung.

auseinanderzusetzen; denn sie beschränken sich nicht auf ihre primär leitenden therapeutischen Absichten, sondern entwickeln letztlich eine umgreifende *Anthropologie* und *Kulturtheorie*, durch die sich die Theologie in hohem Maß herausgefordert sehen muß. »Aber nicht wahr, der Infantilismus ist dazu bestimmt, überwunden zu werden?« lautet die programmatische rhetorische Frage (Zukunft einer Illusion 128), mit der sich Freud gegen die Religion wendet. Diese Einschätzung nötigt gerade dann zur brisanten Verhandlung, wenn unbestritten eingeräumt wird, daß die Psychoanalyse wesentliche Einsichten in die Bedingungen menschlichen Lebens eröffnet hat. Freud rechnete damit, daß sie »als ein bedeutsames Ferment in die kulturelle Entwicklung der nächsten Dezennien eingehen und dazu verhelfen wird, unser Weltverständnis zu vertiefen und manchem im Leben als schädlich Erkanntem zu widerstreben« (Kurzer Abriß der Psychoanalyse[2]). Unter dieser weitgefaßten Absicht ist auch seine Religionskritik zu sehen.

5.1 Die Selbsteinschätzung der psychoanalytischen Rekonstruktionen

Die Psychoanalyse steht den menschlichen Lebensäußerungen mit tiefgreifendem Verdacht und dem Anspruch heilsamer Aufklärung gegenüber. Dies reizt im Gegenzug dazu, ihr mit Animosität und eilfertiger Abwehr zu begegnen. Deshalb ist es angebracht, zunächst einmal wahrzunehmen, mit welchen Vorbehalten und Einschränkungen Freud selbst sein Bemühen vorträgt.

Die Gewißheit, daß er Neuland betreten hat, verbindet sich bei ihm mit dem Bewußtsein, daß die Geschichte der Wissenschaften bei allem erfahrenen Gewinn und Fortschritt doch immer *auf bessere Einsichten hin offen* bleibt, seien es Bestätigungen oder auch Korrekturen und Widerlegungen. »So kann ich denn, rückschauend auf das Stückwerk meiner Lebensarbeit, sagen, daß ich vielerlei Anfänge gemacht und manche Anregungen ausgeteilt habe,

2 In: »Selbstdarstellung«. Schriften zur Geschichte der Psychoanalyse, hrsg. und eingeleitet von Ilse Grubrich-Simitis (Fischer Taschenbuch 6096), Frankfurt a. M. 1971, 202–222, hier 221.

woraus dann in der Zukunft etwas werden soll. Ich kann selbst nicht wissen, ob es viel sein wird oder wenig.« (»Selbstdarstellung«[3]) Freud rechnete gelegentlich vor allem damit, daß seine analytische und therapeutische Arbeit eines Tages stärker den Naturwissenschaften angenähert werden könnte und dadurch viel mehr an Exaktheit und Effektivität gewänne. Dabei gehen seine Hoffnungen sogar so weit, daß es vielleicht einmal möglich sein könnte, »mit besonderen chemischen Stoffen die Energiemengen und deren Verteilungen im seelischen Apparat direkt zu beeinflussen«; deshalb rechtfertigt er seine gegenwärtigen Einsichten und Fähigkeiten nur mit der Feststellung: »vorläufig steht uns nichts Besseres zu Gebote« (Abriß der Psychoanalyse 54).

Vor allem ist er sich bewußt, daß seine sämtlichen Erkenntnisse wie bei jeder anderen Wissenschaft *durch bestimmte Interessen und Forschungsperspektiven begrenzt* sind. Sein Blick auf die Wirklichkeit kann nicht den Anspruch erheben, die einzig wahre Sicht der Dinge zu sein. Gerade dann verließe er nämlich den Weg der wissenschaftlichen Arbeit und beschritte den einer totalen Weltinterpretation, den er gründlich verstellt sieht. Unsere Wirklichkeit ist für Freud so komplex, daß sie sich nicht schon einem einzigen Zugriff voll erschließt. Die Feststellung, daß es noch vieles gibt, was eine bestimmte Wissenschaft unter ihren Voraussetzungen gar nicht wahrnehmen kann, taugt nie zur Bestreitung dieser Wissenschaft, sondern muß gerade zu ihrem eigenen Selbstverständnis gehören. »Das haben wir keinen Augenblick lang vergessen oder verleugnet. Unsere Einseitigkeit ist wie die des Chemikers, der alle Konstitutionen auf die Kraft der chemischen Attraktion zurückführt. Er leugnet darum die Schwerkraft nicht, er überläßt ihre Würdigung dem Physiker.« (Eine Schwierigkeit der Psychoanalyse[4]) Was Freud zunächst vor allem in den Auseinandersetzungen mit den medizinischen Disziplinen seiner Zeit und bei den wechselseitigen Abgrenzungsstrategien betont, ist darüber hinaus für die Beurteilung der Psychoanalyse von grundsätzlicher Bedeutung: »Wenn man von ihr aussagt, sie sei einseitig, so muß man erst den Standpunkt ausfindig machen, von

3 Ebd. 37–96, hier 96.
4 In: Darstellungen der Psychoanalyse (Fischer Taschenbuch 6016), Frankfurt a. M. 1969, 130–138, hier 132.

dem aus diese Charakteristik zum Vorwurf wird. An sich ist ja jede Wissenschaft einseitig, sie muß es sein, indem sie sich auf bestimmte Inhalte, Gesichtspunkte, Methoden einschränkt. Es ist ein Widersinn, an dem ich keinen Anteil haben möchte, daß man eine Wissenschaft gegen eine andere ausspielt.« (Die Frage der Laienanalyse[5]) Allerdings wird bei diesem Zugeständnis der eigenen Begrenztheit auch schon deutlich, daß es nur die Wissenschaften sind, denen Freud über die Zuständigkeit der Psychoanalyse hinaus den Anspruch, Wirklichkeit zu erschließen, zugesteht.

Er betont aber nicht nur die Grenzen nach außen, sondern auch die Einschränkungen im eigenen wissenschaftlichen Feld. Ausdrücklich hebt er sich von den psychologischen Theorien ab, die sich als »ein ›System‹« verstehen wollen, »was die Psychoanalyse sorgfältig zu sein vermied« (Zur Geschichte der psychoanalytischen Bewegung[6]). Er ist *nicht auf das Ideal der Vollständigkeit und Geschlossenheit ausgerichtet*, sondern erwartet nur, daß seine Ermittlungen »zur Ergänzung und Korrektur unserer anderswie erworbenen Erkenntnis verwendet werden sollten« (ebd. 185 f). Freud nimmt um der Fruchtbarkeit seiner Arbeit willen ihren Charakter bleibender Unabgeschlossenheit gern in Kauf. Es besteht für ihn deshalb kein Zweifel, daß man auf der Grundlage der Psychoanalyse »ein vollständiges Weltbild nicht liefern kann« (Kurzer Abriß der Psychoanalyse[7]).

Einen weiteren Vorbehalt räumt Freud gegenüber der Psychoanalyse im Hinblick darauf ein, daß in ihr *die subjektiven Momente* immer eine größere Rolle spielen als in anderen Wissenschaften. Hier sind »eine gewisse Feinhörigkeit« und eine »vorurteilslose Aufnahme des analytischen Materials« erforderlich, wie sie nicht von jedermann erbracht werden; deshalb »wird eine allgemeine Übereinstimmung in den Dingen der Tiefenpsychologie besonders schwer zu erreichen sein« (Die Frage der Laienanalyse[8]). Aus diesem Grund sieht sich Freud dem Einwand sogar mancher Psychologen ausgesetzt, er öffne der Beliebigkeit Tür und Tor: »jeder

5 Ebd., 139–220, hier 190.
6 In: »Selbstdarstellung« (s. o. Anm. 2) 141–201, hier 187.
7 S. o. Anm. 2, 222.
8 S. o. Anm. 5, 177 f.

Narr habe das gleiche Recht, seine Narrheit für Weisheit auszugeben.« (Ebd. 178) Eine exakte Methode, mit der sich dies widerlegen ließe, steht Freud nicht zur Verfügung, und trotzdem sieht er Grund zur Zuversicht: »Unsere Erfahrungen zeigen doch, daß auch in der Psychologie ziemlich befriedigende Übereinstimmungen zu erreichen sind.« (Ebd.) Gewiß ist dieser Rückgriff auf den Konsens einer gewissen Gruppe von Einsichtigen selbst für Freud nicht zufriedenstellend, sondern gerade »eine besondere Schwierigkeit, die zu eliminieren wir uns bemühen müssen« (ebd.); aber es ist für ihn eine hinreichende Grundlage zur Weiterarbeit.

Ein bevorzugtes und immer wiederkehrendes Wort für das Erkenntnisbemühen Freuds heißt *»erraten«* (zum Beispiel »Selbstdarstellung«[9]). Es verweist in bezeichnendem Doppelsinn auf den Charakter der psychoanalytischen *»Deutungskunst«* (ebd.): Sie muß sich einerseits auf *Anspielungen und Einfälle* einlassen, ohne eindeutig zwingenden Anhalt und Beleg; ohne gewiß sein zu können, daß sie im ersten Zugriff schon das Richtige trifft – sie *deckt* andererseits *das Verborgene auf* und *findet eine stimmige Lösung*. In der ersten Hinsicht gründet der *Vorbehalt*; in der zweiten die *Zuversicht*.

Verstehen heißt für Freud: in der Vielfalt der wahrnehmbaren Phänomene *Zusammenhänge* und *gleichartige Beziehungen* aufzuspüren, das scheinbar Getrennte *auf Gemeinsames zurückzuführen*, aus dem Verschiedenen *die gleichen Strukturen* hervorzuheben. Dies ist nach Freud nicht zu leisten ohne *Konstruktionen*; im Zusammenhang der Traumdeutung nennt er es gelegentlich »eine Art von synthetischer Arbeit« (Über Psychoanalyse. 5 Vorlesungen[10]). Was dabei zustande kommt, bleibt vielfach »eine Hilfsvorstellung« (Die Frage der Laienanalyse[11]), eine Beschreibung »mit Hilfe von Vergleichungen« (ebd. 151), eine nur »hypothetische Fortsetzung« von sicheren Feststellungen (Der Mann Moses 70), die erzählende »Verdichtung« einer vermutlich weit umfänglicheren und komplizierteren Geschichte (ebd. 88). Gelegentlich gesteht Freud sogar mit gesteigertem Vorbehalt: »Mehr als eine gewisse Wahrscheinlichkeit haben wir wahrscheinlich nicht zustande gebracht.« (Ebd. 126)

9 S. o. Anm. 2, 70.
10 In: Darstellung der Psychoanalyse (s. o. Anm. 4) 50–101, hier 79.
11 S. o. Anm. 5, 150.

Aber trotz derartiger hie und da betonter Einschränkungen sieht er die Psychoanalyse insgesamt nicht weit von dem Vermögen der anderen Wissenschaften entfernt. Sie steht nach seiner Ansicht grundsätzlich unter derselben Voraussetzung wie etwa die Physik: »Das Reale wird immer ›unerkennbar‹ bleiben. Der Gewinn, den die wissenschaftliche Arbeit an unseren primären Sinneswahrnehmungen zutage fördert, wird in der Einsicht in Zusammenhänge und Abhängigkeiten bestehen, die in der Außenwelt vorhanden sind, in der Innenwelt unseres Denkens irgendwie zuverlässig reproduziert oder gespiegelt werden können, und deren Kenntnis uns befähigt, etwas in der Außenwelt zu ›verstehen‹, es vorauszusehen und möglicherweise abzuändern.« (Abriß der Psychoanalyse 73) Das wissenschaftliche Denken bleibt demnach grundsätzlich *modellhaft* und *hypothetisch*, erweist sich darin aber auch gerade als *fruchtbar*.

Diese Selbsteinschätzungen Freuds müssen wir uns in Erinnerung rufen, wenn manche seiner psychoanalytischen Deutungen uns gar zu gewaltsam anmuten, immer wieder auf das zurückgreifen, was in das gewünschte Schema paßt, und im Ergebnis über das hinausreichen, was sich zuverlässig prüfen läßt. Die Überzeugungskraft kommt für Freud in dem Maße zustande, in dem das aus vielen *Wahrnehmungen, Ahnungen und Mutmaßungen* entworfene Bild *in sich stimmig* wird – nicht nur für einen einzigen Forscher, sondern für viele; nicht nur für den Therapeuten, sondern auch für den Kranken. In diesem Sinn verweist er angesichts des Vorwurfs, daß bestimmte psychoanalytische Deutungen nicht zwingend seien, darauf, daß doch durch sie »eine Anzahl von sehr merkwürdigen versprengten Tatsachen zu einem konsistenten Ganzen zusammengefaßt« werde (Die Zukunft einer Illusion 103).

Deshalb ist es kein Widerspruch, wenn wir bei Freud neben den zahlreichen Mahnungen zur Bescheidenheit in der Erkenntnis auch die *Selbstsicherheit* dessen lesen, der voll davon überzeugt ist, daß er richtige Wege zu neuen und fundamentalen Einsichten gefunden hat. Mehrfach stellt er sich in eine Reihe mit *Kopernikus* und *Darwin*. Beide haben nach seiner Ansicht wie er der Menschheit ein neues Selbstverständnis verschafft, freilich über schmerzliche Enttäuschungen hinweg; denn die Lehre eines jeden von ihnen bedeutet »eine schwere Kränkung der menschlichen Eigenliebe«, einmal eine *»kosmologische«*, dann eine *»biologische«* und schließlich eine *»psychologische«* (Die Widerstände gegen die Psychoanalyse [12]).

Von diesem Selbstbewußtsein ist auch Freuds *Religionskritik* geprägt. Er kommt in ihr zu *entschiedener und uneingeschränkter Gewißheit*: Religiöse Lehren »sind sämtlich Illusionen« (Die Zukunft einer Illusion 111).

5.2 Die Entscheidung für den Determinismus

Wenn wir irgendwelche Situationen oder Ereignisse wahrnehmen, deren Grund wir nicht begreifen, haben wir verschiedene Möglichkeiten, uns mit unserer Unkenntnis abzufinden und uns weitere Mühen zu sparen: Einmal können wir einzelne Sachverhalte, auf die wir unvermittelt stoßen, als *»Zufall«* abtun. Was auch immer diese undeutliche Redeweise meinen mag, auf jeden Fall rechnet sie damit, daß es in unserer Welt Dinge gibt, die sich der Erklärung entziehen; die man nicht recht mit anderem in Verbindung bringen kann; deren Überraschung man nicht vorzubeugen vermag; die man eben als bloße Fakten stehenlassen muß. Sie sind dann zwar rätselhaft, aber es gibt bei ihnen dennoch nichts weiter zu erraten.

Auf eine andere Art lassen wir eine Sache einfach dahingestellt sein, wenn wir sie auf den *freien Willen*, die *unableitbare persönliche Entscheidung* zurückführen – sei es auf die eines Menschen oder auch auf die Gottes. Alles, was wir uns auf diese Weise zurechtlegen, ist kausal nicht weiter zu bestimmen. Die Begründung für dieses Stück Wirklichkeit liegt im Geheimnis der Person, deren Verfügung nicht weiter verfolgt werden kann.

Drittens schließlich können wir uns, wenn wir eine Sache auf sich beruhen lassen wollen, auf unser grundsätzlich *beschränktes Erkenntnisvermögen* berufen. Wir halten uns dann unsere Selbstbe-

12 In: »Selbstdarstellung« (s. o. Anm. 2) 223–233, hier 233.

scheidung zugute, in der wir wissen, daß wir nicht auf jede Frage, die sich uns stellt, auch eine Antwort haben.

Für Freud sind diese drei Möglichkeiten, das Erkenntnisstreben zu begrenzen, von unterschiedlichem Charakter. Während er dem letzten Argument gegenüber nur darauf besteht, daß es nicht von vornherein ausgemacht sein darf, wo die dem Menschen gesetzten Schranken liegen, weist er die Berufung auf den Zufall und den freien Willen nachdrücklich zurück.

Gerade bei seinem Umgang mit den Kranken nahm Freud so vieles wahr, das scheinbar geringfügig, bedeutungslos und ohne Zusammenhang war. Man hätte es leicht als unergiebig beiseite lassen können. Aber Freud ging dementgegen von einem »besonders strengen Glauben an die Determinierung des Seelenlebens« aus; deshalb gab es für ihn »nichts Kleines, nichts Willkürliches und Zufälliges«; er suchte auch noch »überall dort eine ausreichende Motivierung, wo man gewöhnlich eine solche Forderung nicht erhebt« (Über Psychoanalyse[13]). Dies war für Freud selbst zunächst nicht mehr als »ein Vorurteil«; er »konnte nicht daran glauben«, daß er bestimmte Erscheinungen als »ganz willkürlich und außer Beziehung« beiseitelassen sollte (ebd. 72). Diese Annahme, daß grundsätzlich alle Phänomene, auch die geringfügigsten, in einem größeren Ursachenzusammenhang stehen und von daher uns verständlich werden können, erwies sich im therapeutischen Bemühen als fruchtbar. Von ihr geleitet, kam Freud zu aufschlußreichen Einblicken in das seelische Leben.

Diese deterministische Ausgangsposition fördert aber andererseits auch das Bedürfnis, alle anstehenden Phänomene in die naheliegenden Erklärungsmuster einzubringen, damit sie nicht doch als ungedeutetes Material, als unerledigter Rest die Erkenntniszuversicht wieder in Zweifel ziehen. Dementsprechend stehen in Freuds Psychoanalyse *rationalistische* und *spekulative Charakterzüge* nahe beieinander.

Im Idealfall sollte nach Freud die menschliche Wirklichkeit als Ergebnis *quantitativ meßbarer Energien* betrachtet werden. Erst dann würde sie nämlich nach der Art physikalischer Berechnungen ver-

13 S. o. Anm. 10, 82.

fügbar. Aufgrund dieser Betrachtungsweise kann Freud zum Beispiel auch das physikalische Prinzip von der Erhaltung der Energie auf die psychischen Verhältnisse übertragen und feststellen, daß »der Mensch nicht über unbegrenzte Quantitäten psychischer Energie verfügt« und das, was er »für kulturelle Zwecke verbraucht«, anderen Lebensmöglichkeiten »entzieht« (Das Unbehagen in der Kultur 140). Dementsprechend wird auch die Welt reicher, wenn der Mensch »seine Erwartungen vom Jenseits abzieht und alle freigewordenen Kräfte auf das irdische Leben konzentriert« (Die Zukunft einer Illusion 129).

Man kann diese Grundeinstellung der Psychoanalyse Freuds leicht dadurch herunterspielen, daß man sie auf das zeitbedingte wissenschaftliche Milieu zurückführt und darauf verweist, daß Freud selbst – wenn auch gelegentlich unter eigenem Bedauern – nicht nach quantitativ meßbaren *Energiezuständen*, sondern nach inhaltlich verstehbaren *Sinnzusammenhängen* Ausschau hält; daß er letztlich doch dem *geisteswissenschaftlichen Interpreten kultureller Zeugnisse* näher steht als dem *Physiker*. Dennoch muß man seine Entscheidung für den Determinismus insofern als folgenreich ansehen, als er in seiner »Deutungskunst« grundsätzlich nach *rückwärts* fragt, nach den vorausgehenden Ereignissen und Verhältnissen, in denen für die späteren Situationen alles Wesentliche ausgemacht worden ist. Die *Zukunft* soll begreifbar werden als die *gesetzmäßige Entfaltung vorgegebener Zustände*. Zwar ist die psychoanalytische Therapie gerade darauf ausgerichtet, dem Kranken eine neue Lebenssituation zu schaffen, aber auch dies sieht Freud nach deterministischem Muster, wenn er betont, »daß der Endausgang des Kampfes, den wir aufgenommen haben, von quantitativen Relationen abhängt, von dem Energiebetrag, den wir zu unseren Gunsten beim Patienten mobilisieren können, im Vergleich zur Summe der Energien der Mächte, die gegen uns wirken« (Abriß der Psychoanalyse 54).

Wie das *individuelle Leben*, so versucht Freud auch die *Kulturgeschichte der ganzen Menschheit* als einen determinierten Prozeß zu begreifen. Entsprechend dem von Comte her bekannten *Dreistadiengesetz* läßt er »drei große Weltanschauungen« aufeinanderfolgen: »die animistische (mythologische), die religiöse und die wissenschaftliche« (Totem und Tabu 83). In der ersten Phase sieht sich der Mensch noch so in die übrige Natur eingelassen, daß er die gesamte äußere Realität nach seinen eigenen Vorstellungen ausstattet und seinem eigenen Bewußtsein unterwirft. Dies kann er aber mit zunehmender Kontrolle der Realität nicht durchhalten; er sieht, daß sich nicht alles seinem Willen fügt, und stellt deshalb sich selbst und seiner Welt einen übermächtigen Gott gegenüber. Damit entfernt er sich aber um so mehr von der nach Freud erforderlichen deterministischen Sicht der Wirklichkeit. Erst in der dritten Phase gelingt dem Menschen die rechte Selbsteinschätzung: »In der wissenschaftlichen Weltanschauung ist kein Raum mehr für die Allmacht des Menschen, er hat sich zu seiner Kleinheit bekannt und sich resigniert dem Tode wie allen anderen Naturnotwendigkeiten unterworfen. Aber in dem Vertrauen auf die Macht des Menschengeistes, welcher mit den Gesetzen der Wirklichkeit rechnet, lebt ein Stück des primitiven Allmachtglaubens weiter.« (Ebd. 94) Doch ist dieser verbleibende »Allmachtglaube« dadurch gerechtfertigt, daß er nicht auf dem freien Wollen des Menschen, sondern auf seiner Einsicht in vorgegebene Notwendigkeiten aufbaut.

Freilich zögert Freud, die individuelle Entwicklung, in der der Mensch üblicherweise das Kindheitsstadium nach einiger Zeit hinter sich läßt, ohne weiteres auf die gesamte Menschheitskultur zu übertragen. Aber die Analogie ist ihm wenigstens »eine Berechtigung für eine Zukunftshoffnung« (Die Zukunft einer Illusion 127): »Nach dieser Auffassung wäre vorauszusehen, daß sich die Abwendung von der Religion mit der schicksalsmäßigen Unerbittlichkeit eines Wachstumsvorganges vollziehen muß, und daß wir uns gerade jetzt mitten in dieser Entwicklungsphase befinden.« (Ebd. 123) Aber wie im Leben des einzelnen die erforderliche Entwicklung gestört werden kann, so auch in der Geschichte der Menschheit. Trotzdem ist Freud von dem vermuteten Ablauf so überzeugt, daß er an benachbarten Stellen dieses Textes den Konjunktiv der bloßen Möglichkeit aufgibt und feststellt: »In diesem Prozeß gibt es keine Aufhaltung«, und »auf die Dauer kann der Vernunft und der Erfahrung nichts widerstehen, und der Widerspruch der Religion gegen beide ist allzu greifbar« (ebd. 119 und 133). Die Reli-

gion ist also demnach nicht erst dann erledigt, wenn sie in einem anstehenden Aufklärungsprozeß unterliegen sollte; die Geschichte ist vielmehr im Grunde schon gegen sie entschieden: *Der Weg der Menschheit ist – wenigstens im Fall der Religion – auf die Rationalität hin determiniert, die für Freud selbst Maßstab ist.*
Aber auch wenn wir diese Einschätzung der Lage nicht teilen wollten, dürften wir unsere zukünftige Situation nach Freud weder als *Zufall* noch als Folge einer *willentlichen Entscheidung des Menschen* noch als *Gottes Fügung* begreifen, sondern ausschließlich als notwendiges Ergebnis aus dem Wechselspiel der uns bestimmenden Kräfte. Diese zu durchschauen ist uns freilich nur begrenzt möglich. Deshalb bleibt uns dort, wo die Wissenschaften nicht mehr Einsicht verschaffen, nur die intellektuelle Selbstbescheidung: »Die Unwissenheit ist die Unwissenheit; kein Recht etwas zu glauben leitet sich aus ihr ab.« (Ebd. 112)

5.3 Die Architektonik von Bewußtem und Unbewußtem

Von »Unterbewußtsein« und »Unbewußtem« zu reden ist in heutiger popularisierter Bildungssprache schon gang und gäbe. Dies war zu Freuds Zeiten noch nicht gleichermaßen so. Philosophisch und psychologisch wurde der Mensch wesentlich als ein Subjekt gesehen, das sich zu sich selbst und seiner Welt bewußt verhält.
Demgegenüber konnte Freud auf drei *Symptombereiche* aufmerksam machen, in denen sich das wirksam kundtut, was uns üblicherweise aus unserem eigenen seelischen Leben nicht unmittelbar gegenwärtig ist: *Krankheit, Traum* und *Fehlleistungen* (das heißt, daß wir uns etwa versprechen, auffällig falsche Handgriffe tun, Dinge vergessen, die wir doch eigentlich wissen müßten). In jedem dieser Bereiche begegnen uns Phänomene, die nur Störungen des Normalen zu sein scheinen, sinnlose Vorgänge außerhalb ursächlicher Zusammenhänge. Aber für Freud wurden sie, je mehr er sich mit ihnen beschäftigte, zu Zeichen einer fremden Sprache, die man erlernen kann, wenn man sich um sie bemüht. Er fand in ihnen die geheimen Mitteilungen dessen, was sich das wache und seiner

selbst bewußte Subjekt nicht einzugestehen vermag. In dem Maße, in dem die Macht des kontrollierenden Bewußtseins geschwächt oder außer Kraft gesetzt wird, dürfen sich – mehr oder minder verhüllt – die Bedürfnisse ausdrücken, die sonst verborgen bleiben müssen, etwa weil sie unseren moralischen Maßstäben nicht genügen.

Die Grenze zum Unbewußten hin ist also durchlässig, aber von Wächtern besetzt, die all das zurückhalten sollen, was dem Leben störend werden könnte. Wohl läßt sich manches, was uns aktuell nicht bewußt ist, doch leicht und ohne besondere Hemmnisse in Erinnerung rufen; anderes aber ist durch kräftige *Widerstände* blockiert. Aus diesem Grunde unterscheidet Freud zwischen dem *Vorbewußten*, das zwar nicht aktuell gegenwärtig ist, aber »bewußtseinsfähig«, »virtuell bewußt« (Der Mann Moses 100f), und dem eigentlich *Unbewußten*, das dem Menschen teils schon als Erbe vorgegeben und eingestiftet ist, teils aufgrund bestimmter *Verdrängungen* zustande kam und gewaltsam an der Rückkehr in das Bewußtsein gehindert wird.

In einer Skizze stellt sich dieser differenzierte Aufbau des seelischen Gebäudes folgendermaßen dar:

Bewußtes	aktuell gegenwärtig	→	*Bewußtes*
Nicht-bewußtes	nicht gegenwärtig, aber leicht aktualisierbar	→	*Vorbewußtes*
	durch Verdrängung blockiert, unter Widerstand zurückgehalten	→	*Unbewußtes*

Durch diese Unterscheidungen kommt Freud in gewissem Sinn zu seelischen Räumen und Orten; er nennt deshalb die Psychoanalyse in dieser Hinsicht eine »topische Betrachtung« (Abriß der Psychoanalyse 26; griechisch »tópos«: »der Platz, die Gegend«). Freilich ist er sich des metaphorischen Charakters dieser Lokalisierungen bewußt; es handelt sich hier letztlich um eine *räumliche Darstellung dynamischer psychischer Beziehungen*. Darauf verweisen gerade die einander übergreifenden Zuordnungen der vorangehenden Skizze.

Die in diesem Zusammenhang *grundlegende Einsicht* Freuds heißt: *Der Mensch ist weit mehr als sein Bewußtsein.* »Die Daten der bewußten Selbstwahrnehmung ... haben sich überall als unzureichend erwiesen, um die Fülle und Verwicklung der seelischen Vorgänge zu durchschauen, deren Zusammenhänge aufzudecken und so die Bedingungen für deren Störungen zu erkennen.« (Ebd. 72) Die Macht des Unbewußten rührt daher, daß in ihm auch noch diejenigen Bedürfnisse des Menschen wirksam sind, die er nicht kennt oder nicht zur Kenntnis nehmen will.

Die *religionskritische Komponente* dieser tiefenpsychologischen Deutung des seelischen Lebens wird vor allem darin deutlich, daß Freud versucht, die Vielzahl menschlicher Strebungen auf möglichst wenige fundamentale Bedürfnisse zurückzuführen: »Nach langem Zögern und Schwanken haben wir uns entschlossen, nur zwei Grundtriebe anzunehmen, den *Eros* und den *Destruktionstrieb*.« (Ebd. 10) Damit können nach Freud *alle menschlichen Äußerungen – die des individuellen Lebens wie die der gemeinsamen Kultur* – als *Ausdruck dieser grundlegenden seelischen Mächte* entziffert werden. Die meiste Aufmerksamkeit widmet Freud dabei der »Energie des Eros«, die er *»Libido«* nennt (ebd. 12). Diese ist auf die Befriedigung der vitalen Lustbedürfnisse ausgerichtet und findet ihren ursprünglichen Ausdruck in der *Sexualität.*

Daß Freud der Sexualität im Aufbau des menschlichen Lebens eine so fundamentale Stellung einräumte, rief in besonderem Maß Widerspruch hervor. Anstoß erregte dabei vor allem zweierlei: erstens, daß er bereits dem Kleinkind sexuelle Bedürfnisse und Äußerungen zuschrieb und diese nicht erst mit der Pubertät ansetzte; zweitens, daß er den Begriff der Sexualität über den gewöhnlichen Sprachgebrauch hinaus erweiterte, so daß unter ihn alle lustbetonten Körperfunktionen und Ausdrucksformen liebevoller Zuneigung gefaßt werden konnten.

Nach Freuds Lehre ist es demnach zum vollen Verständnis auch der religiösen Äußerungen unabdingbar erforderlich, sie in Beziehung zu den Bedürfnissen zu sehen, deren eigentliches Ziel die sexuelle Befriedigung ist. Dieser Einsicht kann sich aber nur derjenige öffnen, der das Unbewußte als den beherrschenden Raum im Gesamtaufbau des Subjekts erkannt hat.

5.4 *Die Dramatik der psychischen Rollen Ich – Es – Über-Ich*

Die im Vorausgehenden dargestellte Dynamik des seelischen Lebens wird noch ausgeprägter durch die Charakterisierung der Positionen von Ich, Es und Über-Ich. Zugleich wird der Überblick über die psychischen Relationen aber auch etwas erschwert; denn diese neue Dreiheit läßt sich nicht der ersten von Bewußtem, Vorbewußtem und Unbewußtem parallel zuordnen.

Wenn wir »ich« sagen, nehmen wir uns gewöhnlich als ein einheitliches Subjekt, das sich als Einzelnes und Ganzes von den anderen – »du«, »er«, »sie« usw. – absetzt. Von Freud bekommen wir hier jedoch gesagt: Es gibt nicht nur *einen* Herrn im Haus: es müssen vielmehr drei miteinander zurechtkommen; und dabei kann es gelegentlich sehr streitbar zugehen; Kompromisse braucht man allemal.

Die ursprünglichste Instanz des menschlichen Subjekts ist nicht das ihm eher vertraute Ich, sondern das *Es*. In ihm haben wir die »älteste dieser psychischen Provinzen oder Instanzen«; »sein Inhalt ist alles, was ererbt, bei Geburt mitgebracht, konstitutionell festgelegt ist, vor allem also die aus der Körperorganisation stammenden Triebe, die hier einen ersten uns in seinen Formen unbekannten psychischen Ausdruck finden.« (Abriß der Psychoanalyse 7) Damit steht zugleich fest, daß »die allein herrschende Qualität im Es« das Unbewußte ist (ebd. 23). Dementsprechend beherrscht es mit urtümlich vitaler Macht die psychischen Regionen. Sein Streben, die Bedürfnisse zu befriedigen, nimmt keine Rücksicht auf die Bedingungen der menschlichen Existenz. »Eine Absicht, sich am Leben zu erhalten und sich durch die Angst vor Gefahren zu schützen, kann dem Es nicht zugeschrieben werden.« (Ebd. 10)

Es war deshalb eine Notwendigkeit der menschlichen Entwicklungsgeschichte, eine differenziertere innere Organisation aufzubauen. Dies geschah durch die Ausgliederung des *Ichs*, das »von nun an zwischen Es und Außenwelt vermittelt« (ebd. 7). Diese Aufgabe der *Selbstbehauptung* ist deshalb prekär, weil sie auf *zwei bedrohliche Seiten* hin reagieren muß: nach *außen* in der Wahrnehmung und Beeinflussung der Umweltreize; nach *innen* in der Beurteilung und Regulierung der Triebansprüche. Das Ich versucht demnach sein Bedürfnis nach Lustbefriedigung, das es mit dem Es teilt, realistisch nach den Möglichkeiten, die von der Umwelt eingeräumt werden, auszurichten. Dieses Unternehmen ist eine ständige Quelle von belastenden Frustrationen. Das Ich kann die gespannte Situation nur bewältigen, wenn es die *Gefahren* aufmerksam und nüchtern verfolgt und sich mit *Angstsignalen* rechtzeitig bemerkbar macht.

Die Situation wird aber darüber hinaus noch dadurch erschwert, daß im menschlichen Subjekt eine weitere bedrohliche Instanz seine Ansprüche geltend macht: das *Über-Ich*. Im Unterschied zum Es ist es nicht schon entwicklungsgeschichtlich vererbt, sondern erst *lebensgeschichtlich aufgebaut*. In ihm hat der Mensch die Forderungen verinnerlicht, mit denen er von Kindheit an – vor allem durch die Eltern, aber auch durch die übrige kulturelle Umwelt – konfrontiert war. In frühem Alter ist der Mensch noch ganz von seinen Bedürfnissen geleitet und noch nicht in der Lage, einzusehen, daß ihre Befriedigung Einschränkungen unterliegt. Jede *Entbehrung* ist ihm immer eine von außen aufgenötigte *Versagung*; er sieht sich von einer Vielzahl von *Verboten* umstellt. Dieser Zustand kann zwar stabil sein, wird jedoch mit zunehmendem Alter als entwürdigend erfahren. Der Ausweg, die Einschränkungen aggressiv zu beseitigen, ist aber nur teilweise gangbar; so bleibt für die restlichen äußeren Zwänge nur übrig, sie zu verinnerlichen, das heißt, sie als eigene Forderungen zu deklarieren. »Jedes Kind führt uns den Vorgang einer solchen Umwandlung vor, wird erst durch sie moralisch und sozial. Diese Erstarkung des Über-Ichs ist ein höchst wertvoller psychologischer Kulturbesitz. Die Personen, bei denen sie sich vollzogen hat, werden aus Kulturgegnern zu Kulturträgern.« (Die Zukunft einer Illusion 91) Die moralische Entwicklung führt also von einer *Heteronomie* (Fremdgesetzlichkeit) zu einer mehr oder minder scheinbaren, jedenfalls eingeschränkten *Autonomie* (einer Eigengesetzlichkeit, die ihre heteronome Herkunft gerne verleugnen möchte, aber dennoch an sie gebunden bleibt). Was in theologisch-philosophischer Herkunft üblicherweise *»Gewissen«* genannt wird, erfährt hier eine schwerwiegende psychoanalytische Interpretation.

In gewisser Hinsicht dient also das Über-Ich der Aufgabe des Ich; denn es hilft ihm dem andrängenden Es zu widerstehen. Anderer-

seits ist es aber auch wie dieses dem Ich teilweise unbewußt und kann mit den triebhaften Bedürfnissen gefährliche Komplizenschaften eingehen, etwa dadurch, daß die Unterordnung unter die beengenden Verbote insgeheim zur genußvollen Befriedigung verkehrt wird. Vor allem aber ist das Über-Ich die Quelle des *Schuldbewußtseins*, das leicht auch von *Strafbedürfnissen* begleitet sein kann. Das Über-Ich verfügt also über Taktiken der Autoritätsbehauptung, die das seelische Leben kräftig belasten können.
In dieser bedrängenden Situation erfährt sich das Ich häufig in *Angst* versetzt; denn jede seiner Entscheidungen ist nur »dann korrekt, wenn sie gleichzeitig den Anforderungen des Es, des Über-Ichs und der Realität genügt, also deren Ansprüche miteinander zu versöhnen weiß« (Abriß der Psychoanalyse 8). Wenn es dabei nicht überlegen bleibt und die Kontrolle behält, führt dies zu *Neurosen*.

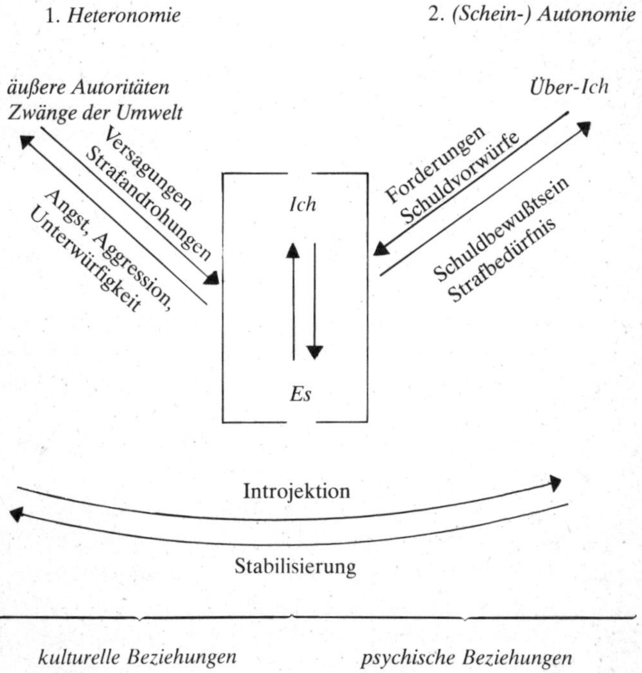

Mit dem Verhältnis von Ich, Es und Über-Ich will Freud demnach nicht nur über die psychische Verfassung des Menschen Aufschluß geben, sondern letztlich auch über den Aufbau der Kultur. (Vgl. dazu die Skizze auf S. 161.)
In dieser Sicht Freuds ist das Ich beherrscht von den Einflüssen der Vergangenheit: vom Es »mit seinen vererbten Tendenzen«, das vor allem »die organische Vergangenheit« repräsentiert – und vom Über-Ich, in dem »vor allem die kulturelle Vergangenheit«, vermittelt durch das kindliche Erleben, gegenwärtig ist (ebd. 86f) Auch hier zeigt sich demnach wieder, wie Freud den Menschen von seinen Vorgaben her determiniert sieht.
Die Situation, die in der Rivalität und im Zusammenwirken von Ich, Es und Über-Ich erreicht wird, muß notwendigerweise, wenn der Mensch einigermaßen mit sich und mit der Umwelt zurechtkommen will, ein *Kompromiß* sein. Dieser wird ausgehandelt im Zwiespalt zwischen zwei entgegengesetzten Ansprüchen: dem *»Lustprinzip«* und dem *»Realitätsprinzip«*. Wer sich nur nach dem ersten richten wollte, würde sich ganz der despotischen Macht des Es und seiner Bedürfnisse ausliefern; wer sich dagegen allein nach dem Realitätsprinzip ausrichten wollte, würde diese Macht unterschätzen und ihre hinterhältige Rache herausfordern. Rigorose Lösungen wären also zerstörerisch.
Aber nicht jede Kombination von Lust- und Realitätsprinzip ist schon hilfreich und verantwortbar; es gibt auch hier gute und faule Kompromisse. Freud verweist deshalb auf *zwei Kriterien*, nach denen man die verschiedenen Ergebnisse beurteilen muß: erstens, ob sie für eine *psychisch und sozial erträgliche Verfassung* des Menschen förderlich sind, und zweitens, ob sie sich bei der Prüfung ihrer *intellektuellen Redlichkeit* behaupten können. Unter diesen Gesichtspunkten ist es etwa normal, ja unumgänglich, daß sich der Mensch im *Traum* wenigstens teilweise aus der Kontrolle des Ich und der Reglementierung durch das Über-Ich löst und sich eine Welt nach freiem Belieben gönnt. Dieser Ausflug in eine wahnhafte Realität ist eine harmlose Entlastung von den Zwängen des Alltags. Ähnlich zu beurteilen ist die *Kunst*, die jeder, der für sie aufgeschlossen ist, »als Lustquelle und Lebenströstung nicht hoch genug einzuschätzen« weiß; doch »die milde Narkose«, in die sie uns

versetzt, ist »nicht mehr als eine flüchtige Entrückung aus den Nöten des Lebens« und »nicht stark genug, um reales Elend vergessen zu machen« (Das Unbehagen in der Kultur 111).
Gefährlich dagegen wird es, wenn sich der Mensch deshalb in eine befriedigende *Phantasiewelt* zurückzieht, weil er sich den Widerständen der Außenwelt nicht mehr gewachsen sieht. Hier droht er in die infantilen Sehnsüchte nach einer behütenden Geborgenheit zurückzusinken, das heißt in der Sprache Freuds: einer *»Regression«* zu erliegen. Ihre Folge ist die *Neurose*. Sie »vertritt in unserer Zeit das Kloster, in welches sich alle die Personen zurückzuziehen pflegten, die das Leben enttäuscht hatte oder die sich für das Leben zu schwach fühlten« (Über Psychoanalyse[14]). Doch selbst hierbei wird wie bei den vorhergenannten Fällen das Realitätsprinzip nicht völlig aufgegeben, sondern nur in einer spezifischen Weise dem Lustprinzip untergeordnet. Bedenklich ist dies zunächst einmal deshalb, weil das seelische Schicksal eine Entfremdung zu den Mitmenschen und deren Lebenswelt mit sich bringt, die nur schwer oder kaum mehr rückgängig gemacht werden kann. Die intellektuelle Redlichkeit müßte dadurch noch nicht eingeschränkt sein. Doch ist mindestens die Gefahr sehr groß, daß derjenige, der sich von der sozial üblichen Realität zurückzieht, weil er sich mit ihr nicht zurechtfindet, sich diese seine Schwäche nicht eingesteht und nach anderen Interpretationen Ausschau hält, die sein Selbstwertgefühl weniger stören. Dann freilich steht nicht nur die *Normalität des Verhaltens*, sondern die *Wahrhaftigkeit und Nüchternheit des Denkens* auf dem Spiel. In dieser Hinsicht begegnet Freud den religiösen Lehren und den Ausdrucksformen der Frömmigkeit mit tiefgreifendem Verdacht.

5.5 Die besondere Erklärungsbedürftigkeit der Religion

Wie bereits im Vorausgehenden ausgeführt wurde, können nach Freud alle kulturellen Äußerungen des Menschen unter dem Gesichtspunkt »der ökonomischen Bilanz von Lust und Unlust, von

14 S. o. Anm. 4, 95f.

Befriedigung und Frustration«[15] interpretiert werden. In dieser Hinsicht nimmt die Religion keine Sonderstellung ein. Sie müßte sich dadurch auch noch nicht entwertet sehen. Für Freud ist die Psychoanalyse zunächst »eine Forschungsmethode, ein parteiloses Instrument, wie etwa die Infinitesimalrechnung« (Die Zukunft einer Illusion 117). Wer gegen die Religion den Verdacht hegt, daß sie angesichts der uns zugänglichen Realität nicht zu verantworten sei, wird seine Gründe mit Hilfe dieses Instruments besser ausarbeiten können; aber auch die »Verteidiger der Religion werden sich mit demselben Recht der Psychoanalyse bedienen, um die affektive Bedeutung der religiösen Lehre voll zu würdigen« (ebd. 117). Von der Psychoanalyse allein her ist nach Freud der »Realitätswert« der Religion nicht endgültig auszumachen; das meiste, was diese mitteilt, ist für Wissenschaft ebenso »unbeweisbar« wie »unwiderlegbar« (ebd. 111f).

Zum Beleg dafür, daß die entscheidende Grundlage der Religionskritik nicht zuerst in der Psychoanalyse zu suchen ist, betont Freud: »Außerdem habe ich nichts gesagt, was nicht andere, bessere Männer, viel vollständiger, kraftvoller und eindrucksvoller vor mir gesagt haben.« (Ebd. 115) Auch wenn die Selbstbescheidung an dieser Stelle vor allem aus rhetorisch-taktischen Gründen gewählt sein sollte, so sieht sich Freud doch auf jeden Fall in einer geistesgeschichtlichen Linie mit der ihm schon vorausgehenden Religionskritik. Er verweist vor allem auf die »weitgehenden Übereinstimmungen der Psychoanalyse mit der Philosophie Schopenhauers« und die »Ahnungen und Einsichten« Nietzsches, die »sich oft in der erstaunlichsten Weise mit den mühsamen Ergebnissen der Psychoanalyse decken« (»Selbstdarstellung«[16]). Auch inhaltliche Gemeinsamkeiten mit Feuerbach liegen auf der Hand. Freud sieht sich demnach als Psychoanalytiker vor ein kulturelles Phänomen gestellt, dessen

15 *Paul Ricoeur*, Der Atheismus der Psychoanalyse Freuds, in: Eckart Nase/Joachim Scharfenberg (Hrsg.), Psychoanalyse und Religion (Wege der Forschung 275), Darmstadt 1977, 206–218, hier 215. Dieser aufschlußreiche, kurze Aufsatz wurde zuerst veröffentlicht in: Concilium 2 (1966) 430–435. Eine ausführliche philosophische Studie über Freud liegt von Ricoeur vor unter dem Titel: Die Interpretation. Ein Versuch über Freud (suhrkamp taschenbuch 76), Frankfurt a. M. 1974 (original: De l'Interprétation. Essai sur Freud, Paris 1965).

16 S. o. Anm. 2, 87.

Verantwortbarkeit bereits von Philosophen – für ihn mit überzeugenden Gründen – bestritten wird. Außerdem nimmt er als eine öffentlich anerkannte Tatsache wahr, »daß die Religion nicht mehr denselben Einfluß auf die Menschen hat wie früher«; daß ihre Versprechungen »den Menschen weniger glaubwürdig erscheinen« (Die Zukunft einer Illusion 118). Je mehr der religiöse Glaube aber an Überzeugungskraft abnimmt und je schwerer es ihm fällt, sich selbst zu rechtfertigen, desto näher liegt es, ihn psychologisch zu erklären und sich mit dieser Erklärung zu begnügen. Unter solcher Perspektive sieht Freud auch seine eigene Leistung: »Ich habe bloß – dies ist das einzig Neue an meiner Darstellung – der Kritik meiner großen Vorgänger etwas psychologische Begründung hinzugefügt.« (Ebd. 116) Er hat damit nur, wie es auf dem Weg wissenschaftlicher Erkenntnis üblich ist, »eine rohe Annäherung an die Wahrheit ... ersetzt durch eine sorgfältiger angepaßte« (ebd. 134).

Religiöse Äußerungen stellen damit für Freud von vornherein ein *Sonderverhalten* dar, das durch *Eigentümlichkeiten* auffällt. Man tut hier vieles, was man außerhalb des religiösen Bereichs befremdlich fände; vor allem steht die Gewissenhaftigkeit, mit der man sich seinem Glauben verpflichtet sieht, in keinem rechten Verhältnis zur Fähigkeit, ihn zu begründen. Besser als alle anderen Versuche, dieses Phänomen zu verstehen, scheint für Freud deshalb eine »genetische Ableitung« (Das Unbehagen in der Kultur 92), das heißt die *Rekonstruktion der Umstände, die zu seiner Entstehung führten*.

Den ersten entscheidenden Schritt zu einer solchen Deutung der Religion stellt Freuds kurze Schrift *»Zwangshandlungen und Religionsübungen«* dar. In ihr geht er den Ähnlichkeiten neurotischer Zwangshandlungen mit religiösen Vollzügen nach. Ausdrücklich sollen dabei nicht mehr als »Analogieschlüsse« von der »Entstehung des neurotischen Zeremoniells ... auf die seelischen Vorgänge des religiösen Lebens« gewagt werden (ebd. 7) – keine wertende Gleichsetzung. Dennoch geht diese Abhandlung aus der durchgängigen Überzeugung Freuds hervor, daß die Religion *nicht intellektuell verantwortet*, sondern *nur psychoanalytisch verstanden* werden kann.[17]

17 Vgl. das Kapitel »Religion« in: *Ernest Jones*, Das Leben und Werk von Sigmund Freud, Bd. III, Bern/Stuttgart 1962 (original: The Life and Work of Sigmund Freud, New York 1953–57), 407–436.

In der Auflistung halten sich die Gemeinsamkeiten und die Unterschiede neurotischer und religiöser Verrichtungen zunächst etwa die Waage; vor allem scheinen sich die Religionsübungen dadurch unvergleichlich abzuheben, daß bei ihnen selbst die geringfügigen Verrichtungen noch mit Bedeutung versehen sind:

Zwangshandlungen		*Religionsübungen*
	Gewissensangst bei Unterlassung	
	Isolierung von allem anderen Tun	
	Gewissenhaftigkeit der Ausführung	
individuelle Mannigfaltigkeit	⟷	Stereotypie des Ritus
Privatcharakter	⟷	Öffentlichkeit und Gemeinsamkeit
läppisch und sinnlos	⟷	sinnvoll und symbolisch

Doch wird der in der letzten Zeile vermerkte »einschneidendste Unterschied zwischen neurotischem und religiösem Zeremoniell beseitigt, wenn man mit Hilfe der psychoanalytischen Untersuchungstechnik zum Verständnis der Zwangshandlungen durchdringt« (ebd. 9); man kann dann nämlich erkennen, daß auch die Zwangshandlungen »durchwegs und in allen ihren Einzelheiten sinnvoll sind, im Dienste von bedeutsamen Interessen der Persönlichkeit stehen« (ebd.). So legt sich der Verdacht nahe, daß man »die Neurose als eine individuelle Religiosität, die Religion als eine universelle Zwangsneurose« begreifen könnte (ebd. 14): Wie die Neurose wäre dann auch die Religion eine *»Abwehr- oder Versicherungshandlung, Schutzmaßregel«* (ebd. 12), deren Zweck darin bestünde, das Schuldbewußtsein und die Ängste der Menschen zu bannen. Diese Annahme liegt für Freud deshalb nahe, weil im individuellen wie im gemeinschaftlich-religiösen Leben Triebverzicht gefordert wird und diese Unterdrückung eine bleibende Quelle der *Unsicherheit und Gefährdung* ist. Feste Handlungsschemata, seien sie individuell neurotisch oder gemeinschaftlich religiös, gewähren demgegenüber den *Anschein einer stabilen und geordneten Welt.*
In der Schrift *»Totem und Tabu«* versucht Freud, eine genetische Ableitung der Religion in menschheitsgeschichtlichen Ausmaßen. Am Anfang der Kultur habe ein traumatisches Ereignis gestanden:

Der übermächtige Vater der Menschenhorde sei von seinen Söhnen erschlagen worden; das Entsetzen vor dem Mord, von dem sich jetzt auch jeder einzelne bedroht sehen konnte, zwang zur Errichtung einer stabilen Gemeinschaftsordnung; man suchte das Unheil der vergangenen Tat zu bannen, indem man ein erhabenes Vaterbild verinnerlichte.

Diese historische Konstruktion ist bis in die Details ihrer Begründung so verwegen, daß man Freud hier leicht Mythenbildung aus spekulativer Phantasie vorwerfen kann. Aber letztlich geht es ihm nicht um die Sicherung urzeitlicher Fakten; deshalb betont er später selbst: »Ob nun eine solche Möglichkeit als historisch anzunehmen ist oder nicht, die Religionsbildung war hiemit auf den Boden des Vaterkomplexes gestellt und über der Ambivalenz aufgebaut, welche diesen beherrscht.« (»Selbstdarstellung«[18]) Wie sich der Sohn im *»Ödipuskomplex«* einerseits von seinem Vater befreien will, um die ausschließliche Liebe der Mutter zu gewinnen, ihm aber andererseits in furchtsamer Anerkennung seiner Autorität zugewandt bleibt, so versuchen die Menschen in ihrer religiösen Kultur einen *Kompromiß* zu finden zwischen ihren *vitalen Bedürfnissen* und ihren notwendigen *Triebverzichten*. Während man den kulturellen Druck der Verbote eigentlich *aggressiv abwehren* möchte (nach dem Muster der urzeitlichen Tötung des Vaters), gibt man den unumgehbaren Triebverzichten in der Religion eine *göttliche Legitimation* (in der Verehrung des übermächtigen Vaters).

Die genetische Erklärung der Religion durch eine Geschichtskonstruktion setzt Freud in seiner Abhandlung *»Der Mann Moses und die monotheistische Religion«* fort, in der er die Entstehung des Volkes Israel als eine Wiederholung des urzeitlichen Ereignisses deutet: Moses wird erschlagen und schließlich doch als grundlegender Gesetzgeber der Gemeinschaft anerkannt. Konsequent sieht Freud diese Linie dann fortgesetzt in der Hinrichtung Jesu und seiner Erhöhung zum Messias. In Judentum und Christentum sind demnach (für den Juden Freud) die »frühesten Erlebnisse der ganzen Menschheit« gegenwärtig, »als zwar entstellte, aber durchaus berechtigte Erinnerung« (Der Mann Moses 128).

18 S. o. Anm. 2, 94.

Diese historischen Rekonstruktionen sind ethnologisch und religionsgeschichtlich unbrauchbar; aber sie belegen, wie sehr Freud die Religionen für psychologisch erklärungsbedürftig hielt. Ernsthafter zur Auseinandersetzung fordert allerdings erst der nächste Schritt seiner Religionskritik.

5.6 *Die Religion als Kultur des infantilen Bewußtseins*

Nach (erstens) *dem Analogieschluß von der individuellen Neurose auf den Charakter der Religion* und (zweitens) der *genetischen Ableitung von einem urzeitlichen Vatermord her* kommt Freud (drittens) zur eigentlichen *Deutung der Religion aufgrund des psychischen Bedürfnishaushalts*. Ausgearbeitet ist diese Sicht vor allem in »Die Zukunft einer Illusion« und »Das Unbehagen in der Kultur«.

Trotz aller Kulturbemühungen erfahren sich die Menschen unumgänglich als hilflose Wesen, ausgesetzt den »Schrecken der Natur«, »der Grausamkeit des Schicksals« und den »Leiden und Entbehrungen ..., die dem Menschen durch das kulturelle Zusammenleben auferlegt werden« (Die Zukunft einer Illusion 98). Diese ihnen unheimliche Lage machen sie sich dadurch erträglich, daß sie sich in die Situation behüteter Kinder versetzen und sich sagen: »Über jedem von uns wacht eine gütige, nur scheinbar gestrenge Vorsehung, die nicht zuläßt, daß wir zum Spielball der überstarken und schonungslosen Naturkräfte werden.« (Ebd. 99) Die wesentliche Funktion der Religion besteht also darin, in einer entbehrungsreichen und beängstigenden Welt *Trost* und *Geborgenheit* zu vermitteln; der Gläubige erfährt sich als stabilisiert.

Das Urteil darüber hat nach Freud zweierlei zu berücksichtigen: Zum einen muß man der Religion einräumen, daß ihre »Vorstellungen aus demselben Bedürfnis hervorgegangen sind wie alle anderen Errungenschaften der Kultur« (ebd. 101), nämlich vor der bedrohenden Natur zu bestehen und die Nachteile der Kultur zu mindern; andererseits kann man aber nicht davon absehen, daß die Religion dies in einer primitiven Denkart leistet, nämlich dadurch, daß der Mensch »sein Wesen in die Welt hinausprojiziert« (ebd. 102). Damit gibt der Mensch dem Lustprinzip den Vorzug vor dem Realitätsprinzip: Die religiösen Vorstellungen »sind nicht Niederschläge der Erfahrung oder Endresultate des Denkens, es sind Illusionen, Erfüllungen der ältesten, stärksten, dringendsten Wünsche der Menschheit; das Geheimnis ihrer Stärke ist die Stärke dieser Wünsche.« (Ebd. 110)

Mit der Feststellung, daß die Religion eine *Illusion* sei, erklärt Freud sie noch *nicht* zu einem *Irrtum*. Bei der Illusion handelt es sich vielmehr um eine Annahme, die vorrangig *vom Wunsch her motiviert* ist – ob sie nun letztlich der Realität entspricht oder nicht.

Die religiöse Illusion ist nach Freud insofern zuinnerst mit dem menschlichen Leben verbunden, als sie sich auf dessen eigentliches Ziel bezieht: *glücklich zu werden und zu bleiben*. Aber: »die Absicht, daß der Mensch ›glücklich‹ sei, ist im Plan der ›Schöpfung‹ nicht enthalten.« (Das Unbehagen in der Kultur 105) Anders als die übrigen in diesem Buch vorgestellten Kritiker der Religion sieht Freud die Menschen unausweichlich in eine *tragische Situation* gestellt. Darauf können sie unterschiedlich reagieren, mehr oder minder kompromißbereit. Die religiöse Antwort ist zunächst nur ein Lösungsversuch unter anderen; insgesamt ergibt sich etwa folgende Reihe von Möglichkeiten, von der Freud weiß, daß sie nicht vollständig ist und andere Auflistungen nicht ausschließt:

1. Der Mensch kann uneingeschränkt auf der Befriedigung seiner Bedürfnisse beharren; »aber das heißt den Genuß vor die Vorsicht setzen und straft sich nach kurzem Betrieb.« (Ebd. 106f)

2. Er sucht bewußt die Vereinsamung, um allen Enttäuschungen aus dem Weg zu gehen; aber dies führt nur zur teilweisen Abwendung von der gefürchteten Außenwelt.

3. Er unterwirft so weit wie möglich die Natur seinem eigenen Willen.

4. Er versucht »den eigenen Organismus zu beeinflussen« (ebd. 107):

4.1 durch chemische Mittel,

4.2 durch asketische Einschränkung des Trieblebens (Abtötung oder Beherrschung),

4.3 durch »Libidoverschiebungen«, mit denen es gelingt, »die Triebziele solcherart zu verlegen, daß sie von der Versagung der Außenwelt nicht getroffen werden können« (ebd. 109), etwa durch

- die »Sublimierung der Triebe« (ebd.), die sich dann sozusagen auf Höheres richten (etwa im künstlerischen Schaffen, in der wissenschaftlichen Tätigkeit);
- die Befriedigung durch Illusionen (hier könnte schon die Religion genannt sein, aber Freud verweist auf die Kunst als »milde Narkose« – ebd. 111);
- die Verwerfung der realen Welt (zum Beispiel in der Abkehr des Eremiten, vor allem aber in der wahnhaften Umbildung der Realität: »Als solchen Massenwahn müssen wir auch die Religionen der Menschheit kennzeichnen.« Ebd. 112);
- die Suche nach Glück im Lieben und Geliebtwerden. »Vielleicht kommt sie diesem Ziele wirklich näher als jede andere Methode.« (Ebd. 113) Doch: »Niemals sind wir ungeschützter gegen das Leiden, als wenn wir lieben, niemals hilfloser unglücklich, als wenn wir das geliebte Objekt oder seine Liebe verloren haben.« (Ebd.)

Welchen Weg auch immer der einzelne wählen mag, um irgendeine derartige Verrechnung von Lust und Unlust kommt er nicht herum. »Das Glück in jenem gemäßigten Sinn, in dem es als möglich erkannt wird, ist ein Problem der individuellen Libidoökonomie. Es gibt hier keinen Rat, der für alle taugt; ein jeder muß selbst versuchen, auf welche besondere Fasson er selig werden kann.« (Ebd. 115)

Daß die religiöse Lösung unter den anderen besonders minderwertig ist, liegt für Freud dadurch offen zutage, daß sie nur dann ihre seelische Funktion erfüllen kann, wenn sie zugleich ihren eigenen illusionären Charakter verleugnet. Sie verlangt uneingeschränkte Zustimmung und hat zu ihrer Begründung doch nicht mehr zu bieten als den Verweis darauf, daß »schon unsere Urväter sie geglaubt haben« und wir schließlich »Beweise« besäßen, »die uns aus eben dieser Vorzeit überliefert sind«; und außerdem sei es – wenn man dem religiösen Glauben gerecht werden will – »überhaupt verboten, die Frage nach dieser Beglaubigung aufzuwerfen« (Die Zukunft einer Illusion 106). Auf einer derartig schwachen Grundlage würden wir gewöhnlich noch nicht einmal ganz banale Sachverhalte glauben: »Wir würden uns nicht entschließen können, eine für uns so gleichgültige Tatsache anzunehmen, wie daß Walfische Junge gebären anstatt Eier abzulegen, wenn sie nicht besser erweisbar wäre.« (Ebd. 107) Somit lebt der religiöse Mensch nach Freud in einer *paradoxen intellektuellen Situation*, die sich folgendermaßen skizzieren läßt:

	religiöse Annahmen	*sonstige Annahmen*
Bedeutung für das Verständnis der Welt	groß	gering
Erfordernis solider Beglaubigung	gering	groß

Freud hält zwei Versuche, diese Widersprüchlichkeit zu verarbeiten, für besonders bemerkenswert (ebd. 108):
1. »das *Credo quia absurdum* des Kirchenvaters«: Hier wird die unverantwortliche Verabschiedung der Vernunft sogar zum Programm erhoben;
2. die »Philosophie des ›Als ob‹«: Hier räumt man ein, daß alle religiösen Aussagen und Vorstellungen wie viele andere Annahmen über die Welt nur Fiktionen sind; doch man hält an ihnen »wegen ihrer unvergleichlichen Wichtigkeit für die Aufrechterhaltung der menschlichen Gesellschaft« fest. Aber ein solcher Lösungsversuch kann nach Freud nur für denjenigen akzeptabel sein, der intellektuelle Ausflüchte liebt; wer die einfache Wahrheit sucht, muß die religiösen Vorstellungen verabschieden.
So sind die Vorbehalte gegen die Religion für Freud so unabweisbar, daß es ihm als ein vorrangiges pädagogisches Ziel erscheint, sie zu beseitigen. Freilich sieht er dabei auch große Schwierigkeiten: »Wer durch Dezennien Schlafmittel genommen hat, kann natürlich nicht schlafen, wenn man ihm das Mittel entzieht.« (Ebd. 128) Aber dadurch sollte man sich nach Freud nicht dazu verleiten lassen, den betrüblichen Weg von »der strahlenden Intelligenz ei-

nes gesunden Kindes« zu »der Denkschwäche des durchschnittlichen Erwachsenen« (ebd. 126) für ein unumgängliches Lebensschicksal zu halten. Letztlich sollte sich das Realitätsprinzip durchsetzen und allgemein den wahren Charakter der Religion einsichtig werden lassen: »Das Ganze ist so offenkundig infantil, so wirklichkeitsfremd, daß es einer menschenfreundlichen Gesinnung schmerzlich wird, zu denken, die große Mehrheit der Sterblichen werde sich niemals über diese Auffassung des Lebens erheben können.« (Das Unbehagen in der Kultur 102)

5.7 *Bedenken*

Das Gespräch mit der Psychoanalyse ist dadurch schon erschwert, daß jeder Einwand selbst sofort wieder dem Verdacht ausgesetzt werden kann, er sei nichts anderes als ein Stück des ohnehin zu erwartenden Widerstandes gegen die ernüchternde und unbehagliche Aufklärung. Entgegenstehende Äußerungen können leicht als bloße Selbstbehauptungs- und Abwehrstrategien abgetan werden. Aber gerade daran kann auch das erste Bedenken gegenüber der Religionskritik Freuds ansetzen:
1. Im Unterschied zur gewöhnlichen psychoanalytischen Situation, in der der Patient selbst an der Deutung seiner psychischen Wirklichkeit mit Anregung, Zustimmung und Widerspruch beteiligt ist, ist die Religion in Freuds Kritik nur das untersuchte Objekt. An der Stelle des *analytischen Gesprächs* gibt es hier nur die *distanzierte Rekonstruktion*. Bevor der Gläubige zu Wort kommt, ist das Urteil über ihn bereits ausgemacht. Wohl bezieht sich Freud auf religiöse Zeugnisse (vorwiegend der jüdisch-christlichen Tradition), aber deren Interpretation geschieht allein im uneingeschränkten Zugriff des Analytikers, ohne daß der kritisch Analysierte zwischenhinein sagen könnte, ob er sich recht verstanden fühlt.
Mit diesem ersten Bedenken ist also noch gar nichts darüber ausgemacht, wieweit Freuds Deutung der Religion Zustimmung verdient; das Unbehagen richtet sich allein gegen die *Methode*.
Freilich wird umgekehrt auch die religiöse Seite (der Gläubige, die Theologie) ihre Lernbereitschaft zeigen müssen. Wo sie mit vorei-

liger Abwehr reagiert – wie früher vor allem mit dem verständnislos undifferenzierten Vorwurf des »Pansexualismus« –, wird sie gerade den Verdacht bestätigen, daß sie aus der Angst heraus reagiert, sie könnte in ihrem Innersten bloßgestellt werden.[19]

2. Wenn Freud die Hoffnungen und Verpflichtungen der Menschen begreifen will, schaut er vor allem zurück, um sie aus den vergangenen Konstellationen seelischer Kräfte abzuleiten. So können die *Anforderungen des Gewissens* für ihn nichts anderes sein als Verinnerlichungen äußerer Gebote und Verbote. Daß sie dies auch sind, liegt in vielen Zeugnissen hinreichend zutage; daß dabei gerade die religiöse Erziehung häufig als Angstinstrument fungierte, ist nicht zu bestreiten.[20] Aber andererseits kann man fragen, ob man die sittliche Kultur schon hinreichend verstanden hat, wenn man sie nur als notgedrungene Schutzmaßnahme, als Kompromiß zwischen ursprünglichen Bedürfnissen und auferlegten Zwängen deutet. Könnte das menschliche Gewissen nicht auch gerade von dem gefangen genommen sein, was ihm als unabdingbarer Wert aufscheint und seinem Leben erfüllenden Sinn verleiht? Gehen nicht Rangordnungen menschlicher Erfahrung verloren, wenn alles Streben nach Glück in seiner Vielgestaltigkeit auf einheitliche Kategorien wie Lust und Befriedigung zurückgeführt wird? Ist die Ausrichtung sittlicher Überzeugungen auf Gott nur als primitive Projektion begreifbar und nicht auch als Ausdruck dafür, daß sich Menschen auf eine Gemeinschaft und eine Zukunft hingewiesen erfahren, die ihrem eigenen Vermögen und ihrer eigenen Verfügung entzogen sind?

Die Interpretationen Freuds wären damit noch nicht hinfällig; aber

19 Zu den unterschiedlichen Reaktionen auf Freud, unter anderem von theologischer Seite, vgl. neben *Nase/Scharfenberg* (Hrsg.), Psychoanalyse und Religion (s. o. Anm. 15), *Eckart Wiesenhütter*, Freud und seine Kritiker (Erträge der Forschung 24), Darmstadt 1974. Eine aufgeschlossene Vermittlung des Freudschen Denkens leistet für die Theologie *Joachim Scharfenberg*, Sigmund Freud und seine Religionskritik als Herausforderung für den christlichen Glauben, Göttingen [3]1971.

20 Aufschlußreich dafür ist die literarisch-fiktive, aber offensichtlich auch lebensgeschichtlich ernste Abrechnung mit dem übermächtigen Gewissensgott bei *Tilmann Moser*, Gottesvergiftung, Frankfurt a. M. 1976. Vgl. das psychologisch differenzierte Urteil von *Albert Görres*, Pathologie des katholischen Christentums, in: Handbuch der Pastoraltheologie, hrsg. von Franz Xaver Arnold u. a., Bd. II/1, Freiburg [2]1971, 277–343.

sie sagen uns nur, auf welchem Weg wir zu Verpflichtungen und Zuversicht kamen, nicht jedoch, was wir jetzt und zukünftig davon zu halten haben. Was uns überzeugend bindet, ist der gegenwärtige Anspruch, der mit der Rückführung auf seine psychische Entstehungsgeschichte weder beseitigt noch in seinem Gehalt und Rang begriffen ist.

Aber solche Überlegungen zwingen uns auch, zu prüfen, wo wir nicht doch vielleicht unter dem Diktat unserer Vergangenheit stehen und unsere Bindungen nicht von einem befreienden und bereichernden Sinn her rechtfertigen können.

3. Wenn Freud die Religion als *Trost* interpretiert, dann letztlich nur als schlechten und billigen. Wunsch- und Realitätsprinzip geraten hier, wo es um die umgreifendste Deutung der Welt geht, in einen endgültigen und unversöhnlichen Gegensatz. In einem Brief aus dem Jahr 1937 schreibt Freud: »Im Moment, da man nach Sinn und Wert des Lebens fragt, ist man krank, denn beides gibt es ja in objektiver Weise nicht ... Großartig sind diese meine Aufklärungen gewiß nicht. Vielleicht weil ich selbst zu pessimistisch bin.«[21]

Aber wird eine solche quasi-medizinische Diagnose der Religion gerecht? Ist die Weigerung, sich mit einer sinnlosen Welt abzufinden, nicht auch ein entscheidendes Stück der Menschheitskultur? Müßte man die Religionen nicht wenigstens darin gerechtfertigt sehen, daß sie die Sehnsucht nach einer äußersten Zukunft wachhalten, in der sich schließlich Wunsch und Realität doch treffen? Ist es nur kindlicher Trotz, wenn sich Menschen immer wieder auch auf die *Versprechungen* des Lebens berufen und sich nicht ganz von den *Enttäuschungen* einnehmen lassen wollen? Wohl kann man die Welt so sehen, daß nur »Wunschverzicht und Ergebung in das Schicksal« übrig bleibt (Die Zukunft einer Illusion 116); aber ist damit schon jede andere Sicht nur Ausflucht nach Wilhelm Buschs Sentenz »Wer Sorgen hat, hat auch Likör« (zitiert in: Das Unbehagen in der Kultur 103)?

Doch wer, von derartigen Fragen geleitet, auf der religiösen Rettung von Sinn besteht, hat damit den Freudschen Verdacht noch

21 *Sigmund Freud*, Briefe 1873–1939, Frankfurt a. M. 1960, 429 (an Marie Bonaparte, 13. August 1937).

nicht beseitigt. Er wird mit ihm leben müssen – gerade wenn er seinen Glauben verantworten und nicht nur hartnäckig behaupten will.

4. Die argumentativen Angelpunkte der Freudschen Religionskritik heißen *»Realität«* und *»Erfahrung«*. Oft scheint es, als ob dies für Freud eindeutige Größen wären; als ob wir uns nur auf die objektive »Wirklichkeit« beziehen müßten, um schon zu wissen, was ihr gegenüber bloße *»Vorstellungen« der Einbildungskraft* sind. Eine so schlichte Scheidung mag in den Grenzen bestimmter wissenschaftlicher und alltäglicher Fragestellungen angebracht sein, aber im Blick auf unseren gesamten Realitätsbezug ist sie schließlich doch zu unkritisch. In dem, was wir unreflektiert »Erfahrung« nennen, steckt immer schon in großem Umfang unsere Interpretation; was wir verständig wahrnehmen, ist immer schon durch unseren Zugriff ausgelegt. Wir haben nie bloße »Fakten«; wir begreifen sie immer schon auf dem Hintergrund einer gewissen Theorie, die uns überhaupt erst Zusammenhänge erkennen läßt.

Wohl steht das religiöse Bewußtsein immer in der Gefahr, Erfahrungen zu verdrängen und vor Wirklichkeit die Augen zu verschließen (etwa vor den Beunruhigungen durch Übel, Böses und Leid; vor den Schwierigkeiten, den Glauben anderen verständlich zu machen; vor den Anteilen der Inhumanität in der Geschichte der Religionen); aber andererseits besteht die primäre Leistung des Glaubens darin, ein bestimmtes Wirklichkeitsverständnis überhaupt erst aufzubauen und so Erfahrung zu ermöglichen. Dies ist heute freilich deshalb besonders problematisiert, weil wir nicht mehr in einem geschlossenen kulturellen Raum leben, in dem alle an derselben Interpretationsgeschichte teilhaben. Es gibt verschiedene »Lesarten«[22] unserer Welt; die Psychoanalyse würde gegen die Absicht Freuds zur exklusiven Weltanschauung, wenn sie sich dieser Einsicht sperren wollte.

Andeutungsweise greift Freuds »Mißtrauen« sogar über die Religion hinaus, wenn er fragt, »ob unsere Überzeugung, durch die Anwendung des Beobachtens und Denkens in wissenschaftlicher

22 Vgl. hierzu ausführlich *Hans Zirker*, Lesarten von Gott und Welt, Düsseldorf 1979.

Arbeit etwas von der äußeren Realität erfahren zu können«, nicht auch vielleicht auf Illusionen aufruhe; nur »notgedrungen engt er seine Arbeit auf die Verfolgung einer einzigen von diesen Illusionen, eben der religiösen, ein« (Die Zukunft einer Illusion 114). Mit einer solchen Ausweitung des Verdachts ist freilich das religiöse Bewußtsein noch nicht gerechtfertigt. Es bleibt für Freud der bezeichnende Unterschied, daß sich die wissenschaftliche Arbeit durch ihren *Nutzen und Ertrag* ausweist; daß wir durch sie »unsere Macht steigern« und »unser Leben einrichten können« (ebd. 134), so daß es doch mit allem Vorbehalt berechtigt ist zu sagen: »Nein, unsere Wissenschaft ist keine Illusion.« (Ebd. 135) Es bleibt also nach wie vor die Aufgabe, zu zeigen, daß wir auch im gläubigen Denken »ein Stück Zweckmäßigkeit« (ebd.) realisieren, das uns hilft, unsere Welt zu begreifen und unser Leben in ihr zu bestehen. Dann haben wir es aber nicht mehr einfach mit der schlichten Alternative »Wirklichkeit« oder »Illusion« zu tun.
Unter diesen Voraussetzungen müßten auch die Inhalte des religiösen Bewußtseins nicht schon dann verworfen werden, weil sie in gewissem Sinn *»Fiktionen«* sind, Gebilde unserer Vorstellungskraft. Daß es die Religion mit *Phantasie* zu tun hat, muß sie nicht entwerten; entscheidend ist vielmehr, in welch ernsthaften Situationen der Betroffenheit sie zu ihren Vorstellungen findet. Auch Fiktionen können sich bewähren: wenn sie sich nämlich in individueller und gemeinschaftlicher Erfahrungsgeschichte als unverzichtbare und unersetzbare symbolische Interpretationen herausstellen.

6 *Religion unter dem Vorwurf semantischer Sinnlosigkeit – Positionen der analytischen Philosophie*

Dieses Kapitel weicht von den vorhergehenden schon in seiner äußeren Anlage dadurch ab, daß es sich nicht vorrangig mit den Schriften eines einzelnen Autors beschäftigt. Zwar gibt es auch hier herausragende Namen, wie etwa *Ludwig Wittgenstein, Rudolf Carnap* und *Alfred Jules Ayer*; aber sie sind nur zentrale Punkte in einem viel weiter reichenden Feld sprachanalytischer und dabei auch religionskritischer Arbeit. In ihm können wir weniger als bisher mit einer einigermaßen einheitlichen theoretischen Position rechnen; wir haben es vielmehr trotz grundlegender Gemeinsamkeiten mit einer Vielzahl von Fragestellungen und Lösungsversuchen zu tun. Freilich ist im folgenden unter dem Interesse dieses Buchs der Blick von vornherein auf die Stellen gerichtet, die religionskritisch besonders brisant sind.

Wichtigste Schriften[1]*:*

Alfred Jules Ayer, Sprache, Wahrheit und Logik (Reclams Universal-Bibliothek 7919–22), Stuttgart 1970 (original: Language, Truth and Logic, London 1936, revised ed. 1946)

Max Bense, Warum man Atheist sein muß, in: Gerhard Szczesny (Hrsg.), Club Voltaire I. Jahrbuch für kritische Aufklärung, München 1963 (Reinbek 1969), 66–71 (auszugsweise auch in: Theologisches Forum 1, ausgew. u. bearb. von Werner Trutwin, Düsseldorf [13]1980, 70–72)

Rudolf Carnap, Der logische Aufbau der Welt (Ullstein Buch 35007, nach [4]1974), Frankfurt a. M./Berlin/Wien 1979 (die 1. Aufl. erschien 1928)

1 Entsprechend der veränderten Anlage dieses Kapitels ist die Auswahl der repräsentativen Schriften problematischer. Deshalb müssen hier eigens einige Werke der Sekundärliteratur hervorgehoben werden:
Ingolf U. Dalferth (Hrsg.), Sprachlogik des Glaubens. Texte analytischer Religions-

Ders., Überwindung der Metaphysik durch logische Analyse der Sprache, in: Erkenntnis 2 (1931/32) 219–241 (auszugsweise auch in: Theologisches Forum 2, ausgew. u. bearb. von Werner Trutwin, Düsseldorf [13]1980, 15 bis 17)

Anthony Flew, Theologie und Falsifikation, in: Dalferth (s. Anm. 1), 84 bis 87 (original: Theology and Falsification, in: A. Flew/A. MacIntyre [Hrsg.], New Essays in Philosophical Theology, London 1955, 96–99); daraus die »Parabel vom Gärtner, den es gar nicht gibt« auch in: Theologisches Forum 1 – s. o. –, 69f

Ludwig Wittgenstein, Tractatus logico-philosophicus. Logisch-philosophische Abhandlung (edition suhrkamp 12), Frankfurt a. M. 1960; zuerst veröffentlicht 1921

6.1 *Auf der Suche nach einer zuverlässigen Sprache*

In der Neuzeit erfuhr die Philosophie in gewisser Hinsicht dasselbe Schicksal wie die Religion: Die gemeinsame Verständigungsgrundlage, auf der auch noch divergierende Positionen zu einem fruchtbaren Gespräch kommen konnten, wurde brüchig und verlor ihre Tragfähigkeit. Man fand sich nicht nur immer wieder in der Sache uneins, sondern war gar nicht hinreichend in der Lage, sich dem anderen mitzuteilen und ihn seinerseits zu begreifen.

Eine solche Situation muß deshalb so verhängnisvoll erscheinen, weil das wichtigste Instrument, um sie zu bereinigen, nämlich die Sprache, gerade selbst an der Störung beteiligt ist. Verwirrung zu stiften scheint ihr besser zu gelingen, als Orientierung zu verschaffen: »Die Sprache ist ein Labyrinth von Wegen. Du kommst von

philosophie und Theologie zur religiösen Sprache (Beiträge zur evangelischen Theologie 66), München 1974 – mit ausführlicher Einleitung des Herausgebers

Ders., Religiöse Rede von Gott, München 1981

Dallas M. High (Hrsg.), Sprachanalyse und religiöses Sprechen. Mit einer Einführung von Helmut Peukert, Düsseldorf 1972

Wolf-Dieter Just, Religiöse Sprache und analytische Philosophie. Sinn und Unsinn religiöser Aussagen, Stuttgart 1975

James A. Martin, Philosophische Sprachprüfung der Theologie. Eine Einführung in den Dialog zwischen der analytischen Philosophie und der Theologie (Theologische Bücherei Systematischer Theologie 54), München 1974 (original: The New Dialogue Between Philosophy and Theology, New York 1966).

einer Seite und kennst dich aus; du kommst von einer andern zur selben Stelle und kennst dich nicht mehr aus.«[2] In dieser Lage greift Unbehagen und Mißtrauen um sich – auch noch gegenüber den Sätzen und Wörtern, die man zunächst zu verstehen meint. Dies zwingt, danach Ausschau zu halten, wie eine gründliche Revision der Verständigung möglich sein könnte: »Die Philosophie ist ein Kampf gegen die Verhexung unsres Verstandes durch die Mittel unserer Sprache.«[3]

Innerhalb der analytischen Philosophie schlug man *zwei unterschiedliche Wege* ein, um zu einem exakteren und geprüften Sprachgebrauch zu kommen: *erstens* die Konstruktion einer eigenen *Wissenschaftssprache*, die von vornherein von den Unschärfen und Mehrdeutigkeiten der gewöhnlichen Rede freigehalten werden sollte; *zweitens* die Reinigung der *Umgangssprache* durch die Analyse der von ihr mehr oder minder unbedacht benutzten Elemente. Gemeinsam ist beiden Richtungen, daß sie sich zu dem Grundsatz bekennen können: »Jede gute Philosophie sollte mit einer Analyse von Sätzen beginnen.«[4]

Die führende Rolle in der Sprachanalyse nahm im deutschsprachigen Bereich der *»Wiener Kreis«* ein, in ihm vor allem Rudolf Carnap (1891–1970). Bedingt durch den Nationalsozialismus emigrierten die Mitglieder dieser Gruppe zum größten Teil in angelsächsische Länder, wo sie gleichgesinnte philosophische Bemühungen vorfanden und von großem Einfluß waren. (Dies hatte andererseits zur Folge, daß im deutschen Sprachraum die Sprachanalyse nur sehr zögernd Beachtung fand, auch in der an sich kräftig herausgeforderten Theologie.)

Für Carnap geht es – etwa in seinem Buch »Der logische Aufbau der Welt« (Berlin 1928) – darum, eine Sprache zu gewinnen, deren elementare *Begriffe eindeutig definiert*, deren grundlegende *Aussagen bestätigt* (verifiziert) und deren komplexe *Beziehungen logisch geordnet* sind.

2 *Ludwig Wittgenstein*, Philosophische Untersuchungen (suhrkamp taschenbuch wissenschaft 203), Frankfurt a. M. 1977, 128: Nr. 203.

3 Ebd. 79: Nr. 109.

4 *Bertrand Russell*, A Critical Exposition of the Philosophy of Leibniz, Cambridge 1900, 8, zitiert nach *Dalferth*, Sprachlogik (s. o. Anm. 1) 11.

Als besonders schwerwiegend stellt sich dabei das Problem, welche Aussagen zuverlässig als *verifizierbar* ausgegeben werden können. Der »Wiener Kreis« bekannte sich wie auf angelsächsischer Seite etwa auch Bertrand Russell zur Tradition des *Empirismus*, nach dem nur das als wirkliches Wissen gelten kann, was auf Sinnesdaten beruht. (Aus dem philosophiegeschichtlichen Hintergrund ist hier vor allem David Hume, 1711–1776, hervorzuheben.) Auf dieser empiristischen Grundlage können zweierlei Arten von Sätzen als *sinnvoll* anerkannt werden:

1. *analytische*, das heißt solche, die nur logische oder mathematische Verhältnisse wiedergeben, aber keine Kenntnisse über Fakten unserer Welt vermitteln (etwa: Ein Kreis ist eine Linie, deren Punkte alle den gleichen Abstand zu einem gemeinsamen Mittelpunkt haben);
2. *synthetische*, das heißt solche, die sich auf empirisch zugängliche Tatbestände beziehen (etwa: Dieser Tisch ist rund).

Sätze, die sich keiner dieser beiden Gruppen zuordnen lassen, gelten als *sinnlos*; sie bezeichnen nichts, sind *semantisch leer* (griechisch »tò sēma«: »das Zeichen«). Demnach können sie grundsätzlich weder als wahr noch als falsch ausgegeben werden. Deswegen heißen sie auch *»Scheinsätze«* (*Carnap*, Der logische Aufbau der Welt 254). Ihnen vor allem ist es zu verdanken, daß man oft bei vermeintlich wichtigen Äußerungen einander nicht versteht. So »kommt es, gerade in der Philosophie, sehr häufig vor, daß eine Wortreihe gegeben wird, die den äußeren Bau eines Satzes hat und daher für einen Satz gehalten wird, ohne einer zu sein.« (Ebd.) Solche verbalen Gebilde mögen vielleicht noch erbauliche Geräusche oder erhebende Wortmusik sein; aber sie vermitteln keine Erkenntnis. Wer das redliche und gediegene Denken dem irrationalen Dichten vorzieht, muß auf *Begründungen* aus sein, die sich *intersubjektiv* nachvollziehen lassen. »Auch wir haben ›Bedürfnisse des Gemütes‹ in der Philosophie; aber dic gehen auf Klarheit der Begriffe, Sauberkeit der Methoden, Verantwortlichkeit der Thesen, Leistung durch Zusammenarbeit, in die das Individuum sich einordnet.« (Ebd. XX, Vorwort zur ersten Auflage)

Die Herausforderung dieses kritischen Denkens ist letztlich unausweichlich, da es sich nicht auf eine bestimmte wissenschaftlichdisziplinär begrenzte Interessenlage bezieht, sondern *Maßgabe für jegliches sinnvolle Sprechen* sein will. Wohl räumt etwa Carnap ein, daß das »Gesamtgebiet des Lebens ... noch viele Dimensionen außer der der Wissenschaft« hat (ebd. 253); aber dennoch gilt für ihn uneingeschränkt: *»es gibt keine Frage, deren Beantwortung für die Wissenschaft grundsätzlich unmöglich wäre.«* (Ebd. 254) Diese Annahme ist von den eigenen Voraussetzungen her kein Ausdruck einer anmaßenden Geisteshaltung, die alles Leben dem beherrschenden Zugriff der Wissenschaft unterwerfen will; im Gegenteil: »Die stolze These, daß für die Wissenschaft keine Frage grundsätzlich unlösbar sei, verträgt sich durchaus mit der demütigen Einsicht, daß wir auch mit der Beantwortung sämtlicher Fragen nicht etwa die vom Leben uns gestellte Aufgabe schon gelöst haben würden.« (Ebd. 260) Es mag sogar unlösbare *»Lebensrätsel«* geben; aber sie bringen uns nicht zu vernünftigen Fragen, sondern sind nur *»Situationen des praktischen Lebens«* (ebd.). Wir können von ihnen betroffen sein; sie können uns erschüttern; doch wäre es ausweglos, wollte man sie sprachlich fassen. »Das Rätsel besteht vielmehr in der Aufgabe, mit der Lebenssituation ›fertig zu werden‹, die Erschütterung zu verwinden, vielleicht sogar für das weitere Leben fruchtbar zu machen.« (Ebd. 261)

Im gleichen Sinn formuliert Wittgenstein den paradoxen Satz: »Und es ist nicht verwunderlich, daß die tiefsten Probleme eigentlich *keine* Probleme sind.« (Tractatus, 33: Nr. 4.003) Denn: »*Das Rätsel* gibt es nicht. Wenn sich eine Frage überhaupt stellen läßt, so *kann* sie auch beantwortet werden.« (Ebd. 114: Nr. 6.5) Auch hier schließt sich unmittelbar die Selbstbescheidung an, die eine Verabsolutierung des Vertrauens in Wissenschaft verbietet: »Wir fühlen, daß selbst, wenn alle *möglichen* wissenschaftlichen Fragen beantwortet sind, unsere Lebensprobleme noch gar nicht berührt sind. Freilich bleibt dann eben keine Frage mehr; und eben dies ist die Antwort.« (Ebd.: Nr. 6.52) Das Ziel dieser Philosophie ist letztlich eine eindeutige Scheidung zwischen dem, was man in exakter und zuverlässiger Sprache begreifen kann, einerseits und dem, was sich solcher Verfügung entzieht: »Was sich überhaupt sagen läßt, läßt sich klar sagen; und wovon man nicht reden kann, darüber muß man schweigen.« (Ebd. 7: Vorwort) Die Grenze, die den Sinn vom Unsinn abhebt, soll deutlich gezogen, jedem Vernünftigen offenkundig sein.

Daß dieses Bemühen nicht allein wissenschaftsintern zu sehen ist, betont Carnap ausdrücklich, wenn er darauf verweist, was ihm die Zuversicht zu seiner Arbeit gibt: »Wir spüren eine innere Verwandtschaft der Haltung, die unserer philosophischen Arbeit zugrunde liegt, mit der geistigen Haltung, die sich gegenwärtig auf ganz anderen Lebensgebieten auswirkt; wir spüren diese Haltung in Strömungen der Kunst, besonders der Architektur, und in den Bewegungen, die sich um eine sinnvolle Gestaltung des menschlichen Lebens bemühen: des persönlichen und gemeinschaftlichen Lebens, der Erziehung, der äußeren Ordnungen im Großen.« (Der logische Aufbau der Welt XX) Überall entdeckt er eine Gesinnung, die auf die *Klarheit rationalen Denkens*, auf die *sorgfältige Ausführung der Absichten,* auf die *rechte Einschätzung der begrenzten Fähigkeiten* und auf die *wechselseitige Verbundenheit der Menschen in Freiheit* Wert legt. Der Aufbau einer exakten Sprache ist also nur ein Teil, freilich ein grundlegender, bei dem Bemühen, die menschlichen Verhältnisse in verantwortbarer Ordnung zu gestalten.

Die Forderung, mit analytischer und empirischer Verifikation sinnvolle und sinnlose Sätze voneinander zu scheiden, brachte allerdings von vornherein große Schwierigkeiten mit sich. Es zeigte sich nämlich, daß diese Forderung selbst manche Unklarheiten enthielt; daß sie vor allem aber unter den eigenen Voraussetzungen nicht zwingend begründet werden konnte. Außerdem stellte sich die Frage, ob wir nicht eine Vielzahl von »Sprachen« gebrauchen, die sich nicht alle nach denselben Kriterien beurteilen lassen. Durch solche Probleme bedingt, ergab sich innerhalb der analytischen Philosophie eine breite Streuung der Positionen. Es wäre deshalb ungerechtfertigt, sie insgesamt der Tradition des Empirismus oder Positivismus zuzuschlagen.

Doch wie auch immer sie in sich differenziert und uneinheitlich ist, sie hat auf jeden Fall nachdrücklich die Aufgabe gestellt:

– die Begriffe und Sätze der Sprache, mit der wir umgehen, auf ihren Gehalt zu prüfen;

– den Verdacht auszuräumen, daß wir in ihr sinnloses Material mitführen, das eine bessere Verständigung verhindert;
– und schließlich die Kriterien aufzudecken, nach denen wir begründete Aussagen von unbegründeten unterscheiden wollen.

6.2 Die Kritik an der Wurzel der Religion

Der Hauptgegner des sprachanalytischen Empirismus heißt zunächst nicht »Religion« oder »Theologie«, sondern *»Metaphysik«*. Doch dieses denunzierend benutzte Stichwort umfaßt dabei durchweg global den gesamten Bereich außerwissenschaftlicher Äußerungen über unsere Welt, also auch alle theologischen und religiösen Sätze, die sich nicht dem vorgegebenen Verifikationskriterium fügen.

Die Schärfe dieser Religionskritik beruht darin, daß sie auch noch alle sonst üblichen Bestreitungen und Bezweiflungen religiöser Annahmen radikal überholt: Sie beschäftigt sich nicht mehr im geringsten mit der Frage, ob »es Gott gibt«, ob diese oder jene gläubige Aussage »wirklich wahr« ist. Solche Fragen hätten für sie nachweislich keine rationale Bedeutung; sie fallen in die Gruppe von Äußerungen, die semantisch sinnlos sind.

Wenn sich viele Menschen dennoch mit derartigem beschäftigen, dann ist dies wohl ein Zeichen dafür, daß sie irgendwie davon bewegt werden und derartiges brauchen; daß es also in irgendeiner anderen Hinsicht für ihr Leben »Bedeutung« hat, aber eben keine rationale, aussageartige. Ironisch spendet deshalb Alfred Jules Ayer den »Trost«, daß die Bekenntnisse eines Gläubigen »auch nicht ungültig sein« können: »Da er überhaupt nichts über die Welt sagt, kann man ihn folglich nicht anklagen, etwas Falsches zu sagen oder etwas unzureichend Begründetes.« (Sprache, Wahrheit und Logik 154)

In dieser Sicht verliert der religiöse Glaube auch die letzte Handhabe, mit der er sich behaupten könnte: Da es ihm noch nicht einmal gelingt, sich sinnvoll mitzuteilen, erübrigt sich jeder Disput über das, was er als seinen Gehalt ausgeben will.

Wohl ist die sprachanalytische Religionskritik bis jetzt weniger in

das allgemeine Bildungsgut eingegangen als etwa die von Feuerbach, Marx, Nietzsche und Freud. Sie begegnet uns auch in keiner literarisch attraktiven Gestalt oder politisch folgenreichen Wirkungsgeschichte. Dennoch ist sie für die Glaubwürdigkeit der Religion von mehrfacher Brisanz:
Erstens entspricht sie am konsequentesten der *Selbstbeschränkung des naturwissenschaftlich geprägten Bewußtseins;*
zweitens bemüht sie sich weit intensiver als die vorausgehende Religionskritik, dem eigenen *Anspruch der Rationalität* zu genügen und der Spekulation abzusagen;
drittens betrifft sie dasjenige Element des Glaubens, das für seinen gemeinschaftlichen Aufbau und Zusammenhalt am grundlegendsten ist: *das Wort*. Von daher kommt diesem Kapitel der Religionskritik trotz seines relativ unanschaulichen und spröden Charakters großes Gewicht für das theologische Selbstverständnis zu.
Wenn ein religiöser Satz überhaupt beansprucht, irgendeinen Sachverhalt mitzuteilen, so wird ihm hier von vornherein entgegengehalten, daß er »unmöglich mehr sein kann als eine Wahrscheinlichkeitshypothese« (ebd. 47). *Notwendig* sind nur die *analytischen* Sätze, deren Wahrheit auf einer Definition beruht. Der Kreis ist notwendig rund; dies muß und kann nicht empirisch bestätigt werden. Aussagen jedoch, die nicht solchen analytischen Charakter haben, können jederzeit durch aktuelle Erfahrungen bestätigt oder widerlegt werden. Wenn sich demgegenüber religiöse Bekenntnisse als *unumstößlich gewiß* ausgeben, wenn für sie Gott mit *Notwendigkeit* existiert, dann fügen sie sich damit bereits nicht in die zwei dargelegten Möglichkeiten sinnvollen Sprechens ein.
Ein weiteres kommt hinzu: Wie auch immer ein Verifikationskriterium angesetzt werden mag, es muß auf jeden Fall erkennen lassen, wonach man den Wahrheitswert einer Aussage entscheiden will; mit anderen Worten: Man muß sagen können, woran man merkt, ob der ausgesagte Sachverhalt besteht oder nicht.
Dieser Forderung scheint sich aber das religiöse Reden nicht zu fügen: Derjenige, der zum Beispiel bekennt: »Ich glaube an Gott, den Vater, den Allmächtigen, Schöpfer des Himmels und der Erde«, kann auf keine andere wahrnehmbare Realität verweisen als derjenige, der diesen Satz nicht mitvollzieht, vielleicht sogar aus-

drücklich leugnet. Es gibt keinen Sachverhalt, den der Ungläubige leichtfertig, hartnäckig oder arglos übersehen haben müßte. Daß es einen himmlischen Vater geben soll, ist offensichtlich nicht mit Fakten zu belegen, da auf Fakten gerade auch von denen verwiesen wird, die diesen Glauben bestreiten.

Nun könnte jemand entgegenhalten, daß die Wirklichkeit Gottes, auf die sich der Glaube beziehe, grundsätzlich unsere empirische Welt *transzendiere*; daß der Glaube deshalb auch nie empirisch verifiziert werden könne. Aber damit entfällt unter den Voraussetzungen dieser Sprachkritik jede weitere Möglichkeit, ihm überhaupt noch einen Aussagegehalt zuzusprechen: »Man erzählt uns nämlich oft, daß das Wesen Gottes ein über den menschlichen Verstand hinausgehendes Geheimnis ist. Aber zu sagen, daß etwas über den menschlichen Verstand hinausgeht, heißt, daß es uneinsehbar ist. Und was uneinsehbar ist, kann nicht sinnvoll beschrieben werden. Ebenso erzählt man uns, daß Gott kein Gegenstand der Vernunft, sondern des Glaubens ist. Das mag nichts mehr sein als das Eingeständnis, daß man die Existenz Gottes einfach hinnehmen muß, da sie nicht bewiesen werden kann.« (Ebd. 156)

Für Carnap sind die Gläubigen damit in derselben Situation wie Menschen, die behaupten, »es gebe Dinge, die babig sind«, nur könne man eben »keine empirischen Kennzeichen für die Babigkeit« anführen; deshalb »bleibe es für den armseligen, endlichen Verstand des Menschen ein ewiges Geheimnis, welche Dinge babig sind und welche nicht« (Überwindung der Metaphysik 223). Wohl bestreitet Carnap damit nicht, daß das Wort »Gott« ganz anders mit Gefühlen und Vorstellungen beladen ist als das von ihm ausgedachte Lautgebilde; aber mit beidem ergibt sich für ihn nur »leeres Gerede« (ebd.).

Dieser Religionskritik kann man auch nicht entgehen, wenn man den Glauben auf eine besondere Erfahrungsweise, auf einen unalltäglichen Zugang zum göttlichen Geheimnis gründen will, etwa auf *mystische Erlebnisse*. »Gibt ein Mystiker zu, daß der Gegenstand seiner Vision etwas Unbeschreibliches ist, dann muß er auch zugeben, daß er notwendigerweise Unsinn redet, wenn er ihn beschreibt.« (Der logische Aufbau der Welt 157) Und wollte er dennoch versuchen, seine außergewöhnlichen Erfahrungen in Sprache zu fassen, wären alle übrigen Menschen nicht in der Lage, seine Mitteilung auf ihre eigenen Erfahrungen zu beziehen; sie könnten nicht wissen, wie sie die Entdeckungen des Mystikers bestätigen oder widerlegen sollten. Damit hätten seine Sätze höchstens für ihn eine semantische Bedeutung; für seine Hörer blieben sie nach wie vor sinnlos. »Indem so der Mystiker seine Vision beschreibt, teilt er uns gar nichts über die Außenwelt mit; er macht uns nur indirekte Mitteilung über seine eigene Geistesverfassung.« (Ebd. 158) Es ist offensichtlich, daß diese kritischen Überlegungen wie auf das mystische Erleben so gleichermaßen auf andere Offenbarungssituationen der Religionsgeschichte bezogen werden können.

Die Kritik der Religion auf der Grundlage der Sprache wird in Wittgensteins »Tractatus« in gewissem Sinn noch dadurch verschärft, daß er ausdrücklich mit »dem Mystischen« rechnet, aber es gehört für ihn nicht zu den aussagbaren Tatsachen, sondern entspringt der »Anschauung der Welt ... als – begrenztes – Ganzes« unter der Perspektive des Ewigen; hier ist nur noch Platz für das »Gefühl«. (Tractatus 114: Nr. 6.45) Noch einmal bestätigt sich dabei wie schon zuvor: Die sprachanalytisch-empiristische Religionskritik ist keineswegs darauf aus, das gesamte Leben dem Zugriff wissenschaftlichen Denkens und Sprechens zu unterwerfen; sie kann durchaus mit Dimensionen rechnen, die sich solcher Verfügung entziehen. In diesem Sinn betont Wittgenstein später noch einmal: »Es gibt allerdings Unaussprechliches. Dies *zeigt* sich, es ist das Mystische.« (Ebd. 115: Nr. 6.522) Aber die letzte Feststellung dieser philosophischen Abhandlung bleibt unausweichlich: »Wovon man nicht sprechen kann, darüber muß man schweigen.« (Ebd.: Nr. 7) Es gibt hier demnach keine Möglichkeit, von der Anerkennung des »Mystischen« her die Religionskritik zu entschärfen; denn die gesellschaftlich verfaßten Religionen sind unabdingbar an das Geschick ihrer Sprache gebunden. Eine rigoros konsequente »negative Theologie« ist mit ihrer Selbstdarstellung und ihrem Selbstverständnis nicht vereinbar.[5]

5 Vgl. hierzu *Joseph M. Bocheński*, Logik der Religion, Köln 1968 (original: The Logic of Religion, New York 1965), 37–41: Über das Unaussprechliche; 98–101: Negative Theologie. Dieses Buch setzt einige elementare Kenntnisse der Logik

Daraus ergibt sich für Wittgenstein folgende schematisierte Zuordnung des verantwortbaren und nicht-verantwortbaren, des sprachlichen und nicht-sprachlichen Verhaltens:

	sprachlich	verantwortbar
die mystische Anschauung der Welt	–	+
die Feststellung empirischer Sachverhalte	+	+
die Äußerung über das, was empirische Sachverhalte transzendiert	+	–

Nicht alles, was verantwortbar ist, läßt sich sprachlich fassen; nicht alles, was sprachlich gängig ist, ist verantwortbar.
Freilich fällt dabei auf, daß nach diesem Schema die Feststellung, es gebe zwar das Mystische, aber es sei unaussprechlich, paradoxerweise selbst nicht rational verantwortbar ist. Dies gesteht Wittgenstein ausdrücklich zu: »Meine Sätze erläutern dadurch, daß sie der, welcher mich versteht, am Ende als unsinnig erkennt, wenn er durch sie – auf ihnen – über sie hinausgestiegen ist.« (Ebd. 115: Nr. 6.54) Es ist bemerkenswert, daß Wittgenstein damit seine Äußerungen einerseits für semantisch bedeutungslos hält, sie andererseits aber für die Anschauung der Welt und die Reflexion auf das eigene Bewußtsein in irgendeiner anderen Weise dennoch als sinnvoll einschätzt.

6.3 Die merkwürdigen Eigenschaften des Wortes »Gott«

Die Schwierigkeiten, die der Theologie von der sprachanalytischen Religionskritik her erwachsen, stellen sich konzentriert bei der Frage, welche Bedeutung der Ausdruck »Gott« haben soll. Pointiert behauptet Max Bense: »Es läßt sich zeigen, daß Aussagen über Gott von der Art ›Gott ist höchstes Wesen‹ oder ›Gott ist

voraus. Es verdient aber besondere Beachtung, weil es bis jetzt kaum Untersuchungen dieser Art gibt.

transzendent‹ nicht das geringste mehr aussagen als etwa ›X ist pektabel‹. In einer solchen Aussage wird von einem unbestimmten Etwas (X) ein unbestimmtes Prädikat (ist pektabel) ausgesagt. Diese sprachliche Formulierung ist kein Satz, sondern ein Scheinsatz.« (Warum man Atheist sein muß 70) Diese Aussage ist zunächst weder dem Gläubigen noch dem Atheisten oder Skeptiker leicht einsichtig. Es liegt uns im allgemeinen näher, uns unmittelbar mit der Frage, ob »es Gott gibt«, zu beschäftigen und damit dem Wort »Gott« schon eine gewisse Bedeutung zu unterstellen; wir wollen eher über die behauptete Sache beraten als über den benutzten Ausdruck. Hier jedoch werden wir zu der radikaleren Auseinandersetzung gezwungen, die nicht auf Gott, sondern auf »Gott« eingeht. (Die Anführungszeichen zeigen an, daß nur dieses verbale Gebilde zur Verhandlung steht.)

Den religionskritischen Einwand gegen die Rede von »Gott« kann man in folgender Thesenreihe entfalten:

1. »Gott« ist ein Wort, das zwar von vielen Menschen unbefangen benutzt wird wie »Haus«, »Glück«, »Energie« usw., das aber unter dem Verdacht steht, sinnlos zu sein, so daß man weder wahre noch falsche Aussagen zustande bringt, wenn man es verwendet. Dieser Verdacht beruht auf rational vorgetragenen Gründen, so daß er nicht einfach mit der theologischen Verurteilung als »Unglaube« abgeschüttelt werden kann.

2. Wörter haben nicht schon für sich allein als isolierte sprachliche Elemente eine Bedeutung, sondern sie gewinnen sie aus *semantischen Beziehungen*. So steht etwa das Wort »rot« in *Opposition* zu »gelb«, »grün«, »schwarz« usw. und gleichzeitig mit diesen gegensätzlichen Wörtern auf der gemeinsamen *semantischen Achse* »Farben«. Wir können »rot« aber auch ausschließlich im Gegensatz sehen zu »gelb«, »schwarz«, »weiß«, nämlich auf der semantischen Achse »Rassen«. Oder wiederum anders: in Opposition zu »schwarz«, »braun«, »grün« – im Hinblick auf »politische Gruppierungen«.

Beim Wort »Gott« versagt aber jeder derartige Zuordnungsversuch. Es steht anscheinend in Opposition zu allem und verträgt keine gemeinsame semantische Achse mit anderem. Wohl ist es theologisch etwa erlaubt, zu sagen, daß Gott »Person« ist; aber es verstieße gegen seine »Transzendenz«, wenn ihm die Personalität in derselben Bedeutung wie dem Menschen zugesprochen würde. Man sieht sich theologisch immer genötigt, zu sagen: »Gott« bezeichne eine »Wirklichkeit ganz eigener Art«. Aber damit verzichtet man darauf, diesem Wort wie anderen Wörtern eine Bedeutung zu geben; denn diese Auskunft, die Gott als ganz anderen von allem übrigen abhebt, ist semantisch leer. Allein schon das Wort »Wirklichkeit« ist nur ein Platzhalter möglicher Bestimmungen, die hier gerade nicht gegeben werden.

»Gott« scheint also offensichtlich nicht eine derartige Bedeutung zu haben, daß man dieses Wort zu- und absprechen könnte, wie man etwa sagt: »Dies ist (k)eine Rose«, weil man weiß, was »Rose« bezeichnet. In fachlicher Terminologie heißt dies: »Gott« scheint kein *Prädikator* zu sein.

3. Wenn »Gott« kein Prädikator ist, müßte dieses Wort – soll es sich auf eine »Wirklichkeit« beziehen – *Eigenname* sein. Aber auch dagegen erheben sich Einwände.

Es gibt einen Plural »Götter«. Eigennamen benennen dagegen gerade immer nur *eine* Sache. (Wohl gibt es auch die umgangssprachliche Gewohnheit, von den »Müllers« zu reden; aber bei dieser Gruppierung werden die Menschen eben nur durch den Eigennamen von anderen abgehoben, während sich »Götter« von »Nicht-Göttern« doch durch Eigenschaften unterscheiden müßten.) In dieser Sicht scheint »Gott/Götter« nun plötzlich doch wieder Prädikator zu sein; aber diese Annahme brachte schon im vorausgehenden Schwierigkeiten.

Mit Eigennamen zeigen wir auf jemanden (oder auf etwas) – wie sonst etwa mit dem Finger, so hier mit einem Laut. Wenn wir »Sokrates« sagen, meinen wir jemanden, den es nur einmal gibt (selbst wenn wir bei anderer Gelegenheit mit demselben Namen jemand anderen meinen). Der Eigenname erschöpft sich in dieser Zeigefunktion und teilt sonst nichts über die Person (oder die Sache) mit.

Wir könnten demnach »Gott« als einen Namen für eine einmalige Wirklichkeit ansehen, wenn es uns gelänge, diesem Wort eine *Zeigehandlung* zuzuordnen. Statt »Hamburg« oder »Meier« muß man auch sagen können: »diese Stadt da« oder »dieser Mann dort«. Bei

»Gott« aber scheint eine derartige situative Bestimmung nicht möglich, kommt er doch unter anderen Personen und Dingen nicht vor, daß wir ihn benennend herausholen könnten. Dies wäre uns nur möglich, wenn er uns in irgendeiner – etwa visionären – Weise selbst begegnete und wir uns mit dem Namen immer wieder auf diese Offenbarungssituation zurückbeziehen könnten. Wenn wir aber etwa sagen wollten: »Gott« heißt soviel wie »derjenige, der sich dem Propheten Jesaja gezeigt hat«, so würde diese *Kennzeichnung* allein nicht zu einer *für uns* nachvollziehbaren *Benennung* führen.

4. Es scheint demnach, daß »Gott« weder ein Prädikator noch ein Eigenname sein kann. Andererseits ist es unbezweifelbar, daß sich Menschen – etwa betend – Gott zuwenden. Aus dieser Situation heraus läßt sich aber nur (ähnlich wie bei dem vorhergehenden Beispiel des Propheten) sagen: *»Gott«* meint *»die ›Wirklichkeit‹ (die Größe, das X), auf die sich zu beziehen (manche) Menschen sich genötigt sehen, wenn sie ihr Leben richtig bestehen und ihre Welt hinreichend verstehen wollen«*. Aber damit wird gerade eingeräumt, daß man das semantisch bedeutungslose »X« nicht beseitigen kann; denn diese *Kennzeichnung* verweist nur auf die Bedürfnisse, Nötigungen und religiösen Reaktionen der Menschen als wahrnehmbare und aussagbare Sachverhalte. Diese können freilich religionskritisch nicht bestritten werden.

5. Aber noch ein anderes Verständnis des Wortes »Gott« ist unter den gegebenen sprachanalytischen Voraussetzungen möglich: Innerhalb religiöser Texte – etwa biblischer Erzählungen – benennt es einen einzelnen Akteur, dem bestimmte Handlungen zugeschrieben werden, der bestimmte Eigenschaften hat, an bestimmten Orten anzutreffen ist, bestimmte soziale Beziehungen eingeht usw.: Er erschafft im Garten Eden den Adam, begegnet dem Abraham, wird von Mose auf dem Sinai angetroffen, spricht zu den Propheten usw. Wer in diese Texte hineinschaut, kann deutlich denjenigen identifizieren, der »Gott« heißt. Von daher wird es verständlich, daß uns die religionskritische Verwerfung dieses Wortes als sinnlos nicht ohne weiteres einleuchtet, da uns der so Benannte aus vielen vertrauten Texten gut bekannt ist. Als literarische Ge-

stalt »gibt es ihn« unbestreitbar, und man kann dementsprechend auch sinnvoll und exakt von ihm reden. Aber: So »gibt es« auch Rotkäppchen und Odysseus, nämlich als *fiktive Gestalten* aus *fiktionalen Geschichten*. Wir treffen sie innerhalb ihrer Textwelt an; sie werden uns dort zu Bekannten; aber wir rechnen deshalb nicht schon damit, daß sie uns auch in unserer eigenen Welt begegnen.

Wenn es also unter literarischem Gesichtspunkt ohne Zweifel noch sinnvoll sein kann, von Gott zu reden, so hilft uns dies doch nicht bei der Wahl zwischen *drei unterschiedlichen Annahmen*: 1. »Gott« bezeichnet eine Gestalt, die ausschließlich in Texten auszumachen ist. 2. Es gibt diesen Akteur auch vor und außerhalb unserer Rede von ihm. 3. Eine Entscheidung über die beiden vorausgehenden Annahmen ist nicht möglich und eine derartige Fragestellung demnach sinnlos.

Wir geraten also in das sprachanalytische Kreuzfeuer der Kritik auch dann, wenn wir – mit gutem Recht – behaupten, daß uns der Ausdruck »Gott« weit mehr sagt als das leere »X«. Die Deutlichkeit des Wortes scheint an die Anschaulichkeit derjenigen Texte gebunden zu sein, die sich dem aufgeklärten Leser als fiktional nahelegen.

6.4 Die Geschichte vom unsichtbaren Gärtner

Wie die sprachanalytische Religionskritik ihre eigene Position gegenüber der des Glaubens einschätzt, führt uns ein Gleichnis vor Augen, das von Anthony Flew erzählt wird und schon zu den klassischen Texten der Religionskritik gehört (Theologie und Falsifikation 84). In dieser Geschichte stehen zwei Forschungsreisende einander gegenüber, die im Dschungel überraschend auf eine Lichtung stoßen – halbwegs gleicht sie einem Garten. Der eine von ihnen behauptet deshalb, daß es hier einen Gärtner geben müsse; der andere widerspricht ihm. Sie beschließen, gemeinsam den Sachverhalt zu prüfen, können aber keinen Gärtner ausmachen. Im Laufe der Kontrollverfahren schlagen sie jeweils unterschiedliche Strategien ein: Der »Gläubige« modifiziert mehrfach seine Erwartungen und rechnet nach jedem enttäuschenden Ergebnis mit einem andersartigen Gärtner – mit einem nämlich, der sich gerade immer dem vorherigen Verfahren noch entziehen konnte. Der »Skeptiker« dagegen nimmt die Herausforderung immer wieder an und läßt sich auf zunehmend schärfere Kontrollen ein. Als sich jedoch schließlich der »Gläubige« dafür ausspricht, daß der Gärtner »unsichtbar, unkörperlich und unempfindlich gegen elektrische Schläge« sein müsse, »nicht gewittert und nicht gehört werden« könne, resigniert der »Skeptiker« in seinem Bemühen, den anderen noch zu überzeugen. Ihm bleibt nur noch die Frage: »Wie unterscheidet sich denn das, was du einen unsichtbaren, unkörperlichen, ewig unfaßbaren Gärtner nennst, von einem imaginären oder von überhaupt keinem Gärtner?«

Zunächst ist für den Aufbau dieser Geschichte bezeichnend, daß trotz der Gegensätzlichkeit der beiden Positionen, beide von einer gemeinsamen Grundlage der Verständigung ausgehen, nämlich der *Kontrolle durch Wahrnehmung*. Der Gläubige zieht sich nicht von vornherein auf einen irrationalen Standpunkt zurück, etwa den, daß er das Wirken eines Gärtners fühle; er ist anscheinend zur Bestätigung oder Widerlegung seiner Annahme bereit. Auch als die Untersuchungen für den anderen sprechen, bleibt er nicht einfach starrsinnig bei seiner ursprünglichen Behauptung, sondern zeigt sich korrekturbereit und geht scheinbar nur von Möglichkeiten aus (»Vielleicht ist es ein unsichtbarer Gärtner«). Man müßte meinen, daß dies eine günstige Voraussetzung für die Verständigung der beiden wäre.

Aber zwischen ihnen gibt es dennoch einen erheblichen Unterschied, nämlich in der Reaktion auf das jeweilige Ergebnis: Dem Skeptiker würde die einmal vereinbarte Untersuchung genügen; er könnte deshalb jederzeit auf weitere Verfahren verzichten. Der Gläubige dagegen differenziert ständig zwischen derjenigen Fassung seiner Annahme, die er als widerlegt betrachten muß, und einer anderen, die noch der weiteren Prüfung überlassen werden kann. Dies wäre grundsätzlich ein respektabler Weg, wenn er innerhalb dieser Erzählung nicht deutlich nur als Ausflucht eingeschlagen würde; er mündet hier nämlich in eine Glaubensposition, die grundsätzlich unanfechtbar ist, weil sie sich gegen alle mögliche

Widerlegung immunisiert.[6] Das Zugeständnis, daß eine Behauptung nachprüfbar sein müsse, wird gekoppelt mit der Weigerung, sich auf eine geeignete Erfahrungskontrolle festzulegen. »Man kann seine Behauptung vollständig auflösen, ohne dies zu bemerken. Eine schöne, kühne Hypothese kann so schrittweise den Tod durch tausend Modifikationen erleiden.« (*Flew*, Theologie und Falsifikation 85)

Außerhalb des Gleichnisses läßt sich nach Flew diese Verflüchtigung einer Glaubensaussage bis zur Bedeutungslosigkeit am besten an dem Bekenntnis veranschaulichen: »Gott liebt uns, wie ein Vater seine Kinder liebt«, einem Bekenntnis, das uns eine Zeitlang einleuchten und beruhigen mag: »Doch dann sehen wir ein Kind an nichtoperierbarem Kehlkopfkrebs sterben. Während sein irdischer Vater sich verzweifelt bemüht zu helfen, zeigt sein himmlischer Vater kein sichtbares Zeichen der Anteilnahme.« (Ebd. 86) Der Gläubige gibt aber damit seinen Glauben noch nicht auf, sondern modifiziert ihn so, »daß Gottesliebe ›keine nur menschliche Liebe‹ oder daß sie ›eine unerforschliche Liebe‹ ist » (ebd.). Dies aber heißt letzten Endes: Der Glaube scheint sich mit allem zu vertragen, was da immer geschehen mag; mit anderen Worten: er scheint keinen kognitiven Bezug zu unserer Realität zu haben. Das *Theodizeeproblem* kann demnach auch unter der Perspektive der Sprachanalyse zum religionskritischen Musterfall werden.

Das Gleichnis von den zwei Forschern spricht allerdings einiges nicht an, das von der konstruierten Situation her nahegelegen hätte: Der Skeptiker läßt sich gar zu bereitwillig auf die Behauptung des Gläubigen und seine mehrfachen Ausflüchte ein, statt ihn zu einer argumentativen Stützung seiner Annahme zu nötigen: Er fragt ihn nie, was ihn dazu bewegt, gerade einen »Gärtner« für die Lichtung vorauszusetzen und nicht etwa einfach nur »eine besondere Ursache«; aus welchen Bedürfnissen er letztlich hartnäckig an seiner ursprünglichen (wenn auch modifizierten) Annahme festhält, statt sie zu widerrufen; warum er sich überhaupt auf eine Prüfung seines Glaubens auf dem Wege der Erfahrung einläßt, wenn

6 Man beachte in diesem Zusammenhang auch die energische Ablehnung solcher Denkweisen im »Kritischen Rationalismus«, etwa bei *Hans Albert*, Traktat über kritische Vernunft, Tübingen [4]1980.

sie für ihn so unergiebig ausfällt. Bei einer solchen Nachfrage hätte man zwar keine Kenntnisse über den vermeintlichen »Gärtner«, sehr viel aber über den »Gläubigen« gewinnen können. Ihn zu verstehen liegt aber offensichtlich nicht im Interesse des skeptischen Forschers. Ihm geht es ausschließlich um den Status der Behauptung angesichts der empirisch kontrollierbaren Sachverhalte.
Ob »der Gläubige« im Gleichnis durch die abschließende Frage, wie sich denn sein »unfaßbarer Gärtner« von »einem imaginären« oder gar nicht mehr vorstellbaren unterscheiden soll, beunruhigen ließ, wird nicht mehr erzählt. Die Antwort hat der Hörer zu geben. Die Fragen stehen hartnäckig an: »Womit kann der Gläubige den Wissensanspruch, der zweifellos hinter seinen Aussagen steht, begründen? Astrologen und Wahrsager treten auch mit Wissensansprüchen auf. Oder ...: was rechtfertigt die Behauptung, daß Gott ein liebender Vater sei? Sicherlich kann Flew dem Gläubigen nicht verbieten, eine solche Aussage zu qualifizieren oder zu modifizieren, sie muß nicht im buchstäblichen Sinne gelten, aber das Qualifizieren darf nicht zu weit getrieben werden. Es muß etwas übrig bleiben, was die Verwendung gerade *dieses* Prädikats (nämlich ›liebender Vater‹) für Gott rechtfertigt.«[7]
Für den Vorwurf Flews, daß die religiösen Bekenntnisse durch ständige Revisionen und Neuinterpretationen »den Tod durch tausend Modifikationen erleiden«, könnte man die Beispiele auch aus der biblischen Glaubensgeschichte entnehmen: So bekannte sich etwa Israel zu einem Gott, der dem Tempel und dem Königshaus in Jerusalem ewigen Bestand versprochen hatte; Jerusalem wurde erobert, der Tempel zerstört, das Königshaus ging zugrunde. Jetzt wäre die Gelegenheit gewesen, einzusehen, daß die Wirklichkeit gegen den Glauben sprach; aber der Glaube ließ sich so nicht fassen, er bezog sich von nun an auf eine andere, vor geschichtlichen Widerlegungen sicherere Zukunft. Ihm sollte nichts mehr anzuhaben sein. Aber dadurch wurde es auch möglich, bei der Rede von der künftigen »Stadt Gottes«, dem »neuen Jerusalem«, dem noch ausstehenden »himmlischen Reich«, verständnislos (nicht nur ungläubig) die Schultern zu zucken.

7 *Just* (s. o. Anm. 1) 87.

6.5 *Ausflüchte*

Die im vorausgehenden dargestellte Religionskritik hat eine Reihe von Reaktionen hervorgerufen, die darauf aus sind, die Sprache des Glaubens zu rechtfertigen. Die Wege, die sie dabei einschlagen, sind in ihrer Wahrnehmung der Sprachanalyse und ihrer Verantwortung vor der Theologie recht unterschiedlich.
Ein völliges Mißverständnis wäre es freilich, wenn man meinte, man könnte dieser Religionskritik schon dadurch entgehen, daß man die überkommenen Bekenntnisse von ihren vielfach antiquierten Formulierungen und ihren Elementen eines überholten Weltbildes reinigte. Dies kann wohl im Interesse religiöser Verkündigung nötig sein, doch hilft es nicht im geringsten über die sprachanalytischen Einwände hinweg. Diesen geht es nämlich nicht darum, *ungünstige Kommunikationsbedingungen* religiöser Sprache aufzudecken, sondern die Unmöglichkeit ihrer *rationalen Rechtfertigung* nachzuweisen.
Es wäre gewiß auch kein Ausweg, wollte man mit scheinbar theologischer Argumentation darauf verweisen, daß für den christlichen Glauben Gott in Jesus geschichtlich-empirisch gegenwärtig geworden sei; daß Christen also sehr wohl *zeigen* könnten, wen sie mit »Gott« meinten. – Wenn sie dieses Wort auf Jesus anwenden, müßte es für sie vorweg schon eine Bedeutung haben; andernfalls würden sie Jesus nur mit einem zusätzlichen Namen benennen, der zwar im Umlauf ist, aber nichts besagt.
Ernsthafter und gewichtiger sind einige andere Reaktionen:
1. Die Frage nach der erfahrungsbezogenen Verifizierung entfiele für die religiöse Verkündigung dann, wenn man ihr unterstellen könnte, daß sie letztlich überhaupt *keine Aussagen über uns vorgegebene Sachverhalte* mitteilen wolle; daß Glaube *nichts mit Fürwahr-Halten* irgendeiner Realität zu tun habe. Wer nach dem Wahrheitswert von religiösen Sätzen frage, mißachte ihren eigentlichen, nämlich *existentialen Charakter*: Die Rede von Gott könne nur sagen, daß sich der Mensch in bestimmter Hinsicht absolut in Verpflichtung genommen sehe und aus bleibender Zuversicht lebe. In religiösen Aussagen stelle sich also nur *die Befindlichkeit des gläubigen Subjekts* vor; es teile mit, daß es ein Sollen und Dürfen

erfahre, das nicht seinem individuellen Belieben entstamme. »Gott« sei das Wort, das benutzt werde, wenn jemand die *Unbedingtheit* seiner Bindung und seiner Zuversicht zur Sprache bringen wolle. Über irgendeine Wirklichkeit »außerhalb«, »jenseits«, »vor« dem Menschen werde dabei nichts ausgesagt, sonst – darin hätte die empiristisch-sprachanalytische Religionskritik uneingeschränkt recht – gerate man in unverantwortbare »metaphysische« Spekulationen.

Ohne Zweifel ist das Verifikationsproblem auf diese Weise erledigt: Der Glaube braucht nur seiner selbst gewiß zu werden und sich mitzuteilen. »Dieses Bekenntnis ist wahr« heißt dann nur: »Ich bin von diesem Bekenntnis betroffen; ich kann mit ihm anders leben, als wenn ich es sein ließe.« Deutlich fehlt hier jedes weitere Kriterium für »wahr« und »falsch« außer der Entsprechung zum subjektiven Selbstverständnis.

Die Religionskritik kann solchen Versuchen, religiöse Rede zu rechtfertigen, entgegnen, daß sie zwar weder logisch noch empirisch anzufechten seien, daß sie aber gerade deshalb nichts weiter darstellten als raffinierte Immunisierungstaktiken; denn auf diese Weise sei keinem Glauben etwas anzuhaben, selbst wenn er inhaltlich noch so abstrus sei. »Mit der These von der Nicht-Objektivierbarkeit Gottes, die in diesem Zusammenhang immer wieder auftaucht, ist nichts gewonnen. ... Der Verfechter einer solchen These kann hinfort unbefangen und ungestört weiter über Gott reden, weil er offenbar über das begriffliche Erkennen hinaus ist, aber er verbindet mit dieser Rede keine Behauptungen, die auch nur eine Spur von Gehalt haben. Daß man in gleicher Weise auch von beliebigen anderen mythologischen Wesenheiten reden könnte, scheint da nicht im geringsten zu stören.«[8] Die Leugnung des Aussagecharakters der Glaubenssprache ist in dieser Sicht nur ein »semantischer Trick« (ebd.), um weiter die alte theistische Fassade aufrechterhalten zu können, die sich als anders nicht mehr haltbar erwies.

2. Der ersten Ausflucht fügt sich ergänzend die nächste bei: die einschränkende Deutung religiöser Sätze unter dem Gesichts-

8 *Albert* (s. o. Anm. 6) 119.

punkt ihres *Handlungsbezugs*: Nicht das, was die gläubigen Äußerungen scheinbar feststellen, verleihe ihnen ihre Berechtigung, sondern was man mit ihnen bei sich und beim anderen ausrichten könne; ihr Sinn ruhe in dem *psychischen und sozialen Impuls*, der durch sie wirksam werde. Was der syntaktischen Form und den semantischen Elementen nach äußerlich als eine Aussage erscheinen mag, sei in Wirklichkeit eher ein *Appellativ*, ein *Imperativ* oder ähnliches.

Es liegt nahe, daß den meisten religiösen Texten auch diese Dimension zukommt, einigen sogar vorrangig oder ausschließlich; doch wollten wir die Berechtigung und den Sinn aller religiösen Äußerungen nur in ihrer pragmatischen Funktion begründen, würde Religion völlig auf eine Anregung zum rechten Leben beschränkt. Dies räumt etwa Paul van Buren auch ausdrücklich ein. Auf die Frage: »Haben wir nicht die Theologie zur Ethik reduziert?« erwidert er: »Unsere Antwort geben wir in Form einer andern Frage: Was wäre denn in einem säkularen Zeitalter dieses ›Mehr‹?«[9]

Auch wenn eine derart einschränkende Interpretation der religiösen Sprache grundsätzlich möglich ist, bleibt dennoch der Einwand, daß sie kaum dem üblichen Verständnis entspricht und deshalb eher als eine Verschleierungstaktik angesehen werden muß; »ein Gottesbegriff, der nur noch moralische und rhetorische Funktionen hat, ist eine höchst fragwürdige Sache, besonders, wenn es für die in diesem Vokabular Angesprochenen eine Frage der Intelligenz ist, inwieweit sie imstande sind, seine Verwendungsweise zu durchschauen.«[10]

Es ist also insgesamt sehr fraglich, ob dieser interpretative Ausweg im Hinblick auf die *theologische Verantwortung, moralische Sprachkriterien* und die *kommunikative Leistungsfähigkeit* religiöser Rede zu rechtfertigen ist.

3. Eine weitere Möglichkeit eröffnete sich durch die innere Diffe-

9 *Paul M. van Buren*, Reden von Gott in der Sprache der Welt. Zur säkularen Bedeutung des Evangeliums, Zürich/Stuttgart 1965 (original: The Secular Meaning of the Gospel. Based on an Analysis of its Language, New York 1963), 183. Dieses Werk spielte im Zusammenhang der »Gott-ist-tot«-Theologie eine vielbeachtete Rolle.

10 *Albert* (s. o. Anm. 12) 119.

renzierung der analytischen Philosophie selbst. Man stellte bei den Bemühungen um eine Idealsprache fest, daß es offensichtlich kein exaktes, allgemein verbindliches Kriterium zur Feststellung von sinnlosen Sätzen gibt. Die Hoffnung, man könne den Wahrheitswert immer durch den Rückgriff auf empirisch zugängliche Sachverhalte ermitteln – andernfalls lägen eben keine Aussagen vor – erwies sich als trügerisch. Die Annahme eines solchen Kriteriums stellte sich als eine Sache der Übereinkunft heraus und ist demnach nicht logisch zu begründen. Dadurch veranlaßt, sahen viele Sprachanalytiker ihre Aufgabe nicht mehr in der Scheidung echter Aussagen von »Scheinsätzen«, sondern nur noch darin, *die Vielfalt möglichen Sprachgebrauchs deskriptiv zu erfassen.* Am deutlichsten ist die Wende von einem logisch-empiristischen Sprachideal zur Beschreibung der faktischen Sprachpraxis bei Ludwig Wittgenstein, so daß bei ihm sogar von zwei unterschiedlichen Philosophien gesprochen werden kann.[11]

Der Sinn von Sätzen liegt jetzt nicht mehr in der Mitteilung von etwas, »was der Fall ist«, sondern in dem Gebrauch, den man von ihnen macht: im rechten *»Sprachspiel«*. Mit diesem Begriff bezeichnet man nach Wittgenstein Formen sprachlicher Äußerung, die mit bestimmten Situationen und Ereignissen verbunden sind und in solcher situativer Einbettung als »richtig« angesehen werden können. Wer unter dieser Voraussetzung einen Satz analytisch angehen will, ist nicht unbedingt gehalten, ihn auf seine logische Richtigkeit oder empirische Verifizierbarkeit hin zu prüfen; er wird vielmehr aufgefordert: »Frage dich: Bei welcher Gelegenheit, zu welchem Zweck, fragen wir das? Welche Handlungsweisen begleiten diese Worte? (Denk ans Grüßen!) In welchen Szenen werden sie gebraucht; und wozu?«[12] Eine Scheidung nach sinnvollem und sinnlosem Sprachgebrauch ist nicht zulässig, solange nicht gegen die gewohnten Regeln des eingeführten Spiels verstoßen wird.

Offensichtlich ist man auch auf diese Weise vordergründig der Kritik entgangen, denn wer nur deskriptiv »Sprachspiele« unterschei-

11 Vgl. etwa *Erich Heller*, Ludwig Wittgenstein, in: High (s. o. Anm. 1) 1–22.
12 *Wittgenstein*, Philosophische Untersuchungen (s. o. Anm. 2) 216: Nr. 489.

det, hat auf eine logische und empirische Sprachanalyse verzichtet. Religiöse Sprache ist dann eine im Zusammenhang bestimmter Situationen übliche Redegewohnheit; falsch wäre es nur, die jeweils vorfindlichen Sprechweisen bei Gelegenheiten zu benutzen, bei denen andere Spielregeln angebracht sind. Religiöse Sprache ist also so lange gerechtfertigt, als es soziale Gruppen gibt, die sie als sinnvoll gebrauchen.
Doch hiergegen läßt sich zu Recht einwenden: »Wenn es nur darauf ankommt, alle Sprachspiele und Lebensformen bestehen zu lassen, weil sie als gegeben hingenommen werden müssen, dann muß der kritische Impuls des philosophischen Denkens, der noch im ursprünglichen Positivismus am Werke war und auch noch in den Analysen Wittgensteins teilweise zu erkennen ist, verschwinden.«[13]
Es bleibt also gegenüber all diesen Versuchen, der sprachanalytischen Religionskritik zu entkommen, das Unbehagen, daß sie der Herausforderung ausweichen.

6.6 Bedenken

Daß die Forderung, alle sinnvollen Sätze müßten sich entweder auf Definitionen oder auf Protokollsätze von Sinnesdaten zurückführen lassen, selbst weder logisch noch empirisch begründet werden kann, ist nicht zu bestreiten. Aber mit dieser Feststellung allein hat man noch nicht die Beunruhigung aufgefangen, die von der empiristischen Kritik ausgeht. Man müßte schon zeigen, nach welchen anderen Maßstäben man sinnvolle und begründete Behauptungen von sinnlosen und unbegründeten unterscheiden will. Mit dieser vernünftigen Erwartung haben religiöse Bekenntnisse ohne Zweifel ihre Schwierigkeiten. Doch wenn man die Probleme deutlich sieht, kann man auch eher sagen, warum man sie in Kauf nimmt und was man den Einwänden entgegenhalten will.
1. Der religiöse Glaube bezeugt – wie immer er auch sonst eingeschätzt werden mag –, daß Menschen sich mit ihrer Welt, soweit sie

13 *Albert* (s. o. Anm. 12) 145f.

ihnen empirisch verfügbar ist, nicht begnügen wollen; denn sie erschiene ihnen für sich allein gar zu abgründig, dunkel und unbegriffen. Man kann demgegenüber dafür plädieren, daß es unvernünftig sei, Fragen zu stellen, wo es keine Garantie für richtige Antworten gibt; damit hat man aber *das existentielle Gewicht der Fragen* noch nicht wirklich aufgehoben.

Der rigorose Weg der Enthaltsamkeit von allem, was nicht exakt angegangen werden kann, ist konsequent; aber er nährt auch den Verdacht, daß er Erfahrungen abdrängt, die sich nun einmal in wissenschaftlich kontrollierbarer Rede nicht recht sagen lassen. Die Tatsache, daß offensichtlich viele Menschen nicht von der scheinbar sinnlosen religiösen Sprache lassen wollen und ohne sie in ihrem Leben nicht auskommen, kann nicht leichtfertig einfach als eine pathologische Erscheinung der Kultur abgetan werden. Gerade wer für ein sorgfältiges Denken eintritt, muß hier die schnellen Erklärungen scheuen.

2. Man muß wohl einräumen, daß man Gott als eine *fiktive* Gestalt ansehen kann, die innerhalb bestimmter religiöser Texte (etwa biblischer Erzählungen) deutlich zu identifizieren ist, aber sich nicht entsprechend in den Gegebenheiten und Ereignissen unserer übrigen Welt unterbringen läßt. Nur innerhalb dessen, was *sprachlich überliefert* wird, gibt er sich in besonderer Erscheinungsweise und Wirksamkeit zu erkennen und gewinnt so eine sinnfällige Gestalt.

Mögen diese Texte auch *»mythologisch«* genannt werden; dennoch können Menschen in ihnen vielleicht überzeugender gesagt finden, wie es um sie steht: wie sie ihr Leben erfahren, zu welchem Tun sie sich aufgerufen und welche Hoffnungen sie sich eröffnet sehen. Sie legen mit diesen Texten ihre Welt aus – zugleich wissend, daß sie sich dabei auf eine *metaphorische Sprache* einlassen. Aber auch für diese Texte gibt es eine *Prüfung und Verantwortung*: Sie bewähren sich dann, wenn man mit ihnen leben und sterben kann; wenn man von ihnen nicht loskommt, weil sie Unbegriffenes begreiflich, Unbegreifliches annehmbar erscheinen lassen.

Diese metaphorische Kraft wird bei allen Versuchen, die religiöse Sprache von dem »mythologischen« Element »Gott« zu entlasten, getilgt. Dann heißt etwa das Bekenntnis, daß wir auf die Gnade

Gottes angewiesen sind, nur noch, daß es uns nie gelingen kann, allein durch eigenes Handeln ein uns erfüllendes Leben zu führen; daß wir vielmehr unser Vertrauen immer und grundlegend auch auf den guten Willen und die Unterstützung der anderen setzen müssen.[14] Solche Transformationen können zwar korrekt durchgeführt werden; doch ist es sehr fraglich, ob sie jemals in der religiösen Sprachpraxis hinreichende Anerkennung finden. Wahrscheinlicher ist, daß viele Menschen die Rede von Gott auch dann noch für *tragfähiger, tröstlicher und ihren Erfahrungen angemessener* halten, wenn sie einräumen müssen, daß sie mit ihr unumgänglich den fiktionalen Gestaltungen, den Ergebnissen menschlicher Vorstellungskraft verhaftet bleiben. Unter dieser Voraussetzung kann man allerdings, genau genommen, noch nicht einmal sagen, daß man sich »von Gott« ein Bild mache, denn der Sinn des Wortes »Gott« ist von den Texten, in denen es für uns verständlich vorkommt, nicht ablösbar.

3. Freilich gibt es dann auch noch die andere Möglichkeit, daß sich die Rede von Gott *aller Anschaulichkeit und Vorstellbarkeit entzieht*; daß sie mit Negationen, Paradoxien und Bedeutungsverweigerungen (»unendlich«, »unbegreiflich«, »das dunkle Licht«, »das absolute Geheimnis«, »der ganz Andere«) die *semantische Bestimmung unmöglich* macht. Aber selbst dies muß nicht unbedingt heißen, daß solche Rede nicht doch noch menschliche Wirklichkeit zur Sprache bringt, gerade dadurch, daß sie auf das gewaltige »X« aufmerksam macht, das die Menschen immer noch umtreibt, wenn sie mit dem, was sich exakt sagen läßt, am Ende sind.[15] In solcher Verwendung ist das Wort »Gott« ein kulturelles Zeugnis dafür, daß sich die Menschen vor die Grenze ihres Denkens und ihrer Sprache gestellt sehen, diese Grenze zugleich aber auch als grundlegend fraglich erfahren. Wer das für sich allein sinnlose Wort »Gott« verwendet, kann demnach die Unruhe erzeugen, in der wir darauf

14 Vgl. die bemerkenswert konsequente Bedeutungskonstruktion bei *Friedrich Kambartel*, Theo-logisches. Definitorische Vorschläge zu einigen Grundtermini im Zusammenhang christlicher Rede von Gott, in: Zeitschrift für Evangelische Ethik 15 (1971) 32–35.

15 Vgl. die behutsame Reflexion auf den Sprachgebrauch bei *Karl Rahner*, Meditation über das Wort »Gott«, in: Hans Jürgen Schultz (Hrsg.), Wer ist das eigentlich – Gott? (suhrkamp taschenbuch 135), Frankfurt a. M. [2]1975, 13–21.

aufmerksam werden, daß unsere Existenz mit dem Verweis auf die kontrollierbare Wirklichkeit nicht auszuloten ist.

4. Damit bleibt aber immer noch die Frage, wodurch es gerechtfertigt sein soll, dasselbe Wort »Gott« einmal *fiktional anschaulich*, dann aber *mysteriös bedeutungsleer* zu verwenden. Zunächst fällt auf, daß in unserer religiösen Kultur der eine Sprachgebrauch nicht von dem anderen zu trennen ist; beide scheinen aufeinander angewiesen zu sein:

Die *semantisch entleerte Sprache* verhindert, daß die anschauliche religiöse Rede gegenständlich fixiert wird, als ob es ihre Welt auch außerhalb der Texte so gäbe, wie sie zur Sprache gebracht wird. Die *Konkretheit der Vorstellungen* andererseits erlaubt es, daß wir uns zu dem Geheimnis unseres Lebens nicht nur als einem dunklen Horizont verhalten; daß wir es uns in vertrauter Weise vergegenwärtigen können; daß es uns nach der Art menschlicher Beziehungen ansprechbar wird; daß wir anderen mitteilen können, wie wir uns von ihm her bestimmen lassen.

Das Wechselverhältnis dieser beiden Sprechweisen des Glaubens sollte also *zwei Extreme religiöser Verfassungen* vermeiden:
zum einen die *sprachlose Betroffenheit,*
zum anderen die *ungestörte Behausung in einer mythischen Welt*.

Religionskritik als innerer Widerpart der Theologie

Jedes der vorausgehenden Kapitel zu den verschiedenen Ansätzen der neuzeitlichen Religionskritik endete mit dem Abschnitt »Bedenken«. Dabei konnte es jedoch nie darum gehen, die vernommenen Einwände einfach als haltlos hinzustellen. Vor allem *zwei immer wieder vorgebrachte Argumente* der Religionskritik stehen einer unbesorgten theologischen Antwort entgegen. Das eine Argument betrifft den *Inhalt*, das andere die *Vermittlung* des Glaubens:

1. Unsere Welt ist erfüllt von *Übel, Bösem und Leid*. Es gelingt nicht, diese Störungen insgesamt der menschlichen Verantwortung anzulasten; sie leisten andererseits aber auch der Vorstellung eines allmächtigen, allwissenden und gütigen Gottes Widerstand. Jeder Versuch einer *Theodizee*, die dieses Dunkel aufhellen sollte, muß scheitern. Die religiöse Metapher eines fürsorgenden Vaters, der alles zum Guten vorsieht und wendet, kann leicht als zynisch eingeschätzt werden, wenn sie angesichts des Schreckens zum beruhigenden Trost ausgegeben wird. Wer aber statt dessen vom unaufhebbaren »Geheimnis« spricht, räumt ein, daß er an dieser Stelle keine passende Antwort hat.

Wohl gab es schon zu allen Zeiten Übel, Böses und Leid; doch sie wurden nicht immer in gleichem Maß als geistige Erschütterungen erfahren. Wo mildernde Interpretationen zur Verfügung stehen, dort sind die Belastungen geringer. Dies ist zum Beispiel so lange der Fall, als man die Ursache allen Unheils in einer verhängnisvollen menschlichen Schuld am Anfang der Geschichte sehen kann. Wo aber solche Rückführungen versagen, breiten sich Dissonanzen aus. Daß dies in der Neuzeit vehement der Fall ist, läßt sich außer an den ausdrücklichen religionskritischen Zeugnissen auch an den Werken der Dichtung, der bildenden Künste und der Musik leicht ablesen.

Ergänzt und bekräftigt wird dieser Ansatz der Religionskritik noch dadurch, daß die Religionen in der Beseitigung der Übel unserer Welt weithin als *wirkungslos* eingeschätzt werden, zumal sie sich in ihrer eigenen Geschichte gelegentlich selbst sogar als *unheilstiftend* erwiesen haben. Populär liegen hier zahlreiche Vorwürfe parat.

2. Gleichfalls in beharrlicher Wiederholung verweist die Religionskritik darauf, daß es der religiösen Verkündigung nicht gelingt, sich so mitzuteilen, daß ihr alle gutwilligen und vernünftigen Menschen zustimmen können. Die *Diskrepanz zwischen dem Anspruch auf allgemeine Geltung und dem faktisch begrenzten Konsens* erscheint zwar kaum als dramatische und schmerzliche Anfechtung, gehört aber dennoch zu den fundamentalen Herausforderungen des Glaubens. Solange man deutlich wahrnehmen konnte, daß sich das verkündigte Wort wirkungsvoll durchsetzt und sich die Gemeinschaft der Gläubigen ständig erweitert, war deren Begrenztheit kaum ein ernsthaftes theologisches Problem – erst recht nicht unter der Annahme, daß letztlich nur ein verstockter Mensch die Zustimmung verweigern könnte. Aber die Neuzeit hat auch in dieser Hinsicht andere Erfahrungen und Einsichten nahegelegt. So ist etwa nicht mehr allgemein und deutlich einsichtig, wie das religiöse Bewußtsein besser als ein anderes in der Lage sein soll, die Menschen zu einem solchen *Handeln* anzuleiten, das unsere Verhältnisse *zum Guten* führt. Es kann dem Glauben (jedenfalls dem christlichen in seiner gegenwärtigen dogmatischen und sozialen Gestalt) weniger als je leichtfallen, sich selbst als schlicht vernünftig und plausibel zu begreifen.

Gerade aus diesem Grund hielt die *Aufklärung* danach Ausschau, was die allen gemeinsame Religion sein könnte. Durch die Reduktion der widersprüchlichen Vielfalt auf eine durchgängig verbindende Grundlage sollten Zersplitterung und Widerstreit der geistigen Orientierungen aufgehoben werden. Freilich sah sich die Aufklärung damit zugleich gegen das vorherrschende Selbstverständnis der Religionen gestellt. In diesem Sinn schrieb Lessing am 18. 4. 1779 seinem Bruder – mit Blick auf die Veröffentlichung seines »Nathan«: »Genug, wenn er sich mit Interesse nur lieset, und unter tausend Lesern nur *Einer* daraus an der Evidenz und Allgemeinheit seiner Religion zweifeln lernt.«[1] Diese bescheidene Erwartung ist die kritische Konsequenz aus der Enttäuschung darüber, daß der christliche Glaube – wie auch die anderen sogenannten »Weltreligionen« – sich nicht dem eigenen Universalitätsanspruch gemäß der ganzen Menschheit vernünftig mitteilen konnte. Das müßte ihn beunruhigen. Die Religionskritik will ihn jedenfalls mit Nachdruck dazu bringen.

Angesichts dieser zwei schwerwiegenden Beeinträchtigungen der Glaubwürdigkeit erscheint Religion deutlich als eine Sinn*stiftung* über vorhandenen, belegbaren Sinn hinaus. Sie kann nie zu ihrer Rechtfertigung hinreichend auf *Erfahrung* rekurrieren – wenn »Erfahrung« stabile Vergewisserung angesichts unserer Welt meint. Dem Glauben voraus geht die Zusage im *Wort*; er steht *behauptend* gegen die nicht auszuräumenden Sinnwidrigkeiten und Sinnlosigkeiten. Wohl tut er dies nicht grundlos; aber er hält sich an *Zeichen*, die er selbst in Hoffnung und Vertrauen *auswählt* (vielleicht weil sie sich ihm als sinnstiftend aufdrängen); die aber von sich aus *vieldeutig* sind und auch ganz anders gelesen werden können.

Unsere gesellschaftliche Umgebung hält uns ständig vor Augen, daß solche unterschiedlichen Auslegungen und Aneignungen unserer Welt nicht nur eine theoretische Möglichkeit sind, sondern die reale Situation ausmachen, in der die Gläubigen leben und die sie in ihrem Selbstverständnis zu verarbeiten haben. Der Glaube, der diese seine Lage mit offenen Augen wahrnimmt, ist deshalb – anders als unter den vorneuzeitlichen Bedingungen – in eine Reflexion gestellt, die für Gewißheiten wenig förderlich ist. Dementsprechend dürfte sich auch derjenige, der sich auf die Religionskritik einläßt, weniger zur ausdrücklichen Leugnung von Glaubensaussagen gedrängt sehen als zu einem *Agnostizismus*[2]: Dieser enthält sich, der Verlegenheiten bewußt, aller Urteile über das Gesamt unseres Lebens, unserer Geschichte und unserer Welt; denn die menschlichen Erfahrungen sind, wenn man sie zusammen-

1 *Gotthold Ephraim Lessings* sämtliche Werke, hrsg. von Karl Lachmann, Bd. XVIII, Leipzig ^{3}1907, 314.

2 Vgl. *Heinz Robert Schlette* (Hrsg.), Der moderne Agnostizismus, Düsseldorf 1979.

nimmt, *intersubjektiv unstimmig, geschichtlich variabel* und unaufhebbar *fragmentarisch*.

Unter solchen Umständen kann sich die Theologie, wenn sie sich überhaupt ernsthaft auf Erfahrung beziehen will, nicht einfach auf einen eigenen gesicherten Standort zurückziehen und alle religionskritischen Erwägungen als ihr fremde und feindliche Anfechtungen ansehen, die es apologetisch abzuwehren gilt. Die Religionskritik ist vielmehr in die Theologie hineingezogen – als *Anstoß* im doppelten Sinn dieses Wortes: zugleich als ein *Ärgernis*, das irritiert, und als ein *Impuls*, der die Nachdenklichkeit fördert. Auf diese Weise kommen wohl einerseits Glaube und Theologie nicht von der Religionskritik los; aber andererseits auch die Religionskritik nicht von Glaube und Theologie, wenn diese sich in ernsthafter Wahrnehmung und Verarbeitung der Einwände dennoch als beständig erweisen.

Personenregister

Albert, H. 193, 196f, 199
Anaximander 24
Anselm von Canterbury 27
Aristoteles 37
Aron, R. 66
Augustinus 26f
Ayer, A. J. 177, 183

Barth, K. 47f, 92
Bender, W. 13
Bense, M. 177, 188
Berger, P. L. 31, 34
Bienert, W. 49, 115
Biser, E. 139, 143
Bloch, E. 116
Blumenberg, W. 109
Büchner, L. 102
Bocheński, J. M. 186
Buren, P. M. van 197
Busch, W. 174

Camus, A. 134, 142
Carnap, R. 177, 179, 181f, 185
Comte, A. 56–68, 139, 154

Dalferth, I. U. 178
Dante 121
Darwin, Ch. 37, 151
Deninger, J. 13
Diderot, D. 102
Diels, H. 77
Dostojewskij, F. M. 142

Emeis, D. 38
Engels, F. 95f

Fetscher, I. 63, 95, 114, 116
Feuerbach, L. 48, 69–95, 97–101, 103, 118, 164, 184
Flew, A. 178, 191–194
Frenzel, I. 121
Freud, S. 70, 146–176, 184
Frostin, P. 115

Galen, B. von 42
Gagern, M. von 87, 91
Galilei, G. 37
Garaudy, R. 114
Gollwitzer, H. 110, 115
Görres, A. 173
Goethe, J. W. von 121
Gregor XVI. 42
Gründel, J. 44
Guthke, K. S. 14, 134

Haeckel, E. 102
Hebbel, F. 92
Hegel, G. W. F. 87, 103
Heller, E. 198
Heraklit 24
High, D. M. 178
Holbach, P.-H. D. von 102
Horkheimer, M. 53
Hume, D. 180

Janz, C. P. 121
Jeremia 20f
Jesaia 189
Jesus 23, 167, 195
Jones, E. 165
Just, W. D. 178, 194

Kambartel, F. 201
Kant, I. 129

Kaufmann, F.-X. 40
Keller, G. 87
Kellner, E. 114
Kerényi, W. 19
Kern, W. 115
Kopernikus, N. 151

La Mettrie, J. O. de 102
Lenin, I. 107
Lessing, G. E. 205f
Loisy, A. 42
Löwith, K. 69
Lübbe, H. 91
Luckmann, Th. 31
Lutz, H. 33

Machovec, M. 114
Maconi, V. 114
Martin, J. A. 178
Marx, K. 69f, 95–119, 146, 184
Metz, J. B. 114
Moleschott, J. 102
Mose 167
Moser, T. 173

Nase, E. 173
Neuner, P. 42
Nietzsche, F. 70, 120–145, 164, 184
Nobis, H. M. 38

Paulus 22–25
Peukert, H. 178
Pfammatter, J. 27
Pius IX. 43
Pius X. 42
Plotin 25
Post, W. 115
Proklos 25
Protagoras 77
Prucha, M. 114

Rahner, K. 114, 201
Reisinger, F. 116
Ricoeur, P. 163
Ruge, A. 110
Russell, B. 179f

Saint-Simon, C.H. de 63
Sartre, J.-P. 134
Sass, H.-M. 70, 91
Schaeffler, R. 53
Scharfenberg, J. 167, 173
Schlette, H. R. 52, 206
Schmidtchen, G. 41, 43
Schopenhauer, A. 92, 164
Schneider, E. 69
Schwarzhueber, S. 46
Seckler, M. 28, 33
Söhngen, G. 25, 28
Sokrates 19
Stalin, J. 36

Thales 24
Thies, E. 91
Thomas von Aquin 28
Topitsch, E. 60
Trütsch, J. 27

Utz, A. 42

Virgulin, S. 114
Vogt, C. 102
Vorgrimler, H. 114

Weger, K.-H. 11
Welte, B. 52, 143
Wetter, G. 103
Wiesenhütter, E. 173
Wittgenstein, L. 177f, 179, 186f, 198f

Xhaufflaire, M. 69, 91
Xenophanes 77

Zirker, H. 175
Zulehner, P. M. 39

Sachregister

Aberglaube 35
Agnostizismus 206
→ Aporie Zweifel
Altes Testament 20–22, 49
Alltag 37, 40, 58, 78, 113, 162
→ gesunder Menschenverstand
Angst 159–161, 166, 168, 173
Anthropologie 83–87, 92f, 100f, 147
→ Humanität Menschheit
Anthropomorphie 60f, 68, 77, 84f, 129f
→ Bild Fiktion Mythos
Antike 18, 24, 38
Apologie 12, 44–47, 50f, 72, 207
→ Immunisierung
Aporie 52f
→ Agnostizismus
Atheismus 20f, 48, 84–86, 88, 90f, 99, 128, 138, 141, 188
→ Gott Nihilismus
Aufklärung 33, 42, 46, 101, 108, 147, 156, 172, 205
→ Modernismus
Autonomie 25, 37, 41, 80, 134, 136, 138, 143, 160
→ Gewissen
Autorität 28, 39, 44, 80, 106, 161, 167
→ Macht Vertrauen

Bedürfnis 24, 30, 34, 44, 48, 57, 61, 64, 67f, 74, 76, 79, 85, 111, 130, 132, 141, 144, 157–160, 167–169, 173f, 180
→ Glück Lustprinzip Opium Trost
Bewährung 20, 25, 37, 67, 121–126, 176, 191–194, 200f
→ Gewißheit Verifikation
Bild 20, 132, 201
→ Anthropomorphie Fiktion Metapher Symbol

Christentum 24f, 30–32, 40, 49f, 70–72, 79–82, 90, 112, 128, 135, 139, 144f, 167, 206
→ Kirche

Dialektischer Materialismus 103
→ Marxismus Materialismus
Dialektische Theologie 47
Dreistadiengesetz 56, 64, 154

Empirie 37f, 59, 85f, 180, 182, 184f, 194–196, 198–200
→ Empirismus Erfahrung Verifikation
Empirismus 59, 61f, 180, 182f, 186, 198f
→ Empirie Positivismus
Entfremdung 74, 85, 96f, 100, 110–112, 115, 145
→ Ressentiment Schuld
Erfahrung 18, 23, 30, 32, 37f, 42, 44f, 52f, 68, 73f, 81, 86f, 92f, 98f, 102f, 107, 115–117, 119, 126, 129, 132, 138, 143f, 169, 173, 175, 185f, 193, 200f, 205–207
→ Bewährung Empirie
externe Religionskritik 13

Fiktion 64, 74, 120, 130f, 171, 176, 191, 199, 201f
→ Bild Metapher Mythos
Fortschritt 43, 62–64, 109, 118, 127, 147
Freiheit 32, 36, 41–44, 46f, 68, 74, 97, 108f, 110–113, 115f, 135, 143f, 182
→ Autonomie Liberalismus
Frühsozialismus 108
→ Sozialismus

Geheimnis 63, 83, 185, 202, 204
Geschichte 21, 23, 25–27, 30, 37, 49, 64-66, 68, 75, 93, 96, 99f, 104, 106, 109, 112f, 115–119, 121–126, 135, 140, 144, 155f, 166f, 204
→ Dreistadiengesetz Tradition
geschlossene Gesellschaft 31–33
→ Immunisierung Stabilisierung
Gesetzmäßigkeit 37, 58–61, 63f, 68, 152–156
gesunder Menschenverstand 35, 57f, 62
→ Alltag Plausibilität
Gewißheit 19, 28f, 35f, 38, 63, 68, 93, 123, 125f, 130, 147, 151f, 206
→ Bewährung Wahrheit
Gewissen 32, 42, 80–85, 134, 160, 173
→ Autonomie Freiheit Moral Toleranz
Glaubwürdigkeit 13, 28, 38, 44, 49, 144, 165, 206
→ Plausibilität
Gleichgültigkeit 33f, 72, 91
→ Agnostizismus
Glück 93, 115, 137, 144f, 169f, 173
→ Bedürfnis
Gott 19–25, 27, 31, 47–49, 74–80, 83–92, 98, 101, 111f, 116, 128, 133, 138–143, 152, 156, 183, 185, 187–197, 199, 201
→ Atheismus Monotheismus Theodizee

Handeln 14f, 17, 20, 22, 31, 37, 59, 63, 66–68, 73, 78–80, 86, 89, 93f, 99–101, 103, 106, 110f, 119, 125, 130, 132, 134, 137, 143f, 166, 197, 205
→ Interesse Moral Politik
Hellenismus 21
Hermeneutik 26f, 82–89, 100
→ Sprache Sprachspiel
Humanität 117, 119
→ Anthropologie Menschheit
Hypothese 38, 122–126, 141, 150f, 184, 193
→ Bewährung

Ich / Es / Über-Ich 159–163
→ Lustprinzip Unbewußtes
Ideologie 35f, 103–109, 122
→ Interesse
Illusion 58, 74, 79, 93, 98, 107, 113, 116, 131f, 144, 152, 169f, 176
→ Phantasie Projektion
immanente Religionskritik 13
Immunisierung 49, 51, 193, 196
→ Apologie geschlossene Gesellschaft Stabilisierung
Interesse 15, 30, 34, 36, 59f, 61, 68, 79, 102f, 106, 128, 130f, 148, 166, 194
→ Bedürfnis Handeln Ideologie
Intersubjektivität 36, 38, 180
→ Universalität

Jenseits 65, 77, 79f, 83, 85, 93, 98, 101, 115, 132, 154
→ Transzendenz

Kirche 28, 33f, 38-41, 66, 82, 114, 140
→ Christentum
Konkurrenz 25, 31–36, 38, 42, 44–46, 66, 71f, 78–80, 111
→ Markt Pluralität
Kosmos 19, 22f, 60, 117f, 140
→ Schöpfung

Liberalismus 42f, 108
→ Freiheit
Lustprinzip 160, 162f, 169, 174
→ Bedürfnis Sexualität

Macht 22, 25, 37, 39f, 42, 66, 84, 112, 115, 118, 133, 137f, 144, 162
→ Autorität Revolution Übermensch
Markt 33–35, 47, 127, 141
→ Konkurrenz Öffentlichkeit, Pluralität
Marxismus 69, 114, 119
→ Dialektischer Materialismus
Materialismus 78, 87, 99f, 102f, 113
→ Dialektischer Materialismus
Menschheit 18, 56, 64f, 67, 73, 75, 89–92, 97, 99f, 111, 122, 137, 145f, 166f
→ Anthropologie Humanität Universalität
Metapher 123, 199, 204
→ Bild Fiktion
Metaphysik 104, 183, 196
Mittelalter 27f, 31, 38f, 66
Modernismus 42f
→ Aufklärung
Monotheismus 65, 138
→ Gott
Moral 21, 36f, 40, 43, 46, 61, 67, 73, 79, 93, 104–106, 127, 132–137, 143f, 157, 160, 197
→ Gewissen Schuld Werte
Mystik 185–187
Mythos 18–20, 68, 118, 154, 167, 196, 200, 202
→ Fiktion

Natur 19, 21f, 38, 65, 79, 89–93, 99, 112, 127, 133, 143, 168f
Naturwissenschaften 36f, 63, 102f, 105f, 113, 148, 184
→ Wissenschaft
negative Theologie 84
Neues Testament 22f, 46
Neurose 161, 163, 165f
Nihilismus 128, 136
→ Werte

Offenbarung 21–23, 27f, 38, 47–49, 72, 79f, 93, 125, 190
Öffentlichkeit 14, 24–25, 30f, 34, 40, 56, 66f, 71, 85, 98
→ Markt Pluralität Säkularisierung
Ökonomie 39, 96, 104–113, 115f, 118f
Opium 97, 107, 119
→ Bedürfnis Lustprinzip Trost

Partikularität 23, 25, 32, 70–73, 90, 97, 106, 205
→ Sonderbewußtsein
Phantasie 57-62, 64f, 68, 72, 73–80, 82, 98, 100f, 107, 163, 167, 174, 176, 201
→ Fiktion Projektion
Plausibilität 14, 25, 35, 80, 205
→ Glaubwürdigkeit
Pluralität, Pluralismus 26, 32, 36
→ Konkurrenz Markt
Politik 37, 41–44, 63, 90, 93, 95, 101, 103, 105f, 108–110, 114, 118f, 122, 143
→ Revolution
Positivismus 56, 59, 61–66, 68, 182, 199
→ Empirismus

Projektion 73–78, 83, 85, 93, 98, 101, 169, 173
→ Anthropomorphie Fiktion Illusion Phantasie
Psychoanalyse, Psychologie 69, 71, 73, 76, 121, 128, 146–176

Rationalität 49, 153, 156, 180–184, 187f, 195
→ Bewährung Scholastik Wissenschaft
Realitätsprinzip 57, 162–164, 169, 172, 174
→ Wirklichkeit
Reformation 32
Relativierung Relativismus 30, 33f, 62f
→ Gleichgültigkeit
Ressentiment 135f
→ Sonderbewußtsein
Revolution 100f, 108f
→ Politik

Säkularisierung 40
→ Öffentlichkeit Pluralität
Scholastik 27–29
→ Mittelalter
Schöpfer, Schöpfung 22, 60, 76, 98f, 108, 118, 143, 169, 184
→ Kosmos Natur
Schuld 90, 92, 117, 161, 166
→ Entfremdung
semantische Sinnlosigkeit 85, 177–202
Sexualität 44, 158
Sonderbewußtsein (-stellung, -verhalten) 36, 40, 70–73, 78, 80, 97f, 165
→ Partikularität Ressentiment
Sozialismus 108
→ Frühsozialismus Marxismus
Sprache 36, 41, 59, 84f, 87–89, 92, 120, 127, 132, 137, 139f, 177–202
→ Hermeneutik Metapher
Sprachspiel 198
Stabilisierung 20, 22, 33, 49, 109, 125, 132, 143, 166–168
→ geschlossene Gesellschaft Immunisierung
Symbol 176
→ Bild Metapher

Technik 37, 63, 119, 143
Teleologie 60
Theodizee 101, 138, 193, 204
Tod 90–92, 99, 110, 116f, 155
Toleranz 32f, 42, 118, 127
→ Aufklärung Pluralität
Tradition 20, 23, 26, 33, 37, 39, 80, 128, 144, 170, 199
Tragik 116, 169
Transzendenz 14, 65, 90, 116, 138, 144, 185, 187–189
→ Gott Jenseits Metaphysik Mystik
Trost 168, 174, 201, 204
→ Bedürfnis Lustprinzip Opium

Übermensch 137
Unbewußtes 156–159
→ Ich/Es/Über-Ich Verdrängung
Universalität 23, 32, 36f, 66–68, 70–73, 80, 86, 90, 106, 205f
→ Intersubjektivität Menschheit

Verifikation 36, 179f, 182f, 184, 191f, 195f, 198
→ Bewährung Empirie
Vertrauen 28, 30, 52, 75, 82, 181, 206
→ Autorität

Wahrheit 24f, 28f, 30–32, 35, 40, 72, 80–82, 97, 126, 131, 133f, 136, 143f, 165, 171, 180, 183f, 195, 198
→ Bewährung Verifikation
Werte 28, 43f, 78, 92, 115, 122, 127f, 133–137, 173
→ Moral Nihilismus

Wirklichkeit 20, 27, 57–59, 63f, 67, 77f, 83f, 86f, 92f, 96, 98–104, 110, 115, 117, 121, 127–133, 143f, 148f, 153, 155, 163f, 170, 175f, 189, 193, 196, 201f
→ Realitätsprinzip
Wissenschaft 36–38, 58–60, 62–66, 68, 103, 105, 119, 121, 123f, 127, 129f, 134f, 143, 147–152, 156, 164, 170, 175f, 181, 185f, 200
→ Naturwissenschaften Rationalismus

Zweifel 31, 35, 47, 52f, 68, 86, 123f, 192, 194
→ Agnostizismus